MEGALODON

STEVEN ALTEN

MEGALODON

ÉDITIONS DU ROCHER
Jean-Paul Bertrand

Titre original :
MEG
Publié pour la première fois par Doubleday

Traduit de l'américain
par Laure Joanin

ISBN 2-266-07948-4

À mon père

REMERCIEMENTS

Merci à mon équipe de rêve, menée par Ken Atchity, mon agent littéraire et producteur. Merci aussi à son associé Chi-Li Wong et à l'équipe de Atchity Editorial/Entertainment International pour leur clairvoyance et leurs efforts. Ma gratitude va aussi à Ed Stackler et David Angsten pour leur exceptionnel travail d'édition et à Warren Zide de Zide Entertainment.

Merci à Joel Mckuin et David Colden de Colden & Mckuin, pour leur travail et leur gentillesse. La même chose pour Jeff Robinov de ICM.

Je suis reconnaissant à Walt Disney Pictures, à son président David Vogel, à ses cadres Allison Brecker et Jeff Bynum ainsi qu'à Tom Wheeler d'avoir choisi le *Megalodon*.

Merci à Shawn Coyne et à tout le personnel de Bantam-Doubleday-Dell. Cela a été, pour moi, un honneur et un privilège de travailler avec eux tous.

À mes parents qui ont pris soin de ma famille pendant les moments difficiles, et aussi à ma sœur Abby qui m'a encouragé lorsque j'en avais le plus besoin. Enfin, merci à ma femme Kim, qui a supporté de longues heures et années de bataille et un mari quelque peu râleur après beaucoup de nuits blanches passées à écrire.

MEGALODON

FIN DE LA PÉRIODE DU CRÉTACÉ, IL Y A 70 MILLIONS D'ANNÉES

La côte de la plaque nord-asiaméricaine (océan Pacifique)

Depuis que le brouillard du petit matin se dissipait, ils avaient l'impression d'être observés. Toute la matinée, le troupeau de Shantungosaures avait brouté le long du rivage brumeux. Les reptiles les plus imposants de la race des Hadrosaures mesuraient facilement douze mètres. Ils se gavaient de varech et d'algues rejetés par la marée. De temps en temps, ils levaient la tête avec nervosité comme un troupeau de cerfs apeurés, pour écouter les bruits de la forêt avoisinante. Prêts à s'enfuir au premier signe suspect, ils guettaient les mouvements qui agitaient les arbres sombres et l'abondante végétation.

De l'autre côté de la plage, tapis sous les grands arbres et les broussailles, deux yeux rouges les épiaient. Le Tyrannosaure Rex, le plus meurtrier des carnivores terrestres, se tenait là, balançant sa tête à six mètres du sol. Il frémissait du plaisir anticipé de son festin, et la salive coulait lentement de ses babines. Deux Hadrosaures venaient à peine de se risquer au bord de l'eau, et fourrageaient dans les épaisses couches de varech.

Le tueur bondit hors du bouquet d'arbres. À chaque

pas, ses huit tonnes faisaient trembler et résonner le sol. Les reptiles se dressèrent et s'enfuirent le long de la plage. En se retournant, ils virent les mâchoires béantes s'approcher. Le rugissement du monstre, à vous glacer les sangs, couvrait le fracas du ressac. D'instinct, le couple de Hadrosaures plongea pour lui échapper. Ils étirèrent leurs longs cous et nagèrent en remuant les pattes pour garder la tête hors de l'eau.

Le Tyrannosaure Rex plongea à leur suite, fendant les vagues jusque dans les eaux plus profondes. Mais, au moment où il allait atteindre ses proies, ses pieds s'enfoncèrent dans la vase. Contrairement aux Hadrosaures qui flottaient facilement, le Tyrannosaure Rex, lourd, aux muscles épais, avait du mal à se mouvoir. Très vite, n'arrivant plus à nager, il resta désespérément englué dans la boue.

Les Hadrosaures progressaient maintenant dans une quinzaine de mètres d'eau. Hélas, à peine avaient-ils échappé à un prédateur qu'ils se trouvèrent nez à nez avec un autre.

Les deux mètres gris de l'aileron dorsal glissèrent à leur rencontre en silence. Entraînés par le courant, les Hadrosaures étaient insensiblement attirés vers le large. Ils paniquèrent. Tant pis ! Ils préféraient lutter contre le Tyrannosaure. Car, dans les bas-fonds, une mort certaine les attendait. Ils firent demi-tour et se démenèrent jusqu'à sentir de nouveau sous leurs pieds la vase familière.

Le Tyrannosaure Rex laissa échapper un grognement tonitruant. Plongé dans l'eau jusqu'à la poitrine, il se débattait pour ne pas s'enfoncer dans le sol meuble. Profitant de la situation, les reptiles s'échappèrent dans la direction opposée et passèrent à une dizaine de mètres du chasseur, terriblement frustré. Le Tyrannosaure Rex hurla de rage en claquant ses terribles mâchoires. Ils arrivèrent en titubant sur la plage. Une fois effondrés sur le sable chaud, trop épuisés pour pouvoir bouger, les deux Hadrosaures se retournèrent pour regarder celui qui voulait les tuer.

L'énorme tête du Tyrannosaure se maintenait tant bien que mal au-dessus de l'eau. Fou de colère, il remuait sauvagement la queue pour tenter de libérer une de ses pattes arrière. Puis, tout d'un coup, il arrêta de se débattre et scruta la mer avec attention. Venu des profondeurs, le grand aileron dorsal approchait, à peine visible dans la brume…

Le Tyrannosaure Rex pencha la tête de côté et resta le plus silencieux possible. Il réalisait qu'il s'était aventuré dans le royaume d'un chasseur d'une autre trempe. Pour la première et dernière fois de sa vie, le Tyrannosaure ressentit la froide morsure de la peur.

Car, si le Tyrannosaure Rex était la créature terrestre la plus terrifiante, le Carcharodon Megalodon était, et de loin, le seigneur et maître des mers. De ses yeux rouges, le Tyrannosaure suivit, impuissant, la progression de l'aileron gris. Il sentit bientôt le courant déclenché par la masse invisible… Puis, l'aileron disparut dans les eaux boueuses. Le Tyrannosaure Rex grogna, scrutant anxieusement les environs. Soudain, l'aileron dorsal géant émergea et, cette fois, se dirigea droit sur lui. Dans une vaine tentative d'intimidation, le Tyrannosaure Rex, la gueule grande ouverte, rugit et se débattit.

De la plage, les deux Hadrosaures virent le Tyrannosaure Rex s'écrouler comme une masse dans les flots, provoquant des remous colossaux, et sa tête géante disparaître dans les vagues. Il refit surface un instant, le temps de pousser une longue plainte d'agonie, tandis que sa cage thoracique était broyée par la mâchoire sanguinolente de son chasseur.

Le puissant Tyrannosaure disparut dans un tourbillon d'eau écarlate. Après un long moment, la mer redevint silencieuse. Les Hadrosaures firent demi-tour et avancèrent d'un pas lourd vers les arbres. Subitement, une gigantesque explosion retentit au milieu de la mer. Ils se retournèrent, tremblants. Le requin jaillit de l'eau, les muscles du thorax parcourus de frémissements. Il était presque trois fois plus grand que sa proie. Dans sa gueule gargantuesque, il serrait le malheureux Tyrannosaure Rex. Comme pour prouver son pouvoir incroyable, le Megalodon secoua le reptile toujours coincé entre ses dents acérées, éclaboussant les alentours de mousse et de gouttelettes rose sang. Puis, dans un fracas et une immense gerbe d'eau, le Megalodon de vingt tonnes et sa proie mutilée disparurent de nouveau.

Aucun autre prédateur n'approcha le Megalodon tandis qu'il engloutissait sa prise dans les eaux tropicales. Il n'avait pas de compagnon pour partager son butin, aucun petit à nourrir. Par nature, le Megalodon était une créature solitaire, au territoire exclusif. Il ne s'accouplait que quand il le devait et tuait ses propres petits dès qu'il le pouvait, car seule sa progéniture pouvait menacer son règne. Il était capable de s'adapter et de survivre à toutes les catastrophes naturelles et aux changements climatiques qui détruisaient en masse les reptiles géants et les mammifères préhistoriques. Et bien que, par la suite, il fût condamné à disparaître, certains, peut-être, allaient survivre loin du monde des hommes, chassant dans les profondeurs et l'obscurité de l'océan.

LE PROFESSEUR

8 NOVEMBRE 1997, 19 HEURES 42

Institut Scripps, auditorium Anderson, La Jolla, Californie

– Imaginez un Grand Requin blanc, de quinze à dix-huit mètres, pesant près de vingt tonnes. Est-ce que vous arrivez à vous représenter cela ?

Le professeur Jonas Taylor regarda l'assistance composée de plus de six cents personnes et s'arrêta pour juger de l'effet de sa phrase.

– Moi-même, de temps en temps, j'ai du mal, mais ce monstre a réellement existé. Sa tête à elle seule était probablement aussi grande qu'un quatre-quatre. Ses mâchoires pouvaient engloutir et avaler quatre hommes d'un seul coup. Et je ne vous ai pas encore parlé de ses dents : aiguisées comme des lames de rasoirs, aussi tranchantes qu'un couteau à viande et mesurant de dix-huit à vingt-deux centimètres.

Le paléontologue, âgé de quarante-deux ans, était conscient d'avoir capté l'attention de son auditoire. Cela faisait plusieurs années qu'il était revenu à l'Institut. Mais il n'était pas préparé à donner des conférences à guichet fermé. Jonas savait que ses théories étaient controversées et qu'il avait dans la salle beaucoup de détracteurs, mais aussi beaucoup de supporters. Il desserra son col et essaya de se détendre.

– Diapositive suivante, s'il vous plaît. Ah, ici, vous avez une image représentant un plongeur d'un mètre quatre-vingts, un Grand Requin blanc de cinq mètres et notre Carcharodon Megalodon. Je pense que vous comprenez pourquoi les scientifiques parlent de cette espèce comme de celle du « roi des prédateurs ».

Jonas prit son verre d'eau et en but une gorgée.

– Les dents fossilisées du Megalodon retrouvées un peu partout dans le monde prouvent que l'espèce a dominé les océans pendant au moins soixante-dix millions d'années. Ce qui est vraiment intéressant, c'est que le Megalodon a survécu au cataclysme survenu il y a environ quarante millions d'années au cours duquel ont péri les dinosaures et la plupart des poissons préhistoriques. En fait, nous avons retrouvé des dents de Megalodon qui indiquent que ces prédateurs ont disparu il y a seulement cent mille ans. Du point de vue géologique, c'est comme si c'était hier.

Un jeune étudiant qui devait avoir vingt-six ans leva la main.

– Professeur Taylor, si ces Megalodons étaient encore en vie il y a cent mille ans, pour quelles raisons ont-ils complètement disparu ?

Jonas esquissa un sourire :

– Ça, mon jeune ami, c'est un des mystères de la paléontologie. Certains scientifiques pensent que l'alimentation de base du Megalodon est devenue de plus en plus rare et qu'il n'a pas pu s'adapter aux espèces de poissons plus petites et plus rapides d'aujourd'hui. Une autre théorie veut que la disparition ait été causée par la chute de la température des océans.

Un vieux monsieur installé au premier rang leva la main à son tour. Jonas reconnut en lui un ancien collègue de l'Institut Scripps.

– Professeur Taylor, nous aimerions entendre votre propre théorie concernant la disparition du Carcharodon Megalodon.

On entendit un murmure dans la salle. Jonas desserra encore un peu son col. Il portait rarement un costume, et son vieux complet de laine avait connu des jours meilleurs.

– Ceux d'entre vous qui me connaissent ou suivent mes travaux savent combien mes idées diffèrent de celles de la plupart des paléontologues. Beaucoup d'entre eux passent la plus grande partie de leur temps à expliquer la disparition d'une espèce. Pour ma part, je préfère chercher pourquoi une espèce apparemment disparue pourrait avoir survécu.

Le vieux professeur se leva.

– Monsieur, êtes-vous en train de suggérer que le Carcharodon Megalodon pourrait encore sillonner les océans ?

Jonas attendit que le silence se fasse.

– Non, professeur, je suis simplement en train de vous faire remarquer que les scientifiques ont tendance à considérer les choses d'un point de vue plutôt négatif. Par exemple, il n'y a pas si longtemps, ils pensaient encore unanimement que le cœlacanthe, un poisson aux nageoires en forme de lobe qui vivait il y a trois cents millions d'années, avait disparu depuis soixante-dix millions d'années. En 1938, un pêcheur a remonté un cœlacanthe des profondeurs de l'océan au large de l'Afrique du Sud. Aujourd'hui, les scientifiques observent tous les jours ces « soi-disant fossiles » dans leur milieu naturel…

Le vieux professeur se leva de nouveau au milieu des murmures de l'assistance.

– Professeur Taylor, nous connaissons bien l'histoire du cœlacanthe, mais il y a une grosse différence entre un poisson des fonds marins d'un mètre cinquante et un prédateur de dix-huit mètres.

Jonas regarda sa montre et réalisa qu'il était en retard sur son horaire.

– Oui, professeur, je suis d'accord avec vous. Mais disons que je préfère m'interroger sur la survivance d'une espèce plutôt que de trouver les raisons de sa disparition.

– Alors, de nouveau, monsieur, je vous demande votre opinion en ce qui concerne le Megalodon.

Les murmures s'intensifièrent. Jonas fronça les sourcils. Maggie allait le tuer.

– Très bien. Tout d'abord, je suis en complet désaccord avec la théorie selon laquelle le Megalodon a été incapable d'attraper des proies devenues plus rapides. Nous savons parfaitement que la forme conique de la queue du Grand Requin blanc, considéré comme le cousin actuel du Megalodon, est de loin la plus efficace pour propulser un corps dans l'eau. Nous savons également que les Megalodons existaient il y a cent mille ans. À cette époque, il y avait profusion de baleines, plutôt lentes, dont ils pouvaient se nourrir. Je reconnais, cependant, que la baisse de la température des océans a affecté ces créatures. Pourrais-je avoir la diapo suivante, s'il vous plaît ? Excusez-moi, celle d'après.

Plusieurs cartes représentant la planète apparurent à l'écran.

– Comme vous le voyez sur cette diapositive, les masses de terre de notre planète sont constamment en mouvement, et ce à cause de la présence de sept plaques tectoniques principales. Cette carte – Jonas indiqua le centre du diagramme – montre à quoi ressemblait la Terre il y a environ quarante millions d'années, durant la période de l'Éocène. Ce qui allait devenir l'Antarctique s'est détaché de l'Amérique du Sud à peu près à cette période et a glissé jusqu'au pôle Sud. La dérive des continents vers les pôles a entraîné le refroidissement des masses terrestres et a dévié les courants chauds qui convergeaient vers les pôles. Comme le froid augmentait, la terre s'est chargée de neige et de glace, ce qui, plus tard, a abaissé la température globale et le niveau de la mer. Comme la plupart d'entre vous le savent, le principal facteur de contrôle de la répartition géographique d'une espèce marine est la température de l'océan. Comme la température de l'eau chutait, les courants tropicaux se sont chargés de sel et se sont enfoncés de plus en plus profondément dans la mer. Finalement, les températures de l'océan étaient froides à la surface et il y avait un courant tropical, lourd en sel, beaucoup plus en profondeur. D'après les endroits où l'on a trouvé des fossiles de Megalodons, on sait qu'ils vivaient dans les courants tropicaux, probablement parce que leur nourriture s'était adaptée à la chute de la température de l'eau. On sait aussi que le Carcharodon Megalodon a survécu aux changements climatiques qui ont exterminé les dinosaures, il y a environ quarante millions d'années. Mais, il y a deux millions d'années, notre planète a connu son dernier âge glaciaire. Comme vous pouvez le voir sur ce diagramme, les courants tropicaux qui abritaient de nombreuses espèces se sont brutalement taris. Résultat, de nombreux poissons préhistoriques, dont le Carcharodon Megalodon, ont péri.

Le professeur l'interpella à nouveau :

– Donc, professeur Taylor, vous pensez réellement que le Megalodon a disparu à la suite de bouleversements climatiques.

Le vieux monsieur sourit, content de lui.

– Pas exactement. Rappelez-vous, j'ai dit tout à l'heure que je préférais chercher à comprendre comment une espèce pouvait subsister. Il y a environ quinze ans, j'ai fait partie de la première équipe scientifique à étudier les fosses sous-marines. Ces fosses forment ce qu'on appelle l'étage « hadal », une partie de l'océan Pacifique que les scientifiques ne connaissent pour ainsi dire pas du tout. Nous avons découvert que ces fosses se situent à la rencontre de deux plaques tectoniques. À cet endroit, une plaque s'enfonce sous une autre par un procédé appelé subduction. À l'intérieur de ces fosses, des failles hydrothermales déversent des eaux chaudes et riches en minéraux. Elles peuvent atteindre plus de trois cent soixante-dix degrés. Donc, à quelques endroits, au plus profond de l'océan Pacifique, il y a encore un courant tropical. À notre grand étonnement, nous avons découvert que les failles hydrothermales abritent des formes de vie jusque-là insoupçonnées.

Une femme entre deux âges se leva et demanda avec excitation :

– Est-ce que vous avez trouvé un Megalodon ?

Jonas sourit et attendit que les rires du public se calment.

– Non, madame. Mais laissez-moi vous montrer quelque chose qui fut découvert en 1873 et qui pourrait se révéler très intéressant.

De derrière l'estrade, Jonas sortit une caisse en verre.

– Voici la dent fossilisée d'un Carcharodon Megalodon. Des plongeurs et des promeneurs ont retrouvé des dents semblables par milliers. Certaines sont vieilles de cinquante millions d'années. Ce spécimen est particulier parce qu'il est en fait peu ancien. Il a été recueilli lors de la première véritable expédition océanique, menée par le vaisseau britannique *HMS Challenger*. Est-ce que vous voyez ces nodules en manganèse ?

Jonas désigna des incrustations sombres sur la dent.

– De récentes analyses de ces couches de manganèse ont indiqué que le propriétaire de la dent a vécu au Pleistocène ou au début de la période Holocène. En d'autres termes, cette dent date seulement de dix mille ans et a été repêchée à l'endroit le plus profond de la terre, la fosse Challenger, dans les Mariannes.

Le public explosa littéralement.

– Professeur ! Professeur Taylor !

Tous les regards se tournèrent vers une Américaine d'origine asiatique qui se tenait au fond de l'auditorium. Jonas la dévisagea, pris au dépourvu par sa beauté. Son visage lui était familier.

– Oui, avancez s'il vous plaît, lui dit-il tout en faisant signe au public de se calmer.

– Professeur, êtes-vous en train de nous expliquer que le Megalodon existe peut-être encore ?

Il y eut un grand silence. Depuis le début de la conférence, c'était la question à laquelle la salle attendait une réponse.

– En théorie, si des Megalodons sont entrés dans les eaux chaudes de la fosse des Mariannes il y a deux millions d'années, alors, logiquement, rien n'empêche de penser qu'une certaine espèce a pu survivre. Ce fossile vieux de dix mille ans peut en tout cas le suggérer.

– Professeur !

Un homme entre deux âges, accompagné d'un jeune garçon, prit la parole.

– Si ces monstres ont survécu, pourquoi ne les a-t-on jamais vus ?

– C'est une bonne question.

Jonas s'arrêta. Une superbe femme d'une trentaine d'années, bronzée, aux traits fins et réguliers, descendait l'allée centrale. Sa robe de soirée couleur topaze mettait en valeur ses longues jambes. Elle était accompagnée d'un type avec un catogan, en smoking, qui paraissait du même âge. Le couple s'installa sur deux sièges restés vacants au premier rang.

Jonas reprit contenance et attendit que sa femme et son meilleur ami se soient assis.

– Excusez-moi. Votre question était : pourquoi n'avons-nous pas croisé de Megalodon s'il en existe toujours. Tout d'abord, si le Megalodon vivait au plus profond de la fosse des Mariannes, il ne pourrait pas quitter cet endroit, la fosse Challenger se situant à onze kilomètres de profondeur. Les eaux qui surplombent cette zone chaude sont quasiment glacées. Le Megalodon ne pourrait pas survivre à une telle température. Il est également difficile au Megalodon – ou à n'importe quel requin – d'abandonner derrière lui des preuves de son existence, surtout dans les profondeurs. Car, à l'inverse des mammifères, à leur mort, les requins ne flottent pas, parce que leur corps est plus lourd que l'eau de mer. Leur squelette est entièrement cartilagineux. Donc, contrairement aux dinosaures et à de nombreuses espèces de poissons, aucun os ne subsiste après leur mort. Seulement leurs dents.

Jonas rencontra le regard de Maggie et ressentit une vive brûlure.

– Autre chose à propos de la fosse des Mariannes. Un seul homme s'y est aventuré à deux reprises en 1960. Il est descendu au fond avec un bathyscaphe. En fait, on n'a jamais exploré la fosse de près. Nous en connaissons davantage sur certaines galaxies lointaines que sur cette zone de l'océan Pacifique.

Jonas jeta un bref coup d'œil à Maggie et haussa les épaules. Elle se leva et regarda sa montre.

– Vous m'excuserez, mesdames et messieurs. Cette conférence a duré un peu plus longtemps que prévu.

– Excusez-moi, docteur Taylor, une question importante.

C'était de nouveau la femme asiatique. Elle semblait perturbée.

– Avant que vous ne commenciez à étudier les Megalodons, vous pilotiez des sous-marins. J'aimerais savoir pourquoi, alors que vous étiez au faîte de votre carrière, vous avez tout arrêté, soudainement ?

Jonas fut pris de court par le côté direct de la question.

– J'ai mes raisons.

Il chercha dans l'assistance une autre main levée.

– Attendez une minute, j'ai besoin de savoir.

Elle se tenait maintenant dans l'allée centrale.

– Il devait y avoir une raison. Avez-vous perdu votre sang-froid, professeur ? Vous n'avez pas remis les pieds dans un sous-marin depuis sept ans.

– Quel est votre nom, mademoiselle ?

– Tanaka. Terry Tanaka. Je crois que vous connaissez mon père, Masao Tanaka, de l'Institut océanographique Tanaka.

– Oui, bien sûr. En fait, nous nous sommes rencontrés il y a plusieurs années, lors de conférences.

– C'est exact.

– Eh bien, Terry Tanaka, je ne peux pas entrer dans les détails maintenant, mais je peux vous dire que j'avais envie d'arrêter de piloter des sous-marins et que j'ai donc pu consacrer plus de temps à la recherche.

Jonas ramassa ses notes.

– Maintenant, s'il y a d'autres questions…

– Docteur Taylor !

Un homme chauve avec de petites lunettes cerclées d'acier le héla du troisième rang. Il avait des sourcils broussailleux et un petit sourire sur les lèvres qui le faisait ressembler à un lutin.

– S'il vous plaît, une dernière question si je peux me permettre. Comme vous l'avez mentionné, les deux expéditions dans la fosse des Mariannes ont eu lieu en 1960. Mais, professeur, n'est-il pas exact que des plongées dans la fosse Challenger ont été effectuées plus récemment ?

Jonas regarda l'homme fixement.

– Pardon ?

– Vous-même y avez participé.

Jonas resta muet. Un murmure parcourut l'assistance. L'homme haussa les sourcils en déplaçant ses lunettes.

– Rappelez-vous, en 1990, alors que vous travailliez pour la Navy ?

– Je... ne suis pas sûr de comprendre.

Jonas lança un bref regard à sa femme.

– Vous êtes bien le professeur Jonas Taylor, n'est-ce pas ?

L'homme sourit, l'air supérieur, tandis que le public éclatait de rire.

– Écoutez, je suis désolé, je dois réellement partir maintenant. J'ai un autre rendez-vous. Merci à tous d'être venus.

Quelques applaudissements résonnèrent au milieu des chuchotements, tandis que Jonas descendait de l'estrade. Il fut rapidement entouré par des étudiants désireux de le questionner, des scientifiques qui avaient leurs théories à développer et d'anciens collègues qui voulaient le saluer avant qu'il ne parte. Jonas serra le plus de mains possible et s'excusa de devoir se sauver.

L'homme au catogan passa la tête par-dessus la foule compacte.

– Hé, Jonas, la voiture est garée à côté. Maggie dit que nous devons partir maintenant.

Jonas acquiesça, termina de dédicacer un livre à un étudiant admiratif, puis se précipita vers la sortie de l'auditorium où sa femme Maggie l'attendait impatiemment.

En atteignant le seuil, il aperçut Terry Tanaka qui l'observait avec insistance. Ses yeux ne quittaient pas les siens tandis qu'elle murmurait ces mots :

– Il faut qu'on parle.

Jonas lui indiqua sa montre et haussa les épaules. Il y avait eu assez de polémiques pour la soirée. Sa femme lui cria depuis la porte :

– Jonas, allons-y !

L'AIGLE D'OR

Ils longeaient la péninsule de Coronado dans la limousine de Bud Harris. Jonas était installé sur la banquette arrière. Bud bougonnait dans son téléphone de voiture en tripotant sa queue de cheval comme une écolière. Maggie avait l'air comme chez elle sur la large banquette de cuir, ses jambes minces croisées, un verre de champagne à la main. Elle s'est habituée à avoir de l'argent, pensa Jonas. Il l'imaginait en bikini, bronzant sur le yacht de Bud.

– Avant, tu avais peur du soleil.

– De quoi parles-tu ?

– De ton bronzage.

Elle le toisa.

– Cela rend bien devant les caméras.

– Le mélanome ne rend pas très bien, lui.

– Ne commence pas Jonas. Je ne suis pas d'humeur. C'est la soirée la plus importante de ma carrière, et j'ai dû pratiquement te traîner hors de ta salle de conférence. Tu étais au courant pour ce dîner depuis un mois et tu as mis ton vieux costume de laine qui date de vingt ans.

– Maggie, c'était ma première conférence depuis plus

de deux ans et tu arrives en te faisant remarquer, comme d'habitude...

– Hé, holà, doucement, les amis !

Bud raccrocha son téléphone et leva les bras.

– Allez, calmez-vous une seconde. Maggie, c'était aussi une soirée importante pour Jonas. Tu aurais peut-être mieux fait de l'attendre dans la voiture.

Jonas garda le silence. Mais Maggie n'en avait pas fini.

– J'ai attendu cette chance des années, je me suis défoncée pendant que tu bousillais ta carrière. Maintenant, c'est mon tour et, si cela ne te plaît pas d'être là, je m'en fiche. Tu peux attendre dans cette foutue voiture. Bud m'accompagnera ce soir, n'est-ce pas ?

– Laisse-moi en dehors de tout ça, dit Bud.

Maggie fronça les sourcils et regarda par la fenêtre. La tension était presque palpable et, finalement, Bud rompit le silence.

– Henderson pense que tu as toutes les chances de gagner. Si c'est le cas, ça peut vraiment être le tournant de ta carrière.

Maggie se retourna vers lui, essayant d'éviter le regard de son mari.

– Je vais gagner, dit-elle d'un ton de défi. Je sais que je vais gagner. Verse-moi un autre verre.

Bud eut un large sourire, remplit le verre de Maggie, puis offrit la bouteille à Jonas. Jonas fit non de la tête, se cala au fond du siège et contempla sa femme d'un air absent.

Jonas Taylor avait rencontré Maggie dans le Massachusetts, environ neuf ans plus tôt, alors qu'il suivait un entraînement de plongée sous-marine à l'Institut océanographique de Woods Hole. Maggie était dans sa dernière année de journalisme à l'université de Boston. La *petite blonde* [1] avait un moment poursuivi avec assiduité une carrière de mannequin, mais ne possédait pas la taille requise pour réussir.

Elle avait tout abandonné pour le journalisme télé. En lisant un jour le récit des aventures de Jonas et de son sous-marin *Alvin*, Maggie avait pensé que cela ferait un bon sujet pour le journal de l'université. Jonas était une sorte de célébrité dans son domaine, et elle le trouvait beau et athlétique.

Jonas fut abasourdi de voir quelqu'un comme Maggie se passionner pour la plongée sous-marine. Sa situation lui avait jusque-là laissé peu de temps pour les mondanités et, lorsqu'il s'aperçut que la belle blonde s'intéressait à lui, il sauta sur l'occasion. Il l'avait emmenée aux îles Galapagos pour qu'elle fasse partie de l'équipage de l'*Alvin* durant les vacances de printemps. C'est ainsi qu'ils avaient commencé à se fréquenter. Il lui avait même permis de plonger avec lui.

Maggie était impressionnée par l'influence de Jonas sur ses collègues, aimait l'excitation, l'aventure qui allaient de pair avec l'exploration des océans. Dix mois plus tard, ils se mariaient et s'installaient en Californie, où l'US Navy venait de proposer une place à Jonas. Maggie aimait la Californie. En peu de temps, elle s'habitua à la célébrité et rêva de faire carrière dans les médias. Elle savait qu'avec l'appui de son mari elle n'aurait aucun mal à entrer dans ce milieu.

Et puis, désastre ! On avait confié à Jonas le soin de piloter un nouveau sous-marin au cours d'une expédition

1. En français dans le texte.

navale top secrète dans la fosse des Mariannes. À sa troisième plongée, il avait paniqué et était remonté trop vite à la surface. Deux hommes de l'équipage étaient morts et on avait infligé un blâme à Jonas. Le rapport officiel avait fait état de « folie des profondeurs », et l'accident avait détruit la réputation de Jonas. Ce fut sa dernière expédition pour la Navy.

Devenu incapable d'affronter le stress des plongées sous-marines, Jonas se prit littéralement de passion pour la paléontologie, se mit à écrire des livres et à étudier les créatures préhistoriques marines. Ses revenus baissèrent rapidement, et cela entraîna un changement du niveau de vie auquel Maggie s'était habituée. Elle se retrouva pigiste à mi-temps pour quelques journaux locaux, mais le boulot était sans avenir. Ses rêves de célébrité semblaient anéantis, et sa vie soudain terriblement ennuyeuse.

Puis Jonas l'avait présentée à son ancien copain de chambre, Bud Harris, qui avait trente-cinq ans à l'époque et venait d'hériter de son père une affaire de navires à San Diego. Lui et Jonas avaient passé trois ans dans le même appartement à l'université de Pennsylvanie et étaient restés en contact après avoir obtenu leurs diplômes.

Maggie travaillait comme journaliste à mi-temps pour le *San Diego Register*. Elle était constamment à la recherche de sujets pour ses articles. Elle et Jonas pensèrent que l'entreprise navale de Bud intéresserait le *Sunday Magazine*. Maggie passa un mois à traîner avec Bud sur le port, à visiter ses docks à Long Beach, San Francisco et Honolulu. Elle l'interviewa sur son bateau, assista à des réunions de bord, fit un tour sur son hovercraft et passa même un après-midi à apprendre la navigation.

Son article fit la une du journal et transforma le millionnaire solitaire en une figure populaire. Son entreprise de charter à San Diego devint florissante. Et comme il n'était pas du genre ingrat, Bud aida Maggie à trouver un poste de reporter dans une télévision locale.

Fred Henderson, le directeur de la station, était un ami de voile de Bud. Pour commencer, il confia à Maggie des petits sujets de deux minutes pour le journal de 10 heures, mais, très vite, elle prit du galon et se lança finalement dans la production de documentaires hebdomadaires sur la Californie et l'Ouest. Aujourd'hui, elle était une célébrité locale.

Bud descendit de la limousine et tendit une main à Maggie.

– Je devrais peut-être être récompensé. T'en penses quoi, Maggie ? Que dirais-tu du titre de producteur exécutif ?

– Jamais de la vie ! répliqua Maggie en tendant son verre au chauffeur.

L'alcool l'avait rendue légèrement gaie. Elle sourit à Bud tandis qu'ils gravissaient les marches tous les trois :

– Si on commence à te donner des récompenses, il n'en restera plus aucune pour moi.

Ils franchirent l'entrée principale du célèbre hôtel *Del Coronado*, au-dessus de laquelle flottait une bannière dorée : « 15e Remise des Media Awards de San Diego ».

Dans la salle de bal Silver Strand, trois gigantesques lustres de cristal pendaient du plafond aux poutres apparentes. Un orchestre jouait en sourdine dans un coin, tandis que les invités, visiblement fortunés, se servaient des amuse-gueules et sirotaient des boissons en se promenant entre les tables drapées de nappes blanches et dorées. Le souper allait bientôt être servi.

Jonas se sentait mal à l'aise dans son costume. Maggie lui avait parlé de cette soirée un mois auparavant, mais elle ne lui avait jamais précisé qu'il fallait une tenue de soirée.

Dans la foule, il reconnut quelques animateurs de télévision, des stars de la région. Harold Ray, le coprésentateur du journal de 10 heures sur Channel 9, eut un large sourire quand il salua Maggie. Il l'avait aidée à obtenir un financement de la chaîne pour réaliser une émission spéciale consacrée aux conséquences des installations pétrolières en mer sur les migrations des baleines le long de la côte californienne.

Ce document était l'un des trois en compétition dans la catégorie documentaire sur les « questions d'environnement ». Maggie était donnée favorite.

– Voilà, c'est fait, ce soir, tu pourras rentrer chez toi avec l'Aigle, Maggie.

– Qu'est-ce qui te fait dire cela ?

– Je suis marié à un des membres du jury, lui dit Harold en riant.

Et, observant le catogan de Bud, il demanda à Maggie :

– Ce jeune homme est-il ton mari ?

– J'ai bien peur que non, répliqua Bud en lui serrant la main.

– Non, quoi ? de n'être pas jeune ou de n'être pas son mari ?

Harold éclata à nouveau de rire.

– C'est mon… producteur exécutif, dit Maggie en souriant.

Elle jeta un coup d'œil à Jonas.

– Voilà mon mari.

– Jonas Taylor. Ravi de vous rencontrer, monsieur Ray.

– Le professeur Jonas Taylor ?

– Oui.

– Est-ce que nous n'avons pas fait un reportage sur

vous, il y a deux ans ? Quelque chose au sujet d'os de dinosaures trouvés dans le lac Salton ?

– Peut-être. Il y avait beaucoup de journalistes là-bas. Il faut dire que c'était une découverte inhabituelle…

– Excuse-moi, Jonas, l'interrompit Maggie. Je meurs de soif. Cela t'ennuierai...

Bud leva la main.

– Un gin-tonic pour moi, vieux pote.

Jonas regarda Harold Ray.

– Rien pour moi, professeur. Ce soir, je suis présentateur. Un verre de plus et je vais vous déballer tous les résultats ici même.

Jonas se fraya un passage vers le bar. Dans cette salle de bal sans fenêtre, l'air était humide. De plus, sa veste de laine lui tenait chaud et le démangeait. Il commanda une bière, un verre de champagne et un gin-tonic. Le barman sortit une bouteille de Carta Blanca de la glace. Jonas se rafraîchit le front avec et but une grande gorgée de bière pour se désaltérer. Il se retourna pour observer Maggie qui riait toujours en compagnie de Bud et Harold.

– Désirez-vous une autre bière, monsieur ?

Ses boissons étaient prêtes. Jonas regarda sa bouteille et s'aperçut qu'il venait de la vider.

– Donnez-moi plutôt ça, dit-il en désignant une bouteille de gin.

– Pour moi aussi, dit une voix dans son dos. Avec une rondelle de citron.

Jonas se retourna. C'était l'homme chauve aux sourcils broussailleux, qui le scrutait par-dessus ses lunettes à double foyer, avec toujours le même petit sourire.

– C'est drôle de vous rencontrer ici, docteur.

Jonas le regarda avec suspicion :

– Vous m'avez suivi ?

– Mon Dieu, non, répliqua l'homme en prenant une poignée d'amandes.

Il fit un geste vague vers la salle…

– Je suis dans les médias.

Le barman tendit son verre à Jonas.

– Vous êtes là pour un Award ? demanda Jonas, plutôt sceptique.

– Non, non. Simplement en observateur. Il tendit la main. Je me présente, David Adashek, du *Journal des Sciences*.

Jonas lui serra la main, toujours sur la défensive.

– J'ai beaucoup apprécié votre conférence. Fascinante, cette histoire de Mega… Comment est-ce que vous l'avez appelé ?

Jonas but une gorgée en dévisageant le reporter.

– Qu'est-ce que vous voulez, monsieur ?

L'homme termina ses amandes et but une grande gorgée.

– On m'a laissé entendre qu'il y a sept ans vous avez plongé pour la Navy dans la fosse des Mariannes. Est-ce exact ?

– Peut-être que oui, peut-être que non. Pourquoi voulez-vous le savoir ?

– La rumeur dit que la Navy cherchait un endroit pour enterrer des déchets radioactifs résultant d'un ancien programme d'armement nucléaire. C'est une histoire qui intéresserait beaucoup, je crois, mes rédacteurs en chef.

Jonas marqua le coup.

– Qui vous a dit cela ?

– Eh bien, personne ne m'a dit exactement…

– Qui était-ce ?

– Je suis désolé, professeur. Je ne révèle pas mes sources. Je suis sûr que vous comprenez.

Adashek avala une amande et la mâchonna bruyamment comme un chewing-gum.

– C'est drôle, quand même. J'ai interviewé le type il y a environ quatre ans. Pas pu en tirer un mot. Et puis, la semaine dernière, il est sorti d'on ne sait où et m'a dit que, si je voulais savoir ce qui s'était passé, il fallait que je vous le demande... Est-ce que j'ai dit quelque chose qu'il fallait pas, doc ?

Jonas remua la tête doucement et regarda l'homme.

– Je n'ai rien à vous dire. Maintenant, vous m'excuserez, j'ai l'impression qu'ils vont servir le souper.

Il se détourna et se dirigea vers sa table.

Adashek se mordit la lèvre et regarda Jonas s'éloigner.

– Un autre verre, monsieur ? lui demanda le barman.

– Oui, répondit Adashek avec brusquerie.

Tandis que Jonas traversait la salle de bal, quelqu'un, de l'autre côté de la pièce, l'observait attentivement. Cette personne, de type asiatique, ne le quittait pas des yeux et le regarda s'asseoir à côté de la femme blonde.

Quatre heures et six verres plus tard, Jonas regardait fixement l'Aigle d'or posé sur la nappe blanche, une caméra plantée entre les griffes. Le film de Maggie sur les baleines avait battu le projet de la chaîne Discovery sur les îles Farallon et un documentaire de Greenpeace sur l'industrie japonaise de la baleine. Le discours de remerciement de Maggie était un plaidoyer passionné pour la sauvegarde des baleines. Son intérêt pour la cause des cétacés lui avait inspiré son film, avait-elle déclaré. Jonas s'était demandé s'il était le seul dans la salle à ne pas avoir cru un seul mot de ce qu'elle racontait.

Bud avait offert des cigares. Harold Ray avait porté un toast. Fred Henderson était passé pour les féliciter et dire que, s'il ne faisait pas attention, Maggie allait certainement lui être enlevée par une grande chaîne de télévision de Los Angeles. Maggie avait fait semblant de ne pas se sentir concernée. Jonas savait pourtant qu'elle était au courant des rumeurs… qu'elle avait d'ailleurs lancées elle-même.

À présent, ils dansaient. Maggie avait pris Bud par la main et l'avait entraîné sur la piste, car elle savait que Jonas n'émettrait aucune objection. Comment aurait-il pu dire quoi que ce soit ? Il n'aimait pas danser.

Jonas resta assis, tout seul à sa table, croquant les glaçons de son verre et tentant de compter les gins qu'il avait liquidés ces quatre dernières heures. Il se sentait fatigué, une légère migraine pointait et tout indiquait que la soirée allait encore être longue. Il se leva et retourna au bar.

Harold Ray était là, avec une bouteille de vin et deux verres.

– Alors, c'était comment Baja, professeur ?

Pendant un instant, Jonas se demanda si Ray n'était pas ivre.

– Pardon ?

– La croisière.

– Quelle croisière ?

Il tendit son verre au barman et lui fit signe de le remplir. Ray éclata de rire.

– Je lui avais dit que trois jours ce n'étaient pas des vacances. La preuve, vous avez déjà oublié.

– … Oh, vous voulez dire… La semaine dernière.

Puis, cela le frappa. Le voyage à San Francisco. Le bronzage.

– J'ai bien peur de ne pas avoir apprécié autant que Maggie.

– Trop de margaritas ?

Jonas secoua la tête…

– Je ne bois pas.

Le barman lui tendit son gin-tonic.

– Moi non plus ! dit Ray en riant et en retournant à sa table.

Jonas contempla longuement son verre, puis fouilla la salle du regard pour y trouver Maggie. L'orchestre jouait la chanson *Crazy*. Les lumières étaient tamisées et les couples dansaient, enlacés. Il découvrit Maggie et Bud serrés l'un contre l'autre, comme un couple d'ivrognes. Les mains de Bud caressaient le dos de sa femme et s'égaraient vers le bas…

Soudain, Jonas vit Maggie saisir les mains de Bud et les poser, d'un air absent, sur ses fesses…

Jonas renversa son verre d'un geste rageur, puis zigzagua à travers la salle. Ils se tenaient toujours l'un contre l'autre, seuls au monde, les yeux fermés, comme perdus dans leurs rêves.

Jonas donna une tape sur l'épaule de Bud. Ils s'arrêtèrent de danser et se tournèrent vers lui. Bud regarda son copain avec une lueur d'appréhension.

– Jonas ?

Jonas lui envoya un direct du droit dans la mâchoire. Des femmes se mirent à hurler. Bud s'écroula sur un autre couple avant de s'étaler de tout son long sur le parquet. L'orchestre s'arrêta de jouer.

– Enlève tes mains des fesses de ma femme.

Maggie considéra Jonas avec un air consterné.

– Tu es devenu fou ou quoi ?

Jonas frotta son poing endolori.

– Fais-moi plaisir. La prochaine fois que tu partiras en croisière, ne reviens pas.

Il fit demi-tour et quitta la piste de danse. Tout tournait autour de lui tandis qu'il sortait de la salle à grands pas.

Jonas s'arrêta sur le seuil et arracha sa cravate. Un groom en uniforme lui demanda son ticket de parking.

– Je n'ai pas de voiture.

– Voulez-vous que je vous appelle un taxi, alors ?

– Il n'en a pas besoin. Je suis son chauffeur.

Terry Tanaka apparut derrière lui.

– Vous ? Doux Jésus ! Décidément, un malheur ne vient jamais seul. Qu'est-ce qu'il y a, Terry ? Vous voulez me causer un peu plus de problèmes ?

Elle eut un sourire.

– OK, je ne l'ai pas volé. Mais s'il vous plaît, ne me balancez pas de coup de poing ou vous allez vous retrouver par terre vous aussi.

Jonas s'assit sur le bord du trottoir et se passa les doigts dans les cheveux. Il souffrait maintenant de douleurs lancinantes à la tête.

– Qu'est-ce que vous voulez ?

– Je vous ai suivi jusqu'ici. Je suis désolée, croyez-moi, ce n'est pas une idée à moi, mais mon père a insisté.

Jonas se retourna et regarda vers la porte.

– Ce n'est vraiment pas le bon moment…

Elle lui tendit une photographie.

– C'est à cause de ça.

Il inspecta la photo et regarda de nouveau la jeune femme.

– Mon Dieu, mais qu'est-ce qui a bien pu se passer ?

LES SONDES SOUS-MARINES

Finalement, Jonas la laissa le reconduire chez lui. Il profita du trajet pour se délasser les doigts dans le vent frais, par la fenêtre de la voiture. Ses yeux fixaient la route, mais il continuait de penser à la photographie. Pris à onze mille mètres sous le Pacifique Ouest, dans les profondeurs d'un canyon de la fosse des Mariannes, le cliché en noir et blanc montrait une SSM [1] sphérique, un appareil de détection à distance destiné à surveiller le fond des mers. Jonas connaissait assez bien les conclusions des dernières recherches sur ces robots remarquables. Au cours d'un projet américano-japonais pour la détection des tremblements de terre, vingt-cinq sous-marins SSM en titane avaient été déployés sur deux cents kilomètres de la fosse pour surveiller les secousses sismiques.

– L'installation fut un succès, lui apprit Terry alors qu'ils s'engageaient sur l'autoroute. Même mon père était content.

Masao Tanaka avait travaillé avec son équipe de l'Institut

1. SSM : sondes sous-marines.

océanographique pour concevoir les systèmes SSM. En deux semaines, le bateau de l'Institut, le *Kiku*, avait enregistré un flot de données tout à fait solides et les scientifiques des deux côtés du Pacifique avaient pu travailler sur les informations.

– Et puis, tout à coup, quelque chose s'est mis à aller de travers. Trois jours après la mise à l'eau, expliqua Terry, les Japonais nous ont appelés pour annoncer qu'une des sondes avait arrêté d'émettre les informations. Une semaine plus tard, ce fut le tour de deux autres unités de s'arrêter. Quand au bout de quelques jours une autre encore cessa de fonctionner, mon père décida qu'il fallait réagir.

Terry regarda Jonas.

– Il a envoyé mon frère en bas dans le sous-marin *Abyss Glider*.

– DJ ?

– Oui, c'est le pilote le plus expérimenté que nous ayons.

– Personne n'est descendu aussi loin tout seul.

– Je suis d'accord. J'ai dit à papa que j'aurais dû descendre avec lui dans l'autre *Glider*.

– Vous ?

Terry lui jeta un regard furieux.

– Cela vous pose un problème ? Pour votre gouverne, sachez que je suis un sacrément bon pilote.

– Je n'en doute pas, mais à dix mille mètres… ? Jusqu'à quelle profondeur êtes-vous descendue toute seule ?

– J'ai atteint deux fois cinq mille mètres sans aucun problème.

– Ce n'est pas mal, reconnut Jonas.

– Pas mal pour une femme, vous voulez dire ?

– J'ai voulu dire pas mal pour n'importe qui. Peu d'êtres humains sont descendus aussi profond. Sacré nom, Terry, prenez ça plus cool !

Elle sourit.

– Je suis désolée. Cela devient frustrant, vous savez. Papa est très « vieille école japonaise ». Pour lui, les femmes doivent être vues mais on ne doit pas les entendre, vous voyez le genre.

– Alors, allez-y, dites-moi tout, lui demanda Jonas. Qu'est-ce que DJ a fait dans les Mariannes ?

– Du bon travail. Il a trouvé une des SSM et a tout filmé. La photo est extraite de sa vidéo.

Jonas examina le cliché une nouvelle fois. Il représentait une sonde couchée sur le flanc au fond du canyon. La sphère avait été éventrée, son socle déchiqueté, un tasseau verrouillé complètement tordu et la couche de titane de la sphère elle-même gravement endommagée et griffée.

– Où est le sonar blindé ?

– DJ l'a retrouvé trente-six mètres plus bas. Il l'a remonté. Aujourd'hui, il est à l'Institut de Monterey. C'est pour cette raison que je suis ici. Mon père voudrait que vous y jetiez un œil.

Jonas la regarda d'un air sceptique.

– Vous pouvez prendre l'avion avec moi ce matin, lui dit-elle. Je décolle à huit heures.

Perdu dans ses pensées, Jonas en oublia presque de lui indiquer le chemin.

– C'est là, à gauche.

Elle emprunta la longue allée jonchée de feuilles mortes et se gara devant une belle maison de style colonial, dissimulée par les arbres.

Alors que Terry coupait le moteur, Jonas se tourna vers elle et la regarda attentivement en plissant les yeux…

– C'est vraiment tout ce qu'attend votre père de moi ?

Terry garda le silence un moment.

– Autant que je le sache. Nous ne savons pas ce qui

s'est passé en bas. Papa pense que vous pourriez nous apporter des réponses, nous donner votre point de vue de professionnel.

– … Eh bien, je vais vous le donner mon point de vue de professionnel : il est que vous devriez ficher le camp de la fosse des Mariannes. C'est beaucoup trop dangereux de s'y aventurer, surtout seul.

– Hé, écoutez-moi, docteur Taylor, vous avez peut-être perdu le goût du risque après autant d'années d'inactivité, mais ce n'est pas notre cas à DJ et à moi. Mais enfin, que vous est-il arrivé ? Je n'avais que dix-sept ans la première fois que je vous ai rencontré, mais vous m'aviez fait l'effet de quelqu'un d'enthousiaste et d'énergique.

– Terry, la fosse des Mariannes est trop profonde, beaucoup trop dangereuse.

– Trop dangereuse ? De quoi avez-vous si peur ? D'un grand monstre blanc de dix-huit mètres ?

Elle laissa échapper un rire narquois.

– Laissez-moi vous dire quelque chose, Jonas : les données que nous avons récupérées pendant les deux premières semaines étaient inestimables. Si ce système de détection des tremblements de terre fonctionne, il pourra sauver des milliers de vies. Êtes-vous si occupé que vous n'ayez pas une journée à perdre pour aller jusqu'à l'Institut ? Mon père vous demande votre aide. Venez juste examiner le sonar, visionner la vidéo de mon frère et, demain soir, vous serez de retour auprès de votre femme chérie. Je suis persuadée que mon père vous fera visiter en privé son nouveau lagon aux baleines.

Jonas prit sa respiration. Il considérait Masao Tanaka comme un ami et, apparemment, en ce moment, il n'en avait plus beaucoup.

– Quand voudriez-vous partir ?

– Retrouvez-moi à l'aérodrome demain matin à sept heures trente précises.

– À l'aérodrome... On va vraiment prendre un de ces avions qui font des sauts de puce ?

Jonas avala sa salive péniblement.

– Pas de panique ! Je connais le pilote. À demain.

Elle le regarda une dernière fois, fit demi-tour et retourna à sa voiture. Jonas resta figé tandis qu'elle s'éloignait.

Il ferma la porte derrière lui et alluma la lumière. Pendant un instant, il eut l'impression d'être un étranger dans sa propre maison. Tout y était mortellement calme. Un effluve du parfum de Maggie flottait encore dans l'air. Elle ne serait pas de retour avant longtemps, pensa-t-il.

Il se rendit dans la cuisine, sortit une bouteille de vodka du frigo, puis changea d'avis. Il prit la cafetière, changea le filtre, y versa un peu de café, puis remplit le réservoir d'eau. Il ouvrit le robinet et se rinça la bouche. Puis il resta là, debout, un long moment, à fixer la fenêtre qui donnait sur le jardin. Il faisait tellement sombre qu'il ne voyait que son reflet dans la vitre.

Lorsque le café fut enfin prêt, il s'installa dans son bureau avec la cafetière. Son sanctuaire, la seule pièce de la maison qui lui appartenait réellement. Les murs étaient couverts de cartes océanographiques. Plusieurs dents fossilisées de Megalodons traînaient sur les tables. Certaines étaient rangées à la verticale dans des caisses de verre, d'autres servaient de presse-papiers. Au-dessus de son bureau, il avait fait encadrer une peinture représentant un Grand Requin blanc et, tout à côté, avait accroché un diagramme anatomique des organes de l'animal.

Jonas posa sa tasse près de l'ordinateur, puis s'installa au clavier. Par-dessus l'écran, la mâchoire de trois mètres soixante du Requin blanc semblait vouloir le happer. Il entra les quelques clefs d'accès à Internet dont il avait besoin, puis l'adresse du web de l'Institut océanographique Tanaka.

Du titane. Même lui avait du mal à le croire…

LES OISEAUX DE NUIT

Jonas but une grande gorgée de café chaud et attendit que le sommaire apparaisse à l'écran. Puis il tapa ces mots : « SSM ».

SSM.

Sonde sous-marine.

Conçue spécialement et développée en 1979 par Masao Tanaka, directeur général de l'Institut océanographique Tanaka, pour étudier la vie des baleines à l'état sauvage. Reconfigurée en 1997 avec le partenariat du Centre de technologie des sciences marines japonaises (JAMSTEC) pour enregistrer et prévoir les perturbations sismiques des fosses sous-marines.

Chaque sonde est constituée d'une coque en titane de sept centimètres. Les sondes sont soutenues par trois pieds rétractables et pèsent une tonne trois. Elles sont conçues pour supporter une pression de dix-sept tonnes par centimètre carré. La SSM transmet les informations au navire positionné en surface grâce à un câble en fibre optique.

INSTRUMENTATION DE LA SSM.

Champs électriques	Gisements minéraux	Salinité
Équipement sismique	Topographie	Température de l'eau

Jonas examina les rapports techniques des systèmes de SSM, impressionné par la simplicité de leur conception. Placée sur une ligne de faille sismique, la SSM pouvait détecter à distance les signes avant-coureurs d'un tremblement de terre.

Le sud du Japon a la malchance d'être situé à la convergence de trois plaques tectoniques. Périodiquement, ces plaques entrent en contact. Le frottement provoque un tremblement de terre. Il s'en produit à peu près dix par an dans le monde. En 1923, l'un d'eux avait tué plus de cent quarante mille personnes.

En 1994, Masao Tanaka avait cherché désespérément des fonds pour réaliser le rêve de sa vie : construire un gigantesque lagon pour cétacés, sorte de sanctuaire pour les baleines. Le JAMSTEC avait accepté de financer le projet si, en échange, l'Institut Tanaka s'engageait à fournir vingt-cinq SSM pour surveiller l'activité sismique de la fosse Challenger. Trois ans plus tard, on y avait installé les systèmes avec grand succès.

Jonas but une grande lampée de vodka.

– La fosse Challenger, murmura-t-il. Les experts du monde sous-marin l'appellent « antichambre de l'enfer ».

Pour lui, c'était « l'enfer » tout court.

À une vingtaine de kilomètres de là, Terry, fraîchement douchée, enroulée dans une serviette, s'assit sur le bord du lit dans sa chambre de l'hôtel *Holiday Inn*. Taylor l'avait vraiment agacée : l'homme était du genre obstiné et professait des idées plutôt machistes. Pourquoi son père avait-il insisté pour qu'il fasse partie de leur équipe ? Vraiment, cela la dépassait. Terry décida de revoir son dossier sur le professeur Taylor. Elle en connaissait les éléments principaux par cœur : études à l'université de Pennsylvanie, diplômes supérieurs de l'université de Californie à San Diego et de l'Institut océanographique de Woods Hole, professeur à plein temps à l'Institut Scripps et auteur de trois livres de paléobiologie. Jonas Taylor était considéré comme un des meilleurs pilotes de sous-marins du monde… Que s'était-il passé ? Terry feuilleta le dossier. Dans les années 80, le docteur Taylor avait piloté le sous-marin *Alvin* dix-sept fois et avait souvent exploré les fosses sous-marines. Et puis, pour une raison inconnue, il avait simplement tout laissé tomber.

– Cela n'a aucun sens, se dit Terry à voix haute.

Soudain, en repensant à la conférence de l'après-midi, elle se souvint de l'homme aux sourcils broussailleux qui avait pratiquement accusé Jonas d'avoir plongé dans la fosse des Mariannes. Cependant, dans son dossier personnel, rien n'indiquait une quelconque descente dans la fosse Challenger.

Terry reposa le dossier et brancha son portable. Elle inscrivit son mot de passe pour accéder aux ordinateurs de l'Institut. Puis elle entra : « Fosse des Mariannes ».

NOM DU FICHIER : FOSSE DES MARIANNES.

SITUATION :
À l'ouest de l'océan Pacifique, à l'est des Philippines, près de l'île de Guam.

DESCRIPTION :

La plus grande dépression connue au monde. Dix mille neuf cent vingt mètres de profondeur et deux mille cinq cents kilomètres de long ; c'est la fosse la plus profonde du globe et la seconde en longueur. La zone la plus profonde s'appelle la fosse Challenger, du nom de l'expédition *Challenger II* qui l'a découverte en 1951.

Note : un poids d'un kilo tombant dans la mer au-dessus de la fosse mettrait plus d'une heure pour atteindre le fond.

EXPLORATIONS (HUMAINES) :

Le 23 janvier 1960, le bathyscaphe de l'US Navy *Trieste* est descendu à dix mille neuf cent onze mètres et a presque touché le fond de la fosse Challenger. À bord du bateau de la Navy se trouvaient le lieutenant Donald Walsh et l'océanographe suisse Jacques Piccard. La même année, le bathyscaphe français *Archimède* a effectué une plongée similaire.

EXPLORATIONS (SANS ÉQUIPAGE) :

En 1993, les Japonais ont mis à l'eau un robot, le *Kaiko*, qui est descendu à dix mille huit cent vingt mètres, avant de tomber en panne. En 1997, vingt-cinq sondes sous-marines ont été déployées par l'Institut océanographique Tanaka.

Terry survola le dossier. Il n'y avait rien sur Jonas Taylor là-dedans. Elle tapa les mots suivants : « Exploration navale ».

EXPLORATION NAVALE : (VOIR) *Trieste*, 1960 ; *Seacliff*, 1990.

Seacliff ? Pourquoi ce nom n'était-il pas apparu dans les données précédentes ? Elle fouilla un peu plus avant.

SEACLIFF : ACCÈS INTERDIT.
AUTORISÉ AU SEUL PERSONNEL DE LA MARINE US.

Pendant quelques minutes, Terry tenta d'ouvrir le dossier, mais sans succès. Elle eut la sensation de recevoir un coup de poing à l'estomac.

Songeuse, elle écarta son portable et repensa à la conférence. Sa première rencontre avec Jonas Taylor avait eu lieu dix ans auparavant, lors d'un symposium à l'Institut de son père. Jonas y avait été invité pour prononcer une allocution sur le sous-marin *Alvin.* À l'époque, Terry avait dix-sept ans. En collaboration avec son père, elle avait organisé la manifestation, s'occupant de la coordination des voyages et des réservations d'hôtels pour les soixante-dix scientifiques venus du monde entier. Elle s'était occupée du billet de Jonas et était allée l'attendre à l'aéroport. Elle se rappelait avoir eu le béguin pour le pilote à la belle carrure. Terry regarda de nouveau la photo dans le dossier. Ce soir, le professeur Taylor lui était apparu confiant, certes, mais cependant un peu désemparé. Elle revoyait son beau visage halé, quelques rides autour des yeux, des cheveux bruns grisonnant aux tempes, la silhouette athlétique.

Qu'était-il arrivé à cet homme ? Pourquoi son père avait-il tellement insisté pour qu'on aille le chercher ? Aux yeux de Terry, Jonas était bien la dernière personne dont le projet pouvait avoir besoin.

Jonas se réveilla tout habillé. Un chien aboyait quelque part dans le voisinage. Il loucha sur le réveil : il était six heures du matin. Il était allongé sur le divan, dans son antre, des centaines de pages éparpillées autour de lui. Il avait mal à la tête. Il s'assit et, machinalement, heurta du pied le pot de café, tachant la moquette marron clair. Il frotta ses yeux injectés et remarqua l'ordinateur. L'appareil était en mode veille. Il bougea la souris et des sondes SSM apparurent à l'écran. La mémoire lui revint peu à peu.

Le chien arrêta d'aboyer. La maison semblait inhabituellement calme. Jonas se leva, marcha dans le vestibule jusqu'à la chambre principale.

Maggie n'y était pas : leur lit n'avait même pas été défait.

MONTEREY

Terry l'aperçut alors qu'il traversait la piste.

– Bonjour, professeur, lui dit-elle, d'une voix un peu trop forte.

Elle sourit.

– Comment va votre tête ?

Jonas changea son sac de marin d'épaule.

– Parlez plus doucement.

Il regarda l'avion avec méfiance.

– Vous ne m'aviez pas prévenu qu'il était… aussi petit.

– Il ne l'est pas, pour un beechcraft.

Elle achevait son inspection avant le vol. L'avion était un modèle double-turbo, avec un logo représentant une baleine et les lettres I.O.T. peintes sur le fuselage.

Jonas posa son sac et regarda autour de lui.

– Où est le pilote ?

Elle posa un doigt sur ses lèvres et sourit.

– Vous ? s'exclama-t-il.

– Hé, ne recommencez pas. Ça vous pose de nouveau un problème ?

– Non, je voulais juste…

Terry retourna à son inspection.

– Si cela peut vous réconforter, sachez que je pilote depuis six ans.

Jonas acquiesça, mal à l'aise. Cela ne le réconfortait pas. Au contraire, cela lui donnait un coup de vieux.

– Est-ce que tout va bien ? lui demanda-t-elle alors qu'il cherchait sa ceinture de sécurité à tâtons.

Jonas semblait un peu pâle. Il n'avait pas dit un mot depuis qu'ils étaient montés à bord.

– Si vous préférez vous asseoir à l'arrière, il y a plein de place pour que vous puissiez étendre vos jambes. Les sacs pour vomir sont dans la poche sur le côté.

Elle eut un sourire narquois.

– Cela vous amuse ?

– Je n'aurais jamais pensé qu'un pilote de sous-marin expérimenté comme vous puisse être aussi mal à l'aise.

– Réfléchissez, je suis plutôt habitué à être aux commandes. Mais si vous parvenez à faire voler ce sacré avion, franchement, ce sera très bien, ajouta-t-il en examinant instinctivement les cadrans et compteurs du tableau de bord.

Le cockpit était un peu petit et, sur le siège du copilote, il se sentait à l'étroit.

– Inutile, il est aussi reculé que possible, lui dit Terry en le voyant chercher une manette pour bouger son siège.

Il avala sa salive avec difficulté.

– J'ai besoin d'un verre d'eau.

Elle jeta un regard sur le tremblement de ses mains.

– Dans le cabinet vert, à l'arrière.

Jonas se leva et retourna tant bien que mal dans la cabine.

– Il y a des bières au frigo, lui lança-t-elle de loin.

Jonas ouvrit son sac de marin, trouva sa trousse de secours

et en sortit un flacon rempli de petites pilules jaunes. La claustrophobie. Son médecin avait diagnostiqué ce problème à la suite de son accident. C'était soi-disant une réaction psychosomatique au stress qu'il avait enduré. Un pilote de sous-marin atteint de claustrophobie était aussi inutile qu'un plongeur de haut vol souffrant de vertige.

Jonas avala deux cachets et but une grande gorgée d'eau dans un gobelet en papier. Il regarda sa main qui tremblait et froissa nerveusement la tasse. Il ferma les yeux un instant et respira un grand coup. Quand il les rouvrit lentement, il était redevenu calme.

– Ça va ? lui demanda Terry par la porte du cockpit.

Jonas la regarda.

– Je vous l'ai déjà dit, tout va bien.

Le vol pour Monterey durait deux heures et demie. Jonas s'installa, détendu, et commença à apprécier le voyage. Survolant la côte de Big Sur, Terry remarqua un couple de baleines qui migrait vers le sud.

– Ce sont des baleines bleues, précisa-t-elle.

– En route pour une croisière à Baja, répliqua-t-il en les suivant du regard.

– Jonas, écoutez, il faut que je vous dise, à propos de la conférence… Je ne voulais pas y débarquer aussi brutalement. Je l'ai fait juste parce que papa a insisté. Franchement, je ne voyais pas l'utilité de vous faire perdre votre temps. Je veux dire, ce n'est pas comme si nous avions besoin d'un autre pilote de sous-marin.

– Ça tombe bien, parce que cela ne m'intéresserait pas du tout.

– Eh bien, tant mieux, nous n'en avons pas besoin.

Elle recommençait à bouillir.

– En revanche, peut-être pourriez-vous convaincre mon père de me laisser suivre DJ dans le second *Abyss Glider* ?

– Laissez tomber, dit-il en regardant attentivement par le hublot.

– Pourquoi ?

Jonas se tourna vers la jeune femme.

– Premièrement, parce que je ne vous ai jamais vue piloter de sous-marin, ce qui, entre nous, est sacrément différent que de piloter un avion. Il y a beaucoup de pression en bas…

– De la pression ? Vous voulez de la pression ?

Terry tira sur le manche et exécuta une série de loopings. Le petit avion piqua du nez…

Terry redressa l'appareil à mille cinq cents pieds, tandis que Jonas vomissait sur le tableau de bord.

LE REPORTER

David Adashek ajusta ses lunettes et frappa à la suite numéro 810. Pas de réponse. Il recommença de façon plus énergique.

La porte s'ouvrit enfin. Maggie Taylor apparut un peu titubante, seulement vêtue d'un peignoir blanc.

– David, mon Dieu, quelle heure est-il ?

– Presque midi. La nuit a été difficile ?

Elle sourit, encore à moitié endormie.

– Pas autant que celle de mon mari, j'en suis sûre. Asseyez-vous.

Dans le salon, elle lui indiqua deux canapés blancs placés en face d'un grand poste de télévision.

– Très jolie suite. Où est Bud ?

Maggie se blottit sur le sofa en face d'Adashek.

– Il est parti il y a deux heures. Au fait, vous avez fait du bon boulot en attaquant Jonas à la conférence.

– Tout ceci est-il bien nécessaire, Maggie ? Il semble plutôt honnête…

– … assez pour que je l'épouse, c'est ça ? Oui, mais après presque dix ans, j'en ai assez.

– Pourquoi ne pas divorcer alors, et en finir avec tout ça ?

– Ce n'est pas si simple. Maintenant que j'ai une vie publique, mon agent me conseille de faire attention à mon image. Jonas a encore beaucoup d'amis dans cette ville. Il faut qu'il passe pour un lunatique. On doit croire qu'il est responsable du divorce. La nuit dernière, c'était un bon début.

– Et ensuite ?

– Savez-vous où est Jonas en ce moment ?

– Il est rentré chez lui avec la fille Tanaka.

– ... Jonas ? Avec une autre femme ?

Maggie partit d'un rire hystérique.

– Oh, c'était innocent, juste un retour en voiture après les Awards. Je l'ai suivi jusqu'à l'aérodrome, tôt ce matin. Ils sont partis pour Monterey. Je pense que c'est pour voir la construction du nouveau lagon à baleines de l'Institut océanographique Tanaka.

– OK, OK, restez avec lui et continuez à me tenir au courant. À la fin de la semaine prochaine, je veux que vous rendiez publique cette histoire avec la Navy. N'hésitez pas à insister sur le fait que deux hommes sont morts. Dès que cela fera suffisamment de bruit, vous m'interviewerez. Ensuite, je pourrai exiger le divorce, prétextant l'humiliation subie et tout le reste.

– C'est vous le patron. Seulement, si je dois suivre Jonas, j'aurai besoin d'un petit peu plus d'argent.

Maggie sortit une grosse enveloppe de sa poche de peignoir.

– Bud me demande de garder les reçus.

– Ouais, pensa Adashek, je suis sûr qu'il veut éviter les pertes sèches.

LE LAGON

– Nous y sommes.

Terry désigna le rivage alors qu'ils descendaient vers l'éblouissante baie de Monterey.

Jonas sirotait un soda tiède. Depuis le cirque aérien de Terry, il avait l'estomac noué et très mal à la tête. Sa décision était prise : il partirait aussitôt après avoir vu Masao. Même si cela ne le concernait pas, il ne fallait pas compter sur lui pour demander à Masao de laisser Terry descendre au fond de la fosse Challenger.

En bas, sur sa droite, Jonas aperçut le lagon artificiel. Il était en bord de mer et s'étendait sur un hectare et demi, juste au sud de Moss Landing. Vu du ciel, il ressemblait à une piscine ovale géante : un kilomètre et demi de long, quatre cents mètres de large, vingt-quatre mètres de profondeur. À chaque extrémité, on avait installé une immense fenêtre en fibre acrylique. Il était relié au Pacifique par un canal bétonné.

Pour l'heure, il était vide. Une fois les travaux achevés, ce serait le plus grand aquarium du monde.

– Si je ne l'avais pas vu de mes propres yeux, j'aurais

du mal à le croire, s'exclama Jonas alors qu'ils arrivaient en vue de l'aéroport.

Terry eut un sourire de fierté. Masao Tanaka avait fait de la construction de cet aquarium l'œuvre de sa vie. Conçu comme un laboratoire vivant, le lagon était destiné à protéger les plus grandes créatures du monde.

Chaque hiver, des dizaines de milliers de baleines traversaient les eaux côtières de la Californie pour chercher de la nourriture. Quand la construction serait achevée, les portes de l'aquarium s'ouvriraient pour accueillir tous les cétacés importants : les baleines à bosse, les grises et peut-être aussi l'espèce la plus menacée, les baleines bleues.

Le rêve de Masao devenait réalité.

Quarante-cinq minutes plus tard, Jonas fut reçu par le fondateur du lagon, tout sourire.

– Jonas ! Que c'est bon de te revoir.

Masao, qui mesurait bien trente centimètres de moins que Jonas, était littéralement rayonnant.

– Laisse-moi te regarder. Ah ! Tu as l'air tout sale ! Tu sens mauvais aussi ! Ha ! Ha ! Qu'est-ce qui s'est passé ? Tu n'aimes pas la façon de piloter de ma fille ?

– Non, en fait, pas tellement ! répondit Jonas en lançant un regard meurtrier à la jeune femme.

Masao regarda sa fille d'un air interrogateur :

– Terry ?

– C'est sa faute, papa. Ce n'est quand même pas mon problème s'il est incapable de supporter la pression. Bon, à plus tard, rejoignez-moi dans la salle de projection.

Elle disparut dans l'immeuble de trois étages situé au bout du lagon.

– Toutes mes excuses, Taylor, mon fils ! Terry est une forte tête, c'est en quelque sorte un esprit libre. Tu sais, c'est difficile d'élever une fille sans sa mère.

– Oublie cela, je suis venu voir ton lagon… Hallucinant !

– Je te le ferai visiter plus tard. Viens, on va te donner une chemise propre et je vais te présenter mon ingénieur en chef, Alphonse DeMarco. Il visionne la vidéo de DJ. J'ai vraiment besoin de ton avis.

Jonas suivit Masao dans la salle de projection. Le film venait de commencer. Jonas s'assit à côté de Terry tandis que DeMarco saluait Masao.

À l'écran, on voyait un faisceau de projecteur éclairant l'eau sombre. Puis, l'épave de la sonde apparut distinctement. Elle était couchée sur le flanc au fond du canyon, enlisée et coincée entre des blocs de pierre.

Alphonse DeMarco examina l'écran de contrôle de la salle de régie.

– DJ l'a trouvée à une trentaine de mètres plus bas.

Jonas se leva et s'approcha pour mieux voir l'image.

DeMarco regarda attentivement le moment où le projecteur balayait la surface abîmée de la sonde endommagée.

– L'explication la plus simple, c'est qu'elle aura été prise dans un éboulement.

– Un éboulement ?

– Vous n'ignorez pas qu'il y en a fréquemment dans cette zone.

Jonas se rapprocha de la table placée derrière eux, sur laquelle les restes de la coque du sonar étaient posés comme une sculpture abstraite. Il effleura le bord déchiré de l'assiette métallique.

– Une enveloppe de titane de sept centimètres recouvre

les supports d'acier. J'ai vu les données concernant les tests de pression…

– … La coque a dû se fendre sous le choc. Les courants sont incroyablement puissants.

– Est-ce que vous avez une preuve quelconque ?

– … La SSM a enregistré une forte turbulence deux minutes avant que nous ne perdions le contact.

Jonas se tut un moment, puis se tourna vers DeMarco.

– Et pour les autres ?

– Le scénario s'est reproduit à l'identique. De toute façon, si c'est un éboulement qui a endommagé celle-ci, on peut supposer qu'il en a été de même avec les autres.

Jonas se concentra de nouveau sur l'écran.

– Vous avez perdu quatre appareils en tout, dit-il. Cela fait peu de probabilités pour qu'ils aient tous été pris dans un éboulement, n'est-ce pas ?

DeMarco retira ses lunettes et se frotta les yeux. Il s'était déjà fait la même réflexion. Il en avait d'ailleurs parlé à Masao plus d'une fois.

– Nous savions que les fosses étaient très actives sur le plan sismique : c'est ce qui détruit en permanence les câbles qui traversent les autres canyons. Apparemment, la fosse des Mariannes est plus instable que ce que nous pensions.

– Des modifications de courants sous-marins précèdent souvent un éboulement, intervint Terry.

– Jonas, lança Masao, la réussite du projet dépend de ta capacité à déterminer ce qui est arrivé à ces appareils et à rétablir immédiatement la situation. J'ai décidé que nous devions les récupérer. Mon fils ne peut pas faire le travail tout seul. Il faut deux sous-marins : le premier pour dégager les débris et stabiliser les SSM et le second pour attacher le câble…

– Papa !

Soudain, Terry réalisa pourquoi son père avait tant insisté pour qu'elle ramène Jonas.

– … Arrêtez la bande.

Jonas avait aperçu quelque chose à l'écran.

– Rembobinez un petit peu, demanda-t-il au technicien. C'est bon. Allez-y.

Tous scrutèrent l'écran. Le projecteur éclairait maintenant l'autre côté de la SSM. Elle était partiellement ensevelie sous les pierres et la boue. On ne distinguait que quelques débris.

– Là ! s'exclama Jonas.

Le technicien fit un arrêt sur image. Jonas pointa un minuscule fragment blanc enfoui sous la sonde.

– Est-ce que vous pouvez agrandir ça ?

L'homme appuya sur quelques touches et un carré apparut. En actionnant une manette, il le positionna autour de l'objet, puis l'agrandit au maximum pour exécuter le gros plan.

C'était quelque chose de grand, mais de difficile à reconnaître. Jonas l'étudia avec soin.

– C'est une dent, déclara-t-il.

DeMarco s'approcha en inspectant l'image.

– Vous êtes dingue, Taylor.

– DeMarco ! protesta Masao d'une voix autoritaire, montrez le respect qui convient à notre hôte.

– Je suis désolé, Masao, mais ce que le professeur est en train de dire est impossible. Vous voyez ça ? Il désigna un boulon qui pendait d'un pilier d'acier. C'est un verrou de poutrelle métallique. Il fait près de huit centimètres de long. Il montra ensuite l'objet blanc un peu flou en dessous. Cela voudrait dire que… cette chose – peu importe ce que c'est – fait au moins le double.

Il regarda Masao.

– Aucune créature sur terre n'a des dents aussi longues.

Masao avançait d'un pas vif le long du corridor qui conduisait au gigantesque aquarium. Une photo de l'agrandissement de la vidéo à la main, Jonas et Terry tentaient de le suivre. Cette dernière avait emprunté une chemise propre pour Jonas à l'un des membres du personnel.

– Si c'est réellement une dent, comment peut-on savoir qu'elle est récente ?

– On n'en sait rien, mais elle a l'air blanche, Terry. Les dents fossilisées de Megalodons qu'on a retrouvées étaient noires ou grises. Une dent blanche, cela signifie que son propriétaire est mort il y a peu de temps, ou bien même qu'il est encore en vie.

– Vous avez l'air tout excité à cette idée, lui dit Terry en cherchant à rattraper son père.

Jonas s'arrêta :

– Terry, il faut que je récupère cette dent. C'est capital.

Elle le regarda avec méfiance.

– Pas question. Si quelqu'un descend en bas avec DJ, ce sera moi ! Pourquoi est-ce si important pour vous ?

Avant qu'il ait eu le temps de répondre, Masao les interpella :

– Hé, ce n'est pas une promenade d'agrément, si vous voulez voir mon lagon, ne traînez pas !

Terry s'arrêta brutalement :

– Cette discussion n'est pas terminée, Jonas !

Ils atteignirent enfin un passage aménagé dans le mur de l'aquarium et pénétrèrent dans le lagon géant. Jonas marqua un temps d'arrêt, impressionné par ce qu'il voyait.

Masao Tanaka le considérait avec fierté, un petit sourire aux lèvres.

– On fait du bon travail, ici, n'est-ce pas mon ami ?

Jonas ne put qu'acquiescer.

– Je rêve de ce lagon depuis que j'ai six ans. Il m'a fallu soixante années de dur labeur pour en arriver là, Jonas. J'ai fait ce que j'ai pu, et j'ai tout donné.

Des larmes apparurent au coin de ses yeux.

– Ce serait trop affreux s'il ne pouvait jamais voir le jour.

MASAO

Jonas, confortablement installé dans une chaise de bambou, admirait le coucher de soleil qui embrasait le Pacifique. Masao Tanaka avait fait bâtir sa demeure au centre des montagnes de Santa Lucia, dans la vallée de Big Sur. La brise fraîche de l'océan et la vue féerique le charmaient. Pour la première fois depuis bien longtemps, Jonas se sentait détendu.

Les Tanaka l'avaient invité pour la nuit. À la demande de son père, Terry préparait un barbecue de gambas. Masao sortit de la maison, vérifia l'allumage du gril, puis, contournant la piscine, vint s'asseoir à côté de Jonas.

– Terry me fait dire que le dîner va bientôt être prêt. J'espère que tu as faim, Jonas. Ma fille est une excellente cuisinière.

Il eut un sourire. Jonas regarda son ami.

– J'en suis persuadé. Maintenant, dis-moi tout, Masao. Je veux tout savoir sur le lagon. Pour commencer, qu'est-ce qui t'a poussé à le construire ? Et pourquoi as-tu dit aussi que tu ne pourrais peut-être pas l'achever ?

Masao ferma les yeux et respira un grand coup.

– Jonas, est-ce que tu sens cet air marin ? Délicieux, non ? Cela fait apprécier la nature, hein ?

– Oui, bien sûr, acquiesça Jonas.

– D'abord, il faut que je te dise, mon père était pêcheur. Je pense que si nous étions restés au Japon, il m'aurait emmené en mer presque tous les jours. À la mort de ma mère, lorsque j'avais seulement quatre ans, il n'y avait que lui pour prendre soin de moi. Deux ans plus tard, nous sommes partis vivre chez de la famille à San Francisco. Nous n'avons connu que quatre mois de répit, car l'aviation japonaise a attaqué Pearl Harbor et les Asiatiques ont été parqués dans des camps de détention. Seulement, Jonas, mon père était un homme fier, qui n'aurait jamais pu supporter la prison, de ne plus pêcher ou tout simplement de ne plus pouvoir mener sa vie comme il l'entendait. Alors, un matin, il a décidé de mourir. Et il m'a laissé seul, prisonnier dans un pays étranger, incapable de parler ou de comprendre un seul mot d'anglais.

– Tu n'avais vraiment personne ?

Masao sourit tristement.

– Non, Jonas, enfin, jusqu'à ce que je rencontre ma première baleine. Des portes de la prison, je les voyais faire des bonds dans l'océan. Les baleines à bosse m'ont tenu compagnie et ont occupé mon esprit. C'étaient mes seules amies.

Il ferma les yeux un instant, perdu dans ses souvenirs.

– Tu sais, Jonas, les Américains sont bizarres. À un moment tu as l'impression qu'ils te détestent et l'instant d'après qu'ils t'adorent. Après dix-huit mois, j'ai été libéré et adopté par une famille américaine, David et Kiku Gordon. Finalement, j'ai eu beaucoup de chance, car ils m'ont aimé, élevé, donné une éducation. Mais quand je me sentais triste, seules mes baleines me rendaient le sourire.

– Maintenant, je comprends mieux pourquoi ce projet te tient tellement à cœur, lui dit Jonas.

– Il y a beaucoup à apprendre des baleines car elles sont supérieures à l'homme à bien des titres. Je trouve cruel de les capturer pour les enfermer dans de minuscules bassins et les forcer à accomplir des tours stupides en échange de leur nourriture. Ce lagon me permettra de les étudier dans leur élément naturel. Il restera ouvert pour qu'elles puissent entrer et sortir à leur guise. Plus de petits réservoirs. Comme j'ai moi-même été enfermé, je ne pourrais pas leur faire ça. Jamais !

Masao ferma les yeux de nouveau.

– Tu sais, Jonas, les humains pourraient beaucoup apprendre des baleines.

– Alors, pourquoi ton lagon ne verrait-il jamais le jour ?

Masao hocha la tête.

– Depuis trois ans, je cherche un financement pour ce projet. Aucune banque américaine n'a voulu participer à mon rêve. Enfin, j'ai rencontré le JAMSTEC. Ils se moquent de construire des lagons. Ce qui les intéresse, ce sont mes systèmes SSM. Ils sont d'accord pour me donner de l'argent, en échange l'Institut Tanaka travaille sur leur programme dans la fosse des Mariannes. Cela semblait avantageux pour tout le monde. Malheureusement, lorsque les sondes ont commencé à tomber en panne, le JAMSTEC a gelé les fonds.

– Ton lagon verra le jour, Masao. Je te le promets. On va découvrir ce qui s'est passé.

– Tu as une explication ?

Les yeux de Masao cherchèrent anxieusement une réponse dans ceux de Jonas.

– Honnêtement, je n'en ai pas... DeMarco a peut-être raison, les sondes ont pu être ancrées trop près du mur du canyon. Cependant, j'ai du mal à imaginer qu'une chute de pierres ait écrabouillé du titane de cette façon.

– Jonas, toi et moi sommes de vieux amis, n'est-ce pas ?

Jonas regarda le vieil homme.

– Bien sûr…

– … Bien. Je t'ai raconté mon histoire. Maintenant, c'est à ton tour de me dire toute la vérité. Que t'est-il arrivé dans la fosse des Mariannes ?

– Qu'est-ce qui te fait penser que j'y suis allé ?

Masao sourit d'un air entendu.

– On se connaît depuis combien de temps ? Dix ans ? Tu es venu faire des conférences dans mon Institut au moins une douzaine de fois. Alors, pourquoi me sous-estimes-tu ? J'ai des relations dans la Navy, tu sais. Je connais leur version des événements et à présent, j'aimerais entendre la tienne.

Jonas ferma les yeux.

– D'accord, Masao. Visiblement, pour des raisons que j'ignore, il y a eu des fuites… Eh bien voilà ! Nous étions trois à bord d'un nouveau sous-marin, le *Seacliff*. J'étais le pilote, et les autres membres de l'équipage étaient des scientifiques de la Navy. Nous évaluions les courants sous-marins de la fosse pour déterminer si on pouvait y enterrer en toute sécurité des tiges de plutonium en provenance de centrales nucléaires. Nous étions immobilisés à mille deux cents mètres du fond. C'était ma troisième plongée en huit jours – beaucoup trop en fait –, mais j'étais le seul pilote qualifié. Les autres étaient occupés à effectuer des tests, moi je sondais l'obscurité des abysses par le hublot. Tout à coup, j'ai cru voir quelque chose bouger en dessous.

– Qu'est-ce que tu pouvais réellement voir dans cette obscurité, Jonas ?

– Je ne sais pas, mais il m'a semblé apercevoir une lueur, une masse gigantesque, complètement blanche. Au début, j'ai pensé que c'était une baleine, mais je savais que c'était impossible. Puis, la lueur a disparu. Je me suis dit que j'avais été victime d'une hallucination.

– Et après, que s'est-il passé ?

– Je... vais te dire la vérité, Masao. Je n'en suis pas certain, mais je me souviens de cette énorme tête, ou du moins j'ai cru la voir.

– Une tête ?

– Triangulaire, Masao. Monstrueuse, entièrement blanche. On dit que j'ai paniqué, que j'ai balancé tous les ballasts et que je me suis précipité à la surface.

– Jonas, cette tête, tu penses que c'était celle du Megalodon dont tu parles dans toutes tes conférences ?

– Tu peux même dire que ça a été mon idée fixe toutes ces dernières années...

– La créature t'a poursuivi ?

– Non, apparemment, non. J'ai perdu connaissance en même temps que les autres...

– Et deux hommes sont morts.

– Oui.

– Et ensuite, que t'est-il arrivé ?

Jonas se frotta les yeux.

– J'ai passé trois semaines à l'hôpital, puis j'ai suivi une psychanalyse pendant des mois. Cela n'a pas été une période facile.

– Penses-tu que cette créature a détruit nos SSM ?

Jonas eut un long silence.

– Je ne sais pas. La vérité est que je commence à douter de mes propres souvenirs. Si j'ai réellement vu un Megalodon, comment a-t-il disparu aussi vite ? Je le regardais droit en face et puis... hop, il s'est volatilisé.

Masao renversa la tête sur le dossier de sa chaise.

– Jonas, je pense que tu as réellement vu quelque chose, mais je ne crois pas qu'il s'agissait d'un monstre. Tu sais, DJ m'a dit qu'en bas il y a d'immenses nappes de vers géants. Ils se promènent par milliers. D'après lui, ils sont blancs et brillent dans l'obscurité. Tu n'es jamais allé tout au fond de la fosse, n'est-ce pas Jonas ?

– Non, Masao.

– DJ y est allé, lui. Ce garçon adore ça. Il raconte que c'est comme faire un voyage intersidéral. Jonas, à mon avis, tu n'as vu qu'un banc de vers. Les courants ont dû les entraîner hors de ton champ de vision, c'est pourquoi il t'a semblé qu'ils avaient disparu. Tu étais fatigué à force de fixer l'obscurité, et trois plongées en huit jours ce n'est pas prudent. Depuis, tu as passé sept années de ta vie à imaginer que ces monstres ont survécu.

Jonas demeura silencieux. Masao posa la main sur son épaule.

– Mon ami, j'ai besoin de ton aide. Et je pense qu'il est grand temps que tu affrontes tes peurs. Je veux que tu retournes dans la fosse des Mariannes avec DJ, mais cette fois tu iras jusqu'au fond. Tu verras par toi-même ces bancs de vers géants. Autrefois, tu étais un excellent pilote, et je sais au fond de moi que tu l'es resté. Tu ne peux pas vivre toute ta vie dans la peur.

Jonas était ému.

– D'accord, d'accord, Masao. J'y retournerai.

Il retint un éclat de rire.

– Mon ami, ta fille va être très énervée. Tu sais, je pense qu'elle aimerait être le second pilote.

Masao sourit à contrecœur.

– Oui, bien sûr. DJ me dit qu'elle en a les qualités, mais qu'elle est trop émotive. On doit être extrêmement prudent quand on est à onze kilomètres sous l'eau. Terry aura l'occasion de faire d'autres plongées, mais je ne veux pas qu'elle aille dans le trou de l'enfer.

– Je suis d'accord avec toi.

– Bien. Et quand tout ceci sera terminé, tu viendras travailler au lagon avec moi. D'accord ?

Jonas s'esclaffa.

– On verra.

Masao attendit la fin du dîner pour annoncer à sa fille la nature de ses plans. Jonas s'excusa et se glissa hors de la cuisine au moment où la conversation en japonais commençait à s'échauffer. Il n'avait pas la moindre idée de ce qui se disait, mais il était évident que Terry Tanaka était furieuse…

LE KIKU

Terry se leva de son siège situé au centre de l'appareil et se dirigea à l'arrière vers les toilettes. Jonas laissa son ordinateur portable et se détendit contre l'appuie-tête. Ils étaient à bord d'un vol *American Airlines* en partance de San Francisco.

DeMarco et Terry avaient entraîné Jonas sur un simulateur de vol informatique, plus précisément sur le programme d'instructions de pilotage de l'*Abyss Glider II*. L'*AG II* était le sous-marin avec lequel DJ avait plongé dans la fosse des Mariannes. Jonas allait l'accompagner dans un second *AG* pour récupérer les SSM. Il en connaissait déjà grossièrement le fonctionnement, puisqu'il avait piloté l'ancien modèle, l'*AG I*. Mais il lui fallait s'adapter au nouvel appareil. Heureusement, avec douze heures d'avion pour traverser le Pacifique jusqu'à Guam, sans compter l'escale technique à Honolulu, il en aurait largement le temps.

L'attitude de Terry à son égard était devenue glaciale. Elle était visiblement blessée que son père ait ignoré ses qualifications pour seconder DJ. Elle pensait aussi que

Jonas lui avait menti en déclarant ne pas vouloir aller dans la fosse des Mariannes. Elle l'aiderait à se préparer sur le simulateur, mais rien de plus.

Le simulateur de l'*Abyss Glider* comportait deux joysticks qui gouvernaient le sous-marin. L'un commandait l'aile centrale, l'autre la queue de l'appareil. Comme la plus grande partie de la plongée aurait lieu dans l'obscurité, le pilote devait apprendre à se diriger à l'aveuglette, en utilisant exclusivement les cadrans du tableau de bord. Grâce au simulateur, on avait presque l'impression d'être dans le sous-marin. À tel point que, pour chasser cette sensation, Jonas devait s'arrêter fréquemment et fermer les yeux pour se relaxer.

Jonas repensa à sa conversation avec Masao. Il ne lui était jamais venu à l'esprit qu'il avait pu se focaliser sur des vers. Des riftias exactement. Il en avait déjà croisé des petites variétés, agglutinées autour des failles hydrothermales. Ces vers étaient blancs, luminescents, et ne possédaient ni bouche ni organe digestif. Ils se nourrissaient de bactéries nichées dans leur propre corps. Les vers convertissaient les eaux riches en soufre en hydrogène sulfuré.

Jusqu'à ce que l'homme explore les fosses sous-marines, on pensait qu'il n'y avait aucune vie au fond des océans. La notion d'existence se limitait à une théorie toute simple : où il y a de la lumière, il y a de la nourriture. S'il n'y a pas de lumière, comme c'était le cas dans les fosses sous-marines, il n'y a pas de photosynthèse, donc pas de vie.

Mais Jonas l'avait observé de ses propres yeux. Grâce à la température de l'eau et aux dépôts chimiques et minéraux, les failles hydrothermales avaient créé une chaîne alimentaire unique. Le soufre, toxique pour la plupart des espèces, nourrissait certaines bactéries sous-marines, qui elles-mêmes s'installaient au cœur des vers et autres mollusques et leur procuraient de la nourriture par la décomposition de produits chimiques. Les grappes de vers qui consommaient ainsi la bactérie étaient finalement mangées par une autre variété de poissons. Ce procédé de chimiosynthèse, grâce auquel les bactéries recevaient de l'énergie, avait permis à la vie de naître à l'endroit le plus inhospitalier de la planète.

DJ avait raconté à Masao que les vers couvraient souvent des étendues de quinze mètres.

– C'est peut-être cela que j'ai vu, pensa Jonas, et avec la fatigue j'ai imaginé cette tête triangulaire.

À cette idée, il se sentit mal. Deux hommes avaient trouvé la mort à cause de sa méprise. Croire à l'existence du Megalodon l'avait déculpabilisé pendant toutes ces années. Aujourd'hui, il était malade à l'idée qu'il avait peut-être tout inventé. Jonas savait que Masao avait raison : il devait affronter ses peurs. S'il découvrait une dent blanche de Megalodon, cela justifierait amplement ces années de tourment. Sinon, tant pis ! D'une façon ou d'une autre, il était temps qu'il soit en accord avec lui-même.

Quinze rangées derrière Jonas et DeMarco, David Adashek referma le livre *Les Espèces disparues des abysses*, par le docteur Jonas Taylor. Il retira ses lunettes, replaça son oreiller contre le hublot et s'endormit.

L'hélicoptère de la Navy rasait les vagues. Le pilote annonça à Jonas et DeMarco :

– Voilà le bateau, les gars.

– C'est l'heure, dit DeMarco en se retournant pour réveiller Terry qui dormait depuis leur départ de la base navale de Guam.

Jonas s'efforça de distinguer la ligne d'horizon, à peine visible entre le gris de l'océan et celui du ciel. Il ne voyait rien.

– J'aurais peut-être mieux fait de dormir, se dit-il en se frottant les yeux.

Il était normal de se sentir fatigué après quinze heures de voyage. Il regarda de nouveau et aperçut enfin le bateau, point minuscule qui grandissait peu à peu. En moins d'une minute, ils furent assez proches pour lire le nom sur la coque : le *Kiku*.

Le *Kiku* était un ancien torpilleur. Trois ans auparavant, l'Institut Tanaka avait acheté ce navire d'acier de cent trente-quatre mètres à la Navy et l'avait réaménagé pour la recherche océanographique. On l'avait rebaptisé le *Kiku*, du nom de la mère adoptive de Masao.

En supprimant la base de lancement du missile SAM à l'avant, on avait gagné de la place pour l'équipage. À l'arrière, le long de la traverse, on avait installé un winch en acier renforcé pour hisser et descendre les sous-marins. Juste derrière, il y avait un gros rouleau de câble d'acier de onze kilomètres.

À l'avant, à côté de l'hélicoptère du navire, se trouvaient les deux *Abyss Gliders*. Sur le pont, des rails d'acier permettaient de sortir ou de rentrer les appareils.

La timonerie, de taille réduite, était située sur le second pont, à l'avant du bateau. Un tableau de bord commandait aux moteurs à turbines à gaz de type 2 GE LM2500. Un petit couloir reliait la timonerie au CIC, le centre d'information de commande. Cette pièce était éclairée par les lueurs bleutées et les couleurs des écrans d'ordinateurs alignés le long des murs ; elle était inviolable et restait toujours fraîche. Le programme qui commandait autrefois les missiles SAM et HARPOON, les torpilles anti-sous-marins et autres matériels défensifs avait été remplacé par les ordinateurs qui géraient les données des systèmes SSM.

Le CIC du *Kiku* abritait aussi le sonar Raythéon SQS-56 et les radars Raythéon SPS-49, dont on pouvait voir les antennes paraboliques tourner au sommet de deux tourelles, à sept mètres soixante du pont supérieur. Tous ces systèmes étaient reliés à un logiciel d'analyses qui répartissait les informations au moyen d'une douzaine d'ordinateurs.

Sous le pont de contrôle se trouvaient la cuisine et les quartiers d'équipage. Les couchettes superposées sur trois niveaux avaient été démontées et on avait réaménagé toutes les cabines pour donner plus de place aux trente-deux membres de l'équipage. Enfin, la salle des machines occupait l'étage inférieur. Le *Kiku* était capable d'atteindre vingt-neuf nœuds.

Alors que l'hélicoptère approchait du pont arrière, Jonas reconnut immédiatement le grand winch d'acier qu'on avait utilisé pour descendre les vingt-cinq sondes dans la fosse des Mariannes. Terry, assise tout à côté de lui, avait le nez collé au hublot. Elle regardait un jeune homme, qui paraissait à peine vingt ans, leur faire signe, dehors, en plein vent. Il était svelte, musclé et très hâlé. Terry lui répondit d'un geste de la main, tout excitée.

– C'est DJ, annonça-t-elle avec un large sourire.

Au moment où elle descendit de l'hélicoptère, son frère se précipita pour porter ses sacs. Terry l'embrassa, puis se tourna vers Jonas. Avec leurs cheveux noirs, leurs yeux sombres et leurs larges sourires, on aurait dit des jumeaux.

– DJ, voici le professeur Taylor.

Ils échangèrent une poignée de mains.

– Alors, vous descendez avec moi dans la fosse Challenger ? Ça ira ?

– Sans problème, répondit Jonas sur le même ton, soudain conscient de l'esprit de compétition de DJ.

DJ se tourna alors vers Terry :

– Est-ce que le professeur est au courant que le docteur Franck Heller est à bord ?

– Je n'en sais rien. Jonas, papa ne vous en a pas parlé, hier ?

Jonas eut le souffle coupé.

– Franck Heller fait partie de l'équipage ? Non, votre père ne m'en a effectivement rien dit.

– Est-ce que ça vous ennuie, docteur Taylor ? demanda DJ.

Jonas tenta de faire bonne figure.

– Franck Heller était le médecin de bord quand je plongeais pour la Navy, il y a sept ans.

– J'en déduis que vous n'êtes pas restés en contact, dit DeMarco.

– Sans exagérer, on ne peut pas dire qu'on s'aime beaucoup. Si Masao m'avait dit que Heller faisait partie de cette mission, je pense que je ne serais pas venu.

– À mon avis, c'est pour cette raison que papa ne vous a pas prévenu, lâcha DJ.

– Si je l'avais su, moi, je vous l'aurais dit, répliqua Terry. Mais il n'est pas trop tard pour rappeler l'hélicoptère.

Jonas la regarda attentivement, à bout de patience.

– Maintenant, je suis là. Si cela pose un problème à Franck, il faudra qu'il s'en arrange.

DJ regarda sa sœur.

– Comment s'en est-il sorti avec le simulateur ?

– Pas mal. Mais le programme n'est pas très au point en ce qui concerne le bras mécanique et la capsule d'éjection.

– Prévoyez au moins une séance d'entraînement supplémentaire avant que nous descendions, doc, lui dit DJ. Nous attendrons que vous ayez le pied marin.

Jonas ignora cette dernière pique.

– Quand vous vous voudrez. En attendant, montrez moi les *Gliders*.

Comme ils approchaient des sous-marins, un homme massif, à la peau basanée, portant une casquette rouge, s'avança sur le pont en compagnie de deux hommes d'équipage visiblement d'origine philippine.

– Professeur Taylor, annonça DJ, je vous présente le capitaine Barre.

Léon Barre était originaire de Polynésie française, avait une voix de baryton et semblait fort comme un bœuf. Il portait une petite croix en argent autour du cou et serra la main de Jonas d'une poigne de fer.

– Bienvenue à bord du *Kiku*.

– Content d'être là, capitaine.

Barre souleva sa casquette devant Terry.

– Mademoiselle, dit-il avec déférence.

DeMarco tapa sur l'épaule de l'homme.

– Tu as pris du poids, Léon ?

Le visage de Léon s'assombrit.

– Cette Thaïlandaise m'engraisse comme un pourceau !

DeMarco éclata de rire et se tourna vers Jonas.

– La femme du capitaine est une sacrée cuisinière. Hé, tu crois qu'on pourrait en profiter, Léon ? Nous, on meurt de faim.

Le capitaine gronda un ordre au marin philippin qui se tenait à côté de lui. Ce dernier se précipita dans la cabine principale.

– On mange dans une heure, annonça Léon Barre avant de s'éloigner.

Jonas suivit DJ, DeMarco et Terry sur le pont, vers les deux *Abyss Gliders* qui étaient rangés en hauteur, bien au sec.

DJ se tourna vers Jonas, curieux de connaître son avis :

– Qu'est-ce que vous en pensez ?

– Ils sont superbes, lui répondit Jonas, enthousiaste.

– Ils ont été quelque peu transformés depuis la dernière fois que vous les avez utilisés, fit remarquer DJ.

– J'ai déjà piloté l'*AG I*, mais dans des eaux peu profondes. À l'époque, l'*AG II* était encore à l'étude.

– Venez, Taylor, dit DeMarco. Je vais vous montrer toute la ferraille.

Terry et Jonas emboîtèrent le pas à DeMarco et à DJ. Les engins mesuraient trois mètres cinquante sur un mètre vingt et ressemblaient à des torpilles flanquées d'ailes. Ces sous-marins étaient des monoplaces dans lesquels le pilote pénétrait par l'arrière en rampant. Le submersible se démarrait au moyen d'une simple manette. Grâce au nez en forme de cône, le pilote avait un champ de vision de près de trois cent soixante degrés.

– Il est en lexan, expliqua DeMarco. Ce plastique est si résistant qu'on s'en sert pour fabriquer les vitres pare-balles des limousines présidentielles. La capsule d'éjection aussi est construite dans ce matériau. On l'avait déjà utilisé pour l'*AG I*.

Jonas examina attentivement l'appareil :

– Je n'avais pas réalisé que ces sous-marins étaient équipés de capsules d'éjection. Ce n'était pas le cas dans le prototype.

– Vous avez une bonne mémoire, admira DJ. Les *AG II* ont été conçus spécialement pour la fosse des Mariannes. Certes, on court toujours le risque qu'une aile ou que l'aileron de queue s'accroche à des aspérités au fond de l'eau.

Ce qui est bien, en revanche, c'est l'entrée à l'arrière de l'appareil : comme ça, on pénètre directement dans la capsule d'éjection. Si le *Glider* a des problèmes, il faut actionner le levier de secours situé dans une boîte en métal sur la droite, et le compartiment se détache automatiquement des ailes et de la queue. C'est comme si on était dans une bulle : on remonte directement à la surface.

DeMarco fronça les sourcils.

– Si cela ne te gêne pas, DJ, c'est moi qui suis chargé de la visite. Après tout, c'est moi qui ai conçu ces foutues machines.

DJ sourit à l'ingénieur.

– Désolé !

DeMarco reprit les rênes de l'inspection et le fil des explications : visiblement, il était dans son élément…

– Comme vous le savez, Taylor, le vrai défi de l'exploration sous-marine, c'est de concevoir une coque à la fois flottable et assez résistante pour supporter de fortes pressions. L'autre problème, c'est le temps. L'*Alvin*, le *Nautile* français et les *Mir I* et *II* russes sont trop lourds et ne peuvent descendre que de quinze à trente mètres par minute. À ce rythme, il faudrait plus de cinq heures pour atteindre la fosse Challenger.

– Et en plus, l'interrompit DJ, ces sous-marins ne peuvent pas descendre au-delà de six mille mètres.

– Et le *Shinkai 6500* du JAMSTEC ? demanda Jonas. Je pensais qu'il était conçu pour plonger jusqu'en bas ?

– Non, le *Shinkai* n'est pas fait pour aller au-delà de six mille trois cents mètres, corrigea DeMarco. Vous devez penser au *Kaiko*, le tout nouveau sous-marin sans équipage du JAMSTEC. Jusqu'à ce que DJ descende avec l'*AG II* la semaine dernière, le *Kaiko* était le seul appareil à être retourné dans la fosse Challenger depuis le *Trieste* dans les années 60. Il est resté un peu plus d'une demi-heure à dix mille huit cent vingt mètres. Il avait presque atteint le record quand il a eu une avarie.

– Maintenant, c'est moi qui détiens le record, claironna DJ. À mon avis, on va bientôt le partager, doc.

– Cela aurait pu être avec moi, grommela Terry.

– De toute façon, poursuivit DeMarco, ignorant l'échange entre le frère et la sœur, tous ces sous-marins ont des coques en titane, comme nos systèmes SSM. Ils sont tellement lourds qu'ils gaspillent la moitié de leur énergie pendant la descente. Après, ils n'ont plus qu'à vider les ballasts pour remonter. Les *Abyss Gliders*, eux, sont faits d'une céramique d'une grande flottabilité, capable de résister à une pression de huit tonnes au centimètre carré. Ils filent au fond de l'eau à cent quatre-vingt-deux mètres à la minute et remontent sans utiliser les ballasts. Cela économise la batterie.

– DJ, comment allons-nous faire pour rapporter les SSM endommagées ? interrogea Jonas.

– Regardez sous le ventre du sous-marin, indiqua DJ, le bras mécanique rétractable avec une pince au bout. Il a un rayon d'action de deux mètres. À l'origine, les tenailles ont été conçues pour effectuer des prélèvements. Quand on descendra, vous passerez devant. Je vous suivrai dans mon sous-marin, auquel on aura fixé un câble d'acier. Les SSM sont pourvues de verrous à œilleton. Une fois que vous aurez déblayé les débris autour des sondes, j'attacherai le câble, et le winch du *Kiku* n'aura plus qu'à les remonter.

– Cela me paraît pas mal...

– En tout cas, il y a du travail pour deux, dit DJ. Lors de ma première descente, je n'ai pas pu accrocher la pince et déblayer en même temps. Les courants étaient trop forts.

– Peut-être étais-tu trop nerveux ? ajouta Terry.

– Foutaises ! lui répondit son frère.

– Allez, DJ, le taquina Terry. Tu m'as raconté que c'était effrayant en bas. D'ailleurs, ce n'est pas tant à cause de l'obscurité ou de ce que tu vois. C'est la claustrophobie. Tu sais bien qu'il suffit d'une erreur, une seule, une simple fêlure dans la coque, pour que ton cerveau implose…

En parlant, Terry surveillait Jonas pour guetter sa réaction.

– Terry, tu es jalouse.

DJ se tourna vers Jonas, le visage soudain animé.

– J'ai adoré cette expérience. Si vous saviez comme je suis impatient d'y retourner. Je pensais que le saut à l'élastique et le parachutisme c'était génial, mais ça c'est encore mieux.

Jonas regarda DeMarco avec une légère inquiétude.

– Vous marchez à l'adrénaline ?

DJ fit un effort pour avoir l'air plus calme :

– Non, non… Ouais, je veux dire, je suis effectivement accro aux sensations fortes, mais là c'est vraiment différent, doc. La fosse Challenger… c'est comme explorer une planète inconnue. Les Fumeurs Noirs et les poissons plus étranges les uns que les autres… Mais qu'est-ce que je raconte ? Vous connaissez les fosses aussi bien que moi.

Jonas tripota machinalement un des drapeaux en vinyle rouge marqué du logo des Tanaka attaché à l'arrière des sous-marins. Il regarda le jeune pilote droit dans les yeux.

– Effectivement, j'ai fait plus que ma part de plongées dans les fosses sous-marines. Mais la fosse des Mariannes, c'est une autre paire de manches. À mon avis, il vaut mieux arrêter de frimer…

Sur cette phrase, il se retourna et regarda en direction des cabines du *Kiku*.

– Est-ce que le docteur Heller est dans les parages ?
DJ lança un coup d'œil à sa sœur.
– Ouais, je crois qu'il est au centre d'information.
Jonas s'éloigna en silence.

HELLER

– C'est au bout du couloir à droite, lui dit DJ en indiquant la coursive qui menait au CIC.

Il jeta le sac de marin de Jonas sur son épaule.

– Je le dépose dans votre cabine. C'est la numéro 10. Juste à l'étage en dessous.

Jonas acquiesça d'un mouvement de tête et se dirigea vers le bureau qui portait la plaque « Opérations ». Il pénétra dans une cabine sombre où bourdonnaient des ordinateurs, des écrans vidéo, des équipements de radio et de sonar. Un homme décharné, avec des lunettes à monture noire et des cheveux gris coupés court, était penché sur un écran de contrôle et tapait sur un clavier d'ordinateur de ses doigts effilés. Il fit volte-face et dévisagea Jonas sans dire un mot, de ses yeux gris boursouflés derrière ses verres épais. Puis il se tourna de nouveau vers son écran, l'air concentré.

– Alors, en route pour une nouvelle partie de pêche, Taylor ?

Jonas marqua un temps avant de répondre.

– Ce n'est pas pour ça que je suis là, Franck.

– Alors pour quoi, bon sang ?

– Tout simplement parce que Masao me l'a demandé.

– Les Japonais ont un curieux sens de l'humour.

– Franck, nous allons devoir travailler ensemble. La seule façon de savoir ce qui s'est passé en bas est de remonter les SSM endommagées. DJ ne peut pas le faire tout seul.

– Je sais.

Heller se leva brusquement et traversa la pièce pour se resservir du café.

– Ce que je ne comprends pas, c'est pourquoi on a fait appel à toi pour le seconder.

– Parce qu'en trente ans je suis le seul à y être allé.

– Ça, pour y être allé, répondit Heller avec amertume. Tu y es allé… ! On sait ce que ça a donné.

Jonas baissa les yeux.

– Franck, je voudrais te dire, justement, à ce sujet. Je…

Il chercha ses mots.

– Écoute ! En sept ans, il n'y a pas eu une seule journée sans que je pense à l'accident du *Seacliff*. Honnêtement, je ne sais même pas réellement ce qui est arrivé. Tout ce dont je suis sûr, c'est que j'ai cru apercevoir quelque chose émerger des profondeurs et… j'ai réagi.

Heller se planta devant Jonas, les yeux pleins de haine.

– Cette petite confession fera peut-être de l'effet dans tes mémoires, mais cela ne change rien en ce qui me concerne. Tu as eu une hallucination, Taylor. Tu as eu l'impression de voir un monstre préhistorique et du coup tu as tué deux de tes hommes. Tu as paniqué et tu as oublié toutes tes années d'expérience. Mais sais-tu ce qui me fiche le plus en rogne ? C'est que, pour ne pas avoir l'air d'un salaud, tu t'es bâti une nouvelle carrière sur cette excuse.

Heller en frémissait d'émotion. Il recula d'un pas et s'appuya contre son bureau.

– Tu me rends malade, Taylor. Ces hommes ne méritaient pas de mourir. Et aujourd'hui, sept ans après, tu ne peux toujours pas regarder la vérité en face.

– Je ne la connais pas, Franck. Si cela peut te faire plaisir, j'avoue que j'ai peut-être aperçu un banc de vers et que j'ai eu des hallucinations. Je n'en sais rien. Oui, j'ai tout bousillé. Mais j'y ai presque laissé ma peau, moi aussi. Et je vis avec ça pour le restant de mes jours.

– Taylor, je ne suis pas ton confesseur. Je ne suis pas ici pour recueillir tes jérémiades et tes remords.

– Et qu'est-ce que tu fais de ta responsabilité dans l'accident ? Après tout, tu étais le médecin en charge de cette expérience. C'est toi-même qui as dit à Danielson que j'étais apte à effectuer une troisième descente dans la fosse. Trois plongées en huit jours, tu ne crois pas que ça a pu diminuer mes facultés ?

– Sornettes !

– Pourquoi dis-tu que ce sont des sornettes, docteur Heller ? s'emporta Jonas en faisant les cent pas dans la pièce, écumant de rage. Tu l'as affirmé, tu l'as même inscrit sur le rapport officiel : psychose des profondeurs. Toi et Danielson m'avez forcé à effectuer ces plongées sans me laisser me reposer, et tous les deux vous avez fait pression sur moi. Vous m'avez fait porter le chapeau auprès de la Navy.

– C'est toi qui as commis la faute !

– Oui, murmura Jonas, mais sans toi et Danielson je ne me serais jamais retrouvé dans cette situation. Aujourd'hui, j'ai décidé de redescendre pour affronter mes peurs et découvrir ce qui s'est passé. Il serait peut-être temps que, toi aussi, tu acceptes tes responsabilités.

Jonas se dirigea vers la porte. Heller le rappela :

– Écoute ! D'accord, je n'aurais peut-être pas dû te laisser effectuer cette troisième plongée. Mais tu sais, Danielson était mon supérieur, et puis je pensais que tu en étais capable psychologiquement. Tu étais un sacrément bon pilote. Enfin, j'aimerais être convaincu que tu as accepté cette mission pour aider DJ et non pour aller chercher une dent hypothétique.

Jonas ouvrit la porte, puis se retourna vers Heller.

– Je connais mes responsabilités, Franck. J'espère que tu te souviens des tiennes.

À LA TOMBÉE DE LA NUIT

Vingt minutes plus tard, après s'être douché et changé, Jonas pénétra dans la cuisine où une douzaine de membres de l'équipage festoyaient bruyamment autour d'un poulet frit et de pommes de terre. Il aperçut Terry à côté de DJ. Une chaise était vacante à sa gauche.

– Est-ce que ce siège est libre ? demanda-t-il.

– Asseyez-vous, lui ordonna-t-elle, d'un ton sans réplique.

Il s'exécuta, sans dire un mot, et écouta DJ lancé dans une discussion passionnée avec DeMarco et le capitaine Barre. Heller brillait par son absence.

– Doc !

En disant ces mots, DJ avala bruyamment sa bouchée de poulet.

– Vous êtes juste à l'heure. On vous a mis au courant du programme de demain ? Eh bien, vous pouvez l'oublier !

Jonas marqua un temps d'arrêt.

– Qu'est-ce que vous dites, DJ ?

Le capitaine Barre se tourna vers Jonas, la bouche encore pleine, et lui expliqua :

– La tempête arrive par l'est. Si vous voulez plonger cette semaine, il faut que ce soit demain, à la première heure.

– Jonas, si vous n'êtes pas prêt, soyez assez adulte pour l'admettre et laissez-moi y aller à votre place, persifla Terry.

– Bah, il y arrivera bien, n'est-ce pas, doc ? lui lança DJ avec un clin d'œil. Après tout, ce n'est pas la première fois que vous plongez dans la fosse des Mariannes.

Jonas sentit tous les regards braqués sur lui. Le silence régnait dans la pièce.

– Qui vous a dit ça ? Qu'est-ce que vous avez tous à me regarder de cette façon ?

– Allez, doc. Tout le monde le sait sur le bateau. Un journaliste de Guam a interviewé la moitié de l'équipage par radio, une heure après votre arrivée.

– Quoi ? Quel journaliste ? Comment ce satané…

Jonas en eut l'appétit coupé.

– C'est vrai, Jonas, renchérit Terry. C'est le type qui vous a questionné pendant la conférence. Il nous a déclaré que deux personnes étaient mortes à bord du sous-marin que vous pilotiez parce que vous aviez paniqué en croyant avoir vu un Megalodon.

DJ le regarda droit dans les yeux.

– Alors, doc, il y a du vrai là-dedans ?

Un silence de mort avait envahi la cuisine. Jonas repoussa son plateau.

– Oui, c'est vrai. Mais ce que ce journaliste, quel qu'il soit, a oublié de vous préciser, c'est que j'étais épuisé à l'époque et que je venais de plonger deux fois de suite dans la même semaine. Tout le monde m'a poussé à cette mission, y compris l'officier médecin. Jusqu'à présent, je ne sais toujours pas si je me suis trompé. Mais je me suis engagé auprès de votre père et j'ai la ferme intention d'honorer cet engagement. J'ai piloté plus de sous-marins que vous n'avez fêté d'anniversaires, DJ... Mais, si cela vous gêne que je vous accompagne, alors, soyez franc, jouons cartes sur table maintenant.

DJ, un peu mal à l'aise, esquissa un sourire.

– Hé ! Ne vous énervez pas, je n'ai aucun problème. En fait, Al DeMarco et moi étions justement en train de parler de cette créature, de votre requin géant préhistorique. Al dit qu'il est impossible à une créature de cette taille de résister aux pressions de la fosse. Moi, je me rangerais plutôt à votre avis. Non pas que je croie à votre histoire, mais parce que j'ai vu des douzaines d'espèces de poissons en bas. Alors, si ceux-là peuvent supporter la pression, pourquoi pas votre Mega-requin ou votre machin-chose, expliqua-t-il avec un sourire jusqu'aux oreilles tandis que plusieurs membres de l'équipage ricanaient.

Jonas se leva pour partir.

– Veuillez m'excuser, je n'ai plus faim.

DJ le rattrapa par le bras.

– Attendez, doc, ça va, ne le prenez pas comme ça ! Parlez-moi de ce requin, ça m'intéresse. Après tout, comment le reconnaîtrai-je si je le vois demain ?

– Ce sera le gros requin à qui il manque une dent ! laissa échapper Terry.

Les rires redoublèrent. Jonas se rassit.

– D'accord, DJ. Puisque ça vous intéresse, je vais vous en parler. D'abord, ce que vous devez bien comprendre, c'est que la famille des requins existe depuis quatre cents millions d'années. Pour vous donner un ordre d'idées, les ancêtres de l'être humain sont tombés des arbres il y a seulement deux millions d'années. De toutes les espèces de requins, le Megalodon est le roi incontesté. Le peu que nous sachions sur ce monstre, c'est que la nature l'a doté de capacités inouïes. Il faut donc bien se rendre compte que nous ne sommes pas en train de parler d'un requin ordinaire, mais d'une formidable machine de guerre. Cette espèce est, en version de dix-huit mètres, le cousin du Grand blanc. Pendant plus de soixante-dix millions d'années, le Megalodon a été le plus grand prédateur de la planète. En plus de sa taille gigantesque, de son instinct de tueur, de ses dents meurtrières et acérées qui peuvent atteindre vingt-deux centimètres, cette créature était dotée de huit organes sensoriels extrêmement performants.

Léon Barre commença à glousser.

– Hé doc, comment est-ce que vous connaissez toutes ces bêtises sur un poisson mort que personne n'a jamais vu ?

Quelques-uns des hommes se mirent à pouffer. Puis le calme revint, car tout le monde attendait visiblement la réponse de Jonas.

– Leurs dents fossilisées nous renseignent non seulement sur l'énormité de leur taille mais aussi sur leur comportement. Et nous avons trouvé des fossiles d'espèces dont ils se nourrissaient.

– Continuez sur leurs capacités sensorielles, demanda DJ, dont la curiosité s'était éveillée.

– D'accord.

Jonas remit ses pensées en ordre. Il remarqua que les autres membres de l'équipage étaient de plus en plus silencieux et l'écoutaient maintenant avec un réel intérêt.

– Les huit organes sensoriels du Megalodon lui permettaient de rechercher, dépister, identifier et traquer sa proie. Commençons par l'organe le plus stupéfiant : l'ampoule de Lorenzini. À l'extrémité du museau du Megalodon, sous la peau, de minuscules électrorécepteurs, délicats canaux pleins de gelée, étaient capables de détecter les décharges électriques dans l'eau. Je vais expliquer cela plus clairement. Le Megalodon pouvait repérer les vibrations des muscles de ses proies et leurs battements de cœur à des kilomètres à la ronde. Cela veut dire que, même en rôdant autour de notre bateau, il pourrait déceler une personne qui se baignerait sur les plages de Guam.

Maintenant, le silence régnait dans la pièce et tous les regards étaient braqués sur Jonas.

– L'odorat du Megalodon était presque aussi étonnant que l'ampoule de Lorenzini. Contrairement à l'homme, cette créature possédait des narines directionnelles qui pouvaient à la fois détecter une goutte de sang, de sueur ou d'urine dans des mètres cubes d'eau et déterminer d'où venait l'odeur. C'est pour cette raison que l'on voit des Grands Requins blancs nager en remuant la tête de droite à gauche. En fait, ils reniflent dans toutes les directions. Les narines d'un Megalodon adulte étaient probablement de la taille d'un pamplemousse. Sur la peau du monstre, des cellules sensorielles appelées neuromast permettent à l'animal de détecter la plus légère vibration dans l'eau, même celle du battement de cœur d'un petit poisson. La plupart des cellules sont disposées dans des sillons et canaux qui forment la « ligne latérale », qui s'étire sur le flanc de l'animal, et se ramifie sur la tête...

Al DeMarco se leva brusquement :

– Il faut que vous m'excusiez. J'ai du travail.

– Allez, Al, lança DJ allégrement. Il n'y a pas école demain, tu pourras faire la grasse matinée.

DeMarco lui adressa un regard sévère.

– Demain va être une dure journée pour nous tous. Je suggère que nous allions tous nous reposer.

– Al a raison, DJ, ajouta Jonas. De toute façon, je vous ai raconté l'essentiel. Mais pour répondre rapidement à votre question concernant la tolérance du monstre à la pression, je dirai que le Megalodon possédait un foie énorme, représentant probablement le quart de son poids total. En plus de ses fonctions hépatiques et du stockage des graisses, ce foie pourrait avoir permis au Megalodon de s'adapter aux changements de pression. Même aux plus importants.

– D'accord, professeur, dit DeMarco. Admettons qu'un requin Megalodon ait réellement vécu dans la fosse. Alors, pourquoi n'est-il pas remonté à la surface ? Après tout, il y a sacrément plus de nourriture en haut.

– C'est évident, répondit Terry. S'il remontait de onze kilomètres, il exploserait.

– Non, je ne suis pas d'accord, répliqua Jonas. Les changements de pression n'affectent pas les requins comme les humains. On pense qu'un Megalodon adulte peut peser plus de vingt-deux tonnes, soixante-quinze pour cent de ce poids étant de l'eau, contenue dans les muscles et les cartilages. Son foie l'aiderait à réduire sa gravité, à décompresser au fur et à mesure de la montée. Le voyage serait épuisant mais le Megalodon survivrait.

– Alors, pourquoi ne font-ils pas surface ? demanda Terry.

– Apparemment, vous ne m'avez pas vraiment écouté pendant ma conférence, je me trompe ? répondit Jonas. Rappelez-vous, ma théorie sur l'existence des Megalodons dans la fosse des Mariannes est fondée sur la présence d'un courant d'eau chaude provenant des failles hydrothermales au fond de la gorge. Cette poche thermique est recouverte par neuf kilomètres d'eau glacée. La plupart des Megalodons ont péri il y a cent mille ans, lors de la dernière ère glaciaire. Ceux qui auraient survécu sont ceux qui auraient échappé aux courants froids. Ils seraient enfermés dans une sorte de prison thermique.

DJ émit un sifflement.

– Mon Dieu, je suis bien content que tout ça soit le fruit de votre imagination, doc, dit-il en faisant un clin d'œil à sa sœur. Maintenant, nous pouvons aller nous coucher. Bonne nuit, Terry.

DJ embrassa sa sœur et suivit DeMarco hors de la cuisine. Quelques secondes plus tard, on entendit leurs rires résonner dans le couloir.

Jonas se sentit humilié.

– Bonne nuit, Terry, dit-il laconiquement.

Il se leva, laissant son dîner sur la table, et se dirigea vers le pont.

La mer était calme, mais les nuages s'amoncelaient à l'est. Jonas admira les reflets de la lune danser sur la surface sombre du Pacifique. Il pensa à Maggie. L'aimait-il toujours ? Cela avait-il encore de l'importance ? Il scruta les eaux opaques et sentit son estomac se nouer de nouveau. Il ignorait que, du pont supérieur, Heller l'observait.

Jonas se réveilla avant l'aube. Sa cabine était noire comme un four et, l'espace d'un instant, il ne se rappela plus où il était. Quand il s'en souvint, un frisson de peur le parcourut. Dans quelques heures, il serait dans une obscurité similaire, mais avec des tonnes d'eau glacée au-dessus de la tête. Il ferma les yeux et essaya de se rendormir. Impossible ! Une heure plus tard, DJ frappa à sa porte pour le réveiller. C'était l'heure.

LA DESCENTE

Lorsque Jonas arriva sur le pont, en combinaison de plongée, DJ était déjà immergé à près de six mètres. Jonas avait pris un petit déjeuner léger, englouti un certain nombre de pilules jaunes en prévision de la descente et en avait gardé deux dans sa poche. Malgré cela, il se sentait nerveux.

Le câble d'acier avait été déroulé du winch et attaché à la pince du bras mécanique sous le submersible de DJ. L'opération avait été plus compliquée que prévu. DJ avait dû se battre une demi-heure avec le crochet, sans résultat. Finalement, un homme-grenouille avait plongé pour l'arrimer à la pince.

À bâbord et à tribord du *Kiku*, deux petits winchs étaient destinés à hisser ou descendre les *Abyss Gliders* : l'un d'eux descendait tout doucement le sous-marin de Jonas. Deux hommes-grenouilles l'assistaient en maintenant les deux harnais. Le grand winch situé à l'arrière servirait uniquement pour donner du câble au sous-marin de DJ ou éventuellement pour remonter la SSM endommagée à la surface.

Couché sur le ventre dans sa capsule, Jonas regarda les deux hommes-grenouilles détacher les harnais. Il aperçut aussi Terry qui l'observait de la lisse du navire. Son image se dissipait peu à peu tandis que l'eau se refermait sur lui. Un des plongeurs donna une tape sur le nez en lexan : c'était le signal du départ. L'*AG II* était libre. Jonas enclencha les deux moteurs, poussa la manette et ajusta les ailes centrales, mettant ainsi son vaisseau en position de descente.

L'appareil répondit au quart de tour. Jonas nota cependant qu'il avait l'air beaucoup plus lourd, peut-être même que ses réactions étaient plus flottantes que celles de l'*AG I*. Cela dit, aucun sous-marin ne pouvait rivaliser avec les *Abyss Gliders*.

Jonas rejoignit DJ. Ils se firent un signe de tête et DJ lui sourit en levant le pouce, selon le code des pilotes.

– À vous l'honneur ! L'âge avant la beauté, professeur ! lui lança-t-il par radio.

Jonas tira sur la manette et son *Glider* amorça sa descente. DJ le suivit, son câble à la traîne derrière lui. Ils descendaient lentement, en spirale, selon un angle de trente degrés.

La lumière du soleil devenait une profonde ombre grise, et puis… plus rien. L'obscurité totale. Jonas vérifia son profondimètre : trois cent quatre-vingt un mètres. Sa position ventrale lui paraissait étrange. S'il n'avait pas été attaché, il aurait glissé jusqu'à l'extrémité du nez de l'appareil.

– Détends-toi et respire, chuchota-t-il pour lui-même. Tu as encore une longue route.

– Tout va bien, Taylor ?

La voix inquiète du docteur Heller résonna dans la radio. Jonas se souvint que le rôle de Franck était de surveiller les rythmes cardiaques des deux pilotes sur son écran de contrôle. Il devait avoir remarqué que le sien s'était brusquement accéléré.

– Ouais... ça va bien, répondit-il.

Il respira une grande bouffée d'air et essaya de se concentrer sur le néant qui l'entourait tout en luttant pour ne pas allumer ses phares. S'il les utilisait maintenant, il déchargerait les batteries du sous-marin.

D'étranges animaux, luisant doucement dans l'obscurité, faisaient leur apparition.

– Des animaux pélagiques, murmura Jonas.

Il aperçut une anguille de plus d'un mètre. Elle avait la gueule grande ouverte, montrant des dents pointues comme des aiguilles ; on aurait dit qu'elle cherchait à avaler le nez de l'appareil. Jonas tapota la vitre. L'anguille fila en silence. Il jeta un coup d'œil sur sa gauche. Une baudroie, inquiétante, avec une drôle de clarté au-dessus de la bouche, allait et venait. Comme ses congénères, elle possédait une sorte d'aileron qui s'éclairait dans l'obscurité. Cela lui servait à attraper les petits poissons qui, attirés par la lumière, se dirigeaient directement sur elle.

Jonas prit soudain conscience qu'il faisait de plus en plus froid. Il vérifia le thermomètre : cinq degrés et demi à l'extérieur. Il monta le thermostat pour réchauffer la capsule.

Brutalement, une vague de panique le submergea : il eut l'impression d'être enfermé dans un cercueil, sans rien voir et sans aucune issue pour s'enfuir. Il transpirait à grosses gouttes et cherchait sa respiration. Il voulut prendre les deux pilules, puis renonça par peur d'une overdose. Instinctivement, il brancha les phares du sous-marin.

Le faisceau n'éclaira que l'obscurité, mais cela lui permit de retrouver ses moyens. Il respira bruyamment et chassa la sueur qui coulait sur son visage. Il baissa le chauffage et l'air plus frais lui fit du bien.

DJ l'appela par radio :

– Qu'est-ce que vous faites avec vos phares, doc ? Nous avons des consignes strictes.

– Je fais juste un essai pour voir s'ils fonctionnent. Comment est-ce que vous vous en tirez ?

– Bien, je pense. Mais ce foutu câble s'est emmêlé autour du bras mécanique.

– DJ, s'il y a un problème, nous devrions remonter...

– Pas question, doc, ne vous inquiétez pas, je contrôle la situation. Quand nous atteindrons le fond, je tournerai sur place une douzaine de fois pour qu'il se déroule.

DJ éclata de rire, mais Jonas sentit que le jeune pilote était tendu. Jonas appela DeMarco.

– DJ me dit que son câble est entortillé autour du bras mécanique. Est-ce que vous pouvez faire quelque chose ?

– Négatif. DJ a la situation en main. On va le surveiller. Concentrez-vous sur ce que vous faites. Terminé !

Jonas regarda sa montre : ils descendaient maintenant depuis quarante-cinq minutes. Il se frotta les yeux, puis essaya de détendre son dos malgré l'étroit harnais de cuir.

La capsule était exiguë. Cela lui rappela l'époque où il subissait des séances d'IRM pendant une heure et demie. Le scanner était installé à quelques centimètres de sa tête. Il imaginait l'épée de Damoclès lui transperçant le crâne. Seule la lumière rouge de l'écran lui donnait une idée de la direction et lui évitait de devenir fou. Jonas reconnut les signes avant-coureurs de la claustrophobie. Il ressentit le besoin impérieux d'allumer ses gros projecteurs de sept mille cinq cents watts. La pression avait atteint plus de huit tonnes par centimètre carré. Il scruta l'obscurité et sentit un frisson de peur le parcourir. Il franchissait le cap des dix mille trois cents mètres. Plus bas qu'il n'était jamais allé.

Jonas eut un vertige. Il espéra que c'était à cause du mélange d'oxygène et non pas de ses médicaments. Ses regards allaient de l'eau noire comme de l'encre à son écran de contrôle. La température de l'océan était de deux degrés et… augmentait. Trois, cinq et demi. Il prit son micro et dit :

– Nous y sommes, DJ.

– Nous pénétrons la zone des courants tropicaux, doc. Cela va devenir très chaud quand on va passer au-dessus des Fumeurs Noirs. Hé, vous voyez le banc de vers, là en bas ?

– Où ça ?

Jonas regarda avec attention mais sans résultat.

– À deux heures, attendez, la fumée doit vous les cacher.

Jonas sentit le sang battre à ses tempes. Les gaz des Fumeurs Noirs ! Cela ressemblait à un nuage de pollution en suspension au-dessus d'une cheminée d'acier. Au fond de la fosse, les épais dépôts de minéraux s'entassaient. C'était pour cette raison que la vision blanche avait disparu brusquement sept ans auparavant.

– Taylor !

La voix de Heller rompit le cours de ses pensées.

– Qu'est-ce qui se passe ? Ton électrocardiogramme a fait un bond.

– Ça va… Je suis juste un peu excité !

Jonas vérifia le thermomètre, qui continuait de grimper. Dix degrés, quinze… Cela ne cessait d'augmenter. Vingt-neuf… Ils se trouvaient maintenant dans la partie du canyon réchauffée par les failles hydrothermales.

– Doc, il faut que vous évitiez de passer à l'endroit où l'eau jaillit des grandes souches. C'est tellement chaud que cela pourrait faire fondre les joints en céramique de votre sous-marin.

– Merci pour le conseil, DJ, répondit Jonas en allumant son réflecteur.

Ce faisant, il découvrit le sommet d'une douzaine de cheminées d'environ dix mètres de haut : les Fumeurs Noirs. Jonas n'ignorait rien de l'étrange formation géologique de ces puits. Les eaux surchauffées qui sortaient des failles hydrothermales déposaient du soufre, du fer, du cuivre et d'autres minéraux au fond de la mer. Au cours du temps, en refroidissant, ces dépôts avaient fini par former des cheminées qui ressemblaient à de minces volcans. L'eau qui sortait par vagues de ces cheminées était noire de soufre, d'où l'appellation de Fumeurs Noirs.

Jonas manœuvra son sous-marin entre deux de ces tours fumantes. Au moment où il traversa la zone, son champ de vision se brouilla complètement et la température monta en flèche jusqu'à cent dix degrés. Bientôt, il fut de l'autre côté et son projecteur éclaira de nouveau une immensité limpide.

Jonas ouvrit grand les yeux, impressionné par ce qu'il voyait. DJ avait raison. Il venait de pénétrer dans un autre monde.

AU FOND

Jonas ajusta son aile centrale, abaissa son angle de descente, s'immobilisa à six mètres du fond et ralentit pour attendre DJ.

Autour de son appareil flottaient des palourdes géantes, blanchâtres, de plus de trente centimètres de diamètre. Elles étaient des milliers, agglutinées autour des failles hydrothermales comme si elles étaient en adoration devant un dieu. Dans le faisceau de son projecteur, il repéra des crustacés, des centaines de homards et des crabes aveugles.

Jonas savait que beaucoup d'espèces des profondeurs produisaient leur propre lumière par le procédé chimique de bioluminescence ou grâce à une bactérie lumineuse sécrétée par leur organisme. Grâce à leur peau blanche et à la luminescence, ces poissons et mollusques pouvaient attirer et attraper leurs proies.

Jonas était terriblement impressionné de se retrouver dans la fosse Challenger. Là, à l'endroit le plus désolé de la terre, la nature avait trouvé le moyen de faire naître la vie. À côté d'un énorme banc de palourdes géantes, Jonas aperçut un magnifique groupe de vers. Ils étaient presque fluorescents ; seule leur extrémité était rouge sang. Ils mesuraient six mètres de long et presque douze centimètres de diamètre. On ne pouvait pas les compter tant ils étaient nombreux. Un monde vivant sur lui-même, plongé dans l'obscurité. Quelles espèces se trouvaient tout au bout de cette chaîne ? se demanda Jonas. Des calamars géants ? Un genre encore inconnu ?

Jonas n'en menait pas large, protégé de ces tonnes d'eau par quelques malheureux centimètres de métal. En même temps, il se sentait soulagé d'avoir imaginé toute cette histoire de Megalodon.

Il ralentit son *AG II*. Il apercevait la lumière éblouissante du projecteur du second sous-marin juste derrière lui. Il brancha sa radio.

– Vous pouvez passer devant, DJ.

Le submersible de DJ fit un tour sur lui-même et dépassa Jonas. Les deux pilotes ne voulaient pas se perdre de vue, mais ils prenaient garde quand même à ce que l'appareil de Jonas ne se prenne pas dans le câble de DJ. La voix de DeMarco résonna dans la capsule :

– Le canyon devrait se trouver à bâbord, à environ quarante-cinq mètres de là où vous vous trouvez.

Jonas suivit DJ jusqu'à ce qu'il aperçoive le mur vertical d'une chaîne de montagnes englouties. Les sous-marins pénétrèrent dans une vallée encadrée par des murs gigantesques. C'était comme si Dieu avait déplacé le Grand Canyon pour l'enfouir sous onze kilomètres d'eau. Pour Jonas, cela s'apparentait à un voyage dans le passé, car il savait que ces monts marins étaient vieux d'au moins deux cents millions d'années. Il guida son appareil à l'intérieur du petit ravin, tout en gardant le sous-marin de DJ en vue.

– Doc, c'est un peu accidenté devant, accrochez-vous, l'avertit DJ.

Au même moment, Jonas sentit la partie arrière de son *AG II* remuer.

– Il y a peut-être un éboulement de ce côté-là.

– J'espère que vous vous trompez, lui répliqua Jonas. Vous voyez quelque chose ?

– Pas encore, mais mon radar vient de me signaler la présence de la sonde que nous cherchons. Apparemment, elle est au nord du petit ravin. Vous allez voir, lui dit DJ, la vallée s'ouvre de nouveau de l'autre côté. Avant de tomber en panne, la sonde s'est bloquée à environ dix-huit mètres du mur du canyon, sur votre gauche.

Jonas regarda à droite. Effectivement, les monts marins avaient disparu, laissant place à une immensité noire. À gauche, le canyon était encore nettement visible...

Un signal rouge apparut sur l'écran de Jonas.

– La voilà ! dit DJ après un long silence.

La coque de la sonde cassée, enterrée sous les pierres, ressemblait à un vulgaire morceau de ferraille. DJ positionna son sous-marin bien au-dessus des débris et les éclaira.

– À votre tour, doc. Passez devant et allez jeter un œil.

Jonas s'approcha de la sonde qui flottait dans le faisceau lumineux. Il dirigea son propre réflecteur droit sur elle et la contourna. De l'autre côté, alors qu'il examinait attentivement les éclats métalliques, il aperçut un mouvement étrange.

– Vous voyez quelque chose ? lui demanda DJ par radio.

– Pas encore, répondit Jonas en plissant les yeux pour repérer la forme indistincte.

Il s'approcha encore et fouilla les pierres du regard. Ça y était !

– DJ, je n'arrive pas à y croire. Je crois que j'ai trouvé la dent.

Jonas pouvait à peine contenir son excitation. Il actionna le bras mécanique de son sous-marin, avança la pince au-dessus de l'objet triangulaire et le sortit délicatement du tas de soufre et d'acier.

– Hé, doc.

DJ partit d'un éclat de rire hystérique.

Jonas regarda, éberlué, la chose qu'il était venu chercher jusqu'au fond de l'océan.

C'étaient les restes d'une étoile de mer albinos.

LE MÂLE

Terry Tanaka, Franck Heller et Alphonse DeMarco faillirent tomber de leurs chaises à force de s'esclaffer… Jonas les entendait distinctement par les haut-parleurs. Durant une fraction de seconde, il eut envie de lancer son sous-marin contre le mur du canyon.

– Désolé de m'être moqué de vous ! lui dit DJ. Si vous voulez rire à votre tour de ma stupidité, alors jetez un œil au bras mécanique de mon sous-marin.

Jonas leva les yeux. Le câble d'acier était tellement entortillé autour du bras qu'on ne le distinguait pratiquement plus.

– DJ, ce n'est pas drôle, vous allez avoir un sacré boulot pour vous dégager.

– Ne vous inquiétez pas, je vais y arriver. Vous n'avez qu'à déblayer les pierres.

– Taylor !

La voix de DeMarco gronda dans la radio.

– En fait, vous avez peut-être vu une étoile de mer de dix-huit mètres…

Jonas entendit au loin le rire haut perché de Terry. Il

abaissa le bras mécanique, tâchant de se concentrer sur ce qu'il avait à faire. Mais il bouillait de rage et transpirait à grosses gouttes. Il ne mit que quelques minutes pour libérer la sonde.

– C'est du bon boulot, le complimenta DJ qui faisait tourner lentement son bras mécanique dans le sens contraire des aiguilles d'une montre.

Petit à petit, le câble d'acier se démêlait.

– Vous avez besoin d'aide ? lui demanda Jonas.

– Non, ça va. Mais restez dans les parages.

Jonas immobilisa l'*Abyss Glider*. Masao ne s'était pas trompé, les autres non plus. Il avait eu une hallucination, victime de son imagination, violant ainsi une des principales règles de la plongée sous-marine. Cette faute, ce simple manque de concentration, avait coûté la vie à des membres de son équipage et avait ruiné sa carrière. Que lui restait-il, désormais ? Jonas pensa à Maggie. Elle allait, sans aucun doute, demander le divorce. Jonas était devenu un poids mort. Pendant qu'il bâtissait une nouvelle carrière sur une chimère, elle s'était détournée de lui pour trouver auprès de Bud Harris, son propre ami, amour et soutien. Il ne se faisait pas d'illusion : cette dernière plongée dans la fosse des Mariannes sur les traces du Megalodon allait faire de lui la risée de la communauté des paléontologues. Une étoile de mer, pour l'amour du Christ… !

Bip.

Le bruit le prit au dépourvu. Jonas vérifia son radar. Un point rouge était apparu soudainement, et le radar lui annonçait qu'il approchait à vive allure.

Bip. Bip, bip, bip…

Jonas sentit son cœur battre à toute vitesse. Cela avait l'air énorme...

– DJ, que voyez-vous sur votre radar ?

– Mon radar... Qu'est-ce que c'est, bon Dieu !

– DeMarco !

Alphonse DeMarco s'était arrêté de rire.

– Nous aussi, on le voit, Jonas. Est-ce que DJ a démêlé son câble ?

Jonas leva la tête. Le bras mécanique du sous-marin tournait toujours pour tenter de défaire les dernières boucles.

– Non, non, pas encore. À quelle taille estimez-vous cette chose ?

– Jonas, du calme. Je sais à quoi vous pensez. Mais DeMarco me dit que c'est probablement un banc de poissons.

Jonas regarda à nouveau l'écran lumineux. Il n'était pas convaincu. L'objet semblait se diriger droit sur eux, comme s'il prenait leurs sous-marins pour cibles...

– DJ, arrêtez de tourner ! ordonna Jonas.

– Hein ? J'y suis presque...

– Éteignez tous les systèmes... Tout de suite !

Jonas coupa moteur et projecteur.

– DJ, si c'est un Megalodon, il va foncer sur nous à cause des vibrations et des impulsions électriques de nos sous-marins. Alors, coupez votre courant !

Le cœur de DJ fit un bond. Il arrêta le bras mécanique.

– Al, qu'est-ce que je dois faire ?

– Taylor est cinglé. Attache le câble et fous le camp de là.

– DJ...

Jonas s'arrêta de parler : il venait enfin de distinguer la chose qui rôdait à moins de cinq cents mètres. Elle brillait.

LA LUEUR

Le projecteur de DJ s'éteignit doucement, plongeant les sous-marins sous un immense voile d'obscurité. Jonas ne distinguait même plus sa propre main ; mais il la sentait trembler. Il la garda à proximité de l'interrupteur des phares.

La « chose » arriva enfin à leur niveau. C'était une lueur pâle et indistincte qui nageait dans les ténèbres. Elle jaugeait sa proie, glissant lentement en direction des submersibles. Jonas sentit sa gorge se serrer.

Il n'y avait plus aucun doute. Il découvrait maintenant le museau en forme de cône, l'épaisse tête triangulaire, la queue en croissant. Il estima au jugé que le Megalodon mesurait facilement seize mètres et calcula qu'il devait peser dans les quinze tonnes. Il était tout blanc, comme les palourdes géantes et les riftias. La bête fit demi-tour et se tint un instant parallèle au mur du canyon. Jonas s'aperçut alors qu'il s'agissait d'un mâle.

Soudain, il entendit comme dans un souffle la voix de DJ dans le micro.

– D'accord, professeur, je vous le jure, je vous crois maintenant. Alors, qu'est-ce qu'on fait ?

– Restez calme, DJ. Pour le moment, il nous évalue car il n'est pas sûr que nous soyons comestibles. Ne faites aucun mouvement, il faut prendre garde à ne pas déclencher de réaction.

– Taylor ! Au rapport !

La voix de Heller se propagea dans toute la capsule.

– Franck, tais-toi, chuchota Jonas. On nous observe.

– DJ !

À son tour, d'une voix basse, Terry tenta d'entrer en contact avec son frère…

DJ ne répondit pas. Il était fasciné par la créature et complètement paralysé par la peur.

Jonas savait qu'ils n'avaient qu'une seule chance : d'une façon ou d'une autre, il leur fallait quitter la zone de courants chauds. Dans l'eau froide, le Megalodon ne pourrait plus les suivre. À force de rester sur la vase brûlante, le sous-marin commençait à chauffer. Jonas s'en rendit compte, et cela ne fit qu'accroître son inquiétude. Ruisselant de sueur, il ne quittait pas des yeux l'animal, dont la lueur se faisait de plus en plus vive, de plus en plus nette. Jonas saisit l'éclair glacé de son regard aveugle.

Soudain, le monstre fit demi-tour et fonça sur eux.

La créature gigantesque brillait dans les ténèbres comme un spectre. La gueule grande ouverte, elle montrait des rangées de dents acérées.

Jonas alluma son projecteur et le dirigea résolument en plein dans l'œil du Megalodon. Le mâle remua la tête de tous les côtés et disparut comme l'éclair dans l'obscurité en donnant un grand mouvement de queue.

DJ hurla dans le micro :

– Sacré nom d'un chien, doc.

Brusquement, un remous provoqué par l'animal déferla sur les deux sous-marins. Le *Glider* de DJ tournoya sur lui-même, entraînant le câble d'acier. L'appareil de Jonas alla frapper de l'arrière contre le mur du canyon, brisant ainsi ses deux hélices. Le Megalodon changea de trajectoire. Il plongea droit sur l'*AG II*, qui gisait maintenant, hors de combat. Lorsqu'il ouvrit les yeux, Jonas fut aveuglé par la lueur de l'animal qui emplissait toute la cabine. Le mâle leva son énorme museau blanc et ouvrit grand la gueule, dévoilant des dents d'au moins dix-sept centimètres, aiguisées comme des lames de rasoir. Jonas ferma les yeux. C'était la fin ! En une fraction de seconde, il eut le temps de réaliser avec bonheur qu'il allait mourir à cause du changement de pression et non pas sous les dents monstrueuses de la créature.

Et puis, sans qu'on sache pourquoi, le Megalodon se détourna, comme s'il se désintéressait du combat. Il s'éloigna du fond. Hélas ! Une nouvelle onde souleva le sous-marin inerte et l'envoya rouler contre le mur du canyon.

Jonas sentit un liquide chaud suinter de son front alors qu'il sombrait dans l'inconscience.

LE MASSACRE

DJ Tanaka donna une profonde accélération à l'*AG II* et amorça un virage à soixante degrés. Il ignora les appels incessants de sa radio, préférant se concentrer sur l'épreuve qui l'attendait.

Le sang battait à ses tempes, mais ses mains ne tremblaient pas. Il connaissait l'enjeu d'une telle partie : c'était, ni plus ni moins, la vie. À cette idée, cet amateur de sensations fortes eut un large sourire.

Il jeta un coup d'œil rapide derrière son épaule. Le monstre albinos s'écarta du mur du canyon d'un mouvement brusque et s'arracha du fond de la mer comme un engin téléguidé. DJ estima son avance à quatre cents mètres. Quant à la zone d'eaux froides, elle ne devait pas être à plus de six ou neuf cents mètres. Parfait ! Il n'était plus très loin.

Le *Glider* creva l'épaisse brume dégagée par les Fumeurs Noirs. Le Megalodon n'était nulle part en vue. Le thermomètre indiquait déjà onze degrés de moins.

– Je vais y arriver, se dit-il avec conviction.

DJ eut à peine le temps d'apercevoir la lueur sur le côté

droit de la capsule. Trop tard ! La bouche colossale fracassait le flanc du sous-marin.

La puissance de l'impact fut celle d'une locomotive percutant une automobile. Renversé comme un pantin, précipité la tête en bas dans l'obscurité la plus complète, DJ voulut crier. Il n'eut que le temps d'entendre le craquement sinistre de la céramique et du verre lexan avant que son crâne n'explose et que son cerveau ne se broie.

À l'odeur du sang frais, le Megalodon frémit de plaisir. Il tenta de fouiller la capsule du museau, mais elle était trop étroite, aussi il ne parvint pas à happer les restes du malheureux DJ Tanaka.

Alors, il redescendit vers les eaux tropicales, les débris du sous-marin dans la gueule.

Jonas se retrouva en pleine obscurité. Le silence était total. Il ressentit une vive douleur à la jambe. Visiblement, son pied était coincé. Mais il parvint à se dégager. Un liquide chaud avait coulé dans son œil. Il l'essuya d'un geste vif. Bien qu'il ne puisse pas voir clairement sa main, il eut la conviction de ne pas se tromper. C'était du sang.

Depuis combien de temps avait-il quitté la base ?

Le courant était coupé mais le compartiment restait une véritable étuve.

– Je dois être tombé au fond, pensa Jonas.

Il tendit le bras pour atteindre les commandes de l'appareil, mais s'aperçut qu'il se trouvait, en fait, à l'autre bout de la capsule. À tâtons, il rampa vers le cockpit et chercha le tableau de bord à l'aveuglette.

Il voulut actionner l'interrupteur, mais celui-ci resta muet. L'*AG II* gisait au fond de l'eau.

À l'extérieur du sous-marin, on ne distinguait rien, puis un rayon de lumière se refléta sur le plexiglas. Jonas tendit le cou vers le haut et avança sa tête dans la bulle d'observation.

Il aperçut le Megalodon mâle qui descendait tranquillement. Il serrait un objet entre sa mâchoire inférieure et son museau.

– Mon Dieu !

Jonas ne put réprimer un cri d'horreur en reconnaissant les restes du *Glider*. Le submersible de DJ pendouillait lamentablement des mâchoires du prédateur. Le câble d'acier, toujours arrimé, s'enroulait à présent autour de la poitrine du Megalodon.

Franck Heller s'assit sur sa chaise avec raideur.

– Il faut absolument que nous sachions ce qui se passe en bas, dit-il en désignant les écrans de contrôle désespérément silencieux.

Terry tentait en vain d'établir un contact radio :

– DJ, m'entends-tu ? Allô, DJ ?

De leur côté, DeMarco et le capitaine Barre discutaient avec véhémence par le téléphone interne. Le capitaine était à l'arrière du bateau avec l'équipage et manœuvrait le grand winch.

– Franck ! Léon me dit que le câble du sous-marin bouge. Visiblement, l'appareil de DJ est toujours attaché.

– Il faut absolument le remonter. S'il n'a plus d'énergie, nous sommes sa dernière chance de s'en tirer.

– Et pour Jonas, qu'est-ce qu'on fait ? demanda Terry.

– Malheureusement, nous n'avons aucun moyen de le joindre, mais nous allons peut-être pouvoir sauver votre frère.

Heller se pencha sur le tableau de bord et lança dans le micro :

– Léon, tu es là ?

La voix de Léon Barre retentit dans le haut-parleur :

– Vous êtes prêts à le remonter ?

– Oui, on y va !

Glacé d'horreur, Jonas était littéralement paralysé. Il regarda le Megalodon mâle passer au-dessus de lui sans ciller. Sa panse remuait à chaque fois qu'il ouvrait ou refermait ses mâchoires. Le prédateur vorace continuait de fourrager dans les débris du sous-marin, sans se rendre compte qu'il était à présent complètement encerclé par le câble d'acier.

Jonas sentit une sorte de mouvement au-dessus de la créature. Il regarda avec attention et remarqua que le câble se tendait. Le filin mordit la peau blanche de l'animal et lui lacéra les ailerons.

Sous l'étreinte douloureuse, le Megalodon se tordit en spasmes. Fou de rage et dans une vaine tentative pour se dégager, il se cabra, remua sa nageoire caudale en tous sens. Mais plus il se débattait, plus il s'empêtrait.

Jonas observait toujours avec la même fascination impuissante le Megalodon se démener. Ses ailerons plaqués et mutilés l'empêchaient de conserver son équilibre. Il remuait la tête de tous les côtés, ce qui provoquait d'énormes remous. Tous les efforts de l'animal ne servaient qu'à le fatiguer davantage.

Suspendu, enchevêtré dans l'acier, il se calma bientôt. Seuls les battements de ses branchies indiquaient qu'il était encore en vie.

Lentement, le winch du *Kiku* hissa l'animal jusque dans les eaux glacées.

La fosse Challenger résonnait entièrement des remous provoqués par l'animal.

LA FEMELLE

Elle surgit de nulle part, évoluant rapidement au-dessus de Jonas. Sa lueur spectrale illuminait les sombres environs comme une énorme lune. Elle mit plusieurs secondes à passer. Pendant un moment, en fait jusqu'à ce qu'il aperçoive la queue gigantesque, Jonas pensa qu'il s'agissait d'un sous-marin.

La femelle Megalodon, au jugé, mesurait au moins quatre mètres de plus que le mâle et devait peser bien plus de vingt tonnes. En passant, elle remua son aileron caudal d'un coup sec, déclenchant une énorme vague qui se brisa contre le sous-marin déjà endommagé. Sous l'impact, il se souleva et tomba dans le petit ravin. Jonas serra les poings tandis que l'*AG II* dérapait sur le fond du canyon. Il effectua deux tonneaux avant de s'immobiliser dans un nuage de vase. Jonas appuya son visage contre la vitre et, pendant que la boue se redéposait doucement, il vit la femelle nager vers le mâle qui se débattait de nouveau.

En approchant, elle eut une brusque accélération et planta ses mâchoires dans le bas-ventre particulièrement sensible de son congénère. Le contrecoup projeta l'animal quinze mètres vers le haut. Avec ses dents effilées, elle déchirait la peau blanche, mettant à nu le cœur et l'estomac.

Au moment où la femelle gobait un grand écheveau de tube digestif, le winch du *Kiku* imprima une secousse au câble et le tira rapidement vers le haut. Jonas ne distingua plus qu'une lueur qui s'évanouissait doucement, tandis que la femelle grimpait, accrochée à la carcasse. Le museau enfoui dans les entrailles sanguinolentes, le ventre blanc et gonflé, parcouru de spasmes, elle engloutissait d'énormes pans de chair et de viscères. La femelle Megalodon était pleine et semblait insatiable. Alors qu'elle se trouvait dans des eaux où elle ne s'était jamais aventurée, elle refusa d'abandonner son repas, bravant la peur et l'inconnu. Le sang de son compagnon, comme une rivière épaisse, était si chaud qu'il lui rendait le voyage agréable. Les mâchoires littéralement fichées dans le corps mutilé, elle déchiquetait la rate et l'intestin, pendant que des milliers de litres de sang chaud dégoulinaient sur sa poitrine.

– Elle est en train de traverser la zone d'eaux froides, réalisa Jonas.

L'obscurité du canyon se refermait sur lui.

Terry, DeMarco et Heller étaient sur le pont. L'équipe médicale et les membres de l'équipage scrutaient anxieusement la surface de l'eau. Ils attendaient la réapparition de leur camarade. L'anneau qui reliait la poulie au cadre d'acier du winch inquiétait le capitaine Barre. Il pliait sous le poids de sa charge et menaçait de rompre à tout moment.

– Je ne sais pas ce qu'il y a à l'autre bout, dit-il gravement, mais nom d'un chien, c'est sûr qu'il n'y a pas que le sous-marin de DJ.

LA FUITE

Jonas savait qu'il n'allait pas tarder à périr étouffé s'il n'agissait pas rapidement. Les flancs de son sous-marin étaient complètement endommagés et son moteur hors d'usage. Il lui serait impossible de remonter tout seul avec une embarcation qui était devenue un véritable poids mort. Il devait trouver le levier d'urgence et s'éjecter.

Il transpirait à grosses gouttes et les vertiges le reprirent. Il ne savait pas réellement si c'était à cause de sa blessure ou parce que l'oxygène se raréfiait dangereusement. Il finit par repérer en tâtonnant la trappe où les réserves étaient stockées. Il s'arc-bouta, ouvrit le panneau d'écoutille et, à l'aveuglette, dénicha le réservoir d'oxygène de secours. Il dévissa une des valves pour libérer un courant d'air régulier dans la capsule.

Puis il grimpa à nouveau dans le cockpit et s'attacha au harnais de secours. Il finit par trouver le verrou de la porte, l'ouvrit, attrapa le levier d'urgence et se prépara à l'action.

Lorsqu'il tira sur la poignée, un éclair incandescent illumina l'obscurité et la capsule s'arracha du fond du canyon dans une violente explosion. Sous le choc, les deux petites ailes de stabilisation se déformèrent, et l'engin partit en vrille...

Heureusement, il ralentit peu à peu et commença enfin à s'élever doucement. Il flottait même plutôt bien. Jonas savait qu'il mettrait plusieurs heures avant d'atteindre la surface. L'urgence, donc, était de ne pas se refroidir malgré des vêtements trempés et une température en chute constante...

La surface de l'eau bouillonna. La mer se teinta d'une écume rose et brillante. Dans une énorme vague, la tête gigantesque du Megalodon apparut. Sur le filin étaient encore accrochés des lambeaux de chair et de tissu qui pendaient de la colonne vertébrale et de la nageoire caudale du monstre.

L'équipage du *Kiku*, médusé, regardait le spectacle tandis que l'on hissait ce qui restait de l'animal sur le grand pont du navire. Hélas ! Au bout de la queue géante, entortillés dans le câble, gisaient les débris du sous-marin de DJ Tanaka. Terry tomba à genoux, fixant d'un air égaré et incrédule l'effroyable désastre.

Jonas se remettait peu à peu. Le froid, et le sang qu'il avait perdu, l'avaient laissé un moment inconscient. Il ne sentait plus ses pieds ni ses mains. Il ne discernait toujours rien dans l'eau noire, mais savait que, bientôt, il verrait de la lumière... Si seulement il tenait le coup !

Franck Heller posa ses jumelles pour scruter la surface de l'eau à l'œil nu. Du pont, il voyait les Zodiac de recherche sur une distance de quatre cents mètres autour du *Kiku*. DeMarco était à côté de lui, accoudé au bastingage.

– Les hélicoptères de la Navy feraient mieux de se dépêcher.

– S'il ne refait pas surface d'ici dix minutes, il sera trop tard…

Heller n'acheva pas sa phrase. Ils savaient tous deux que, si Jonas n'avait pas encore été tué par le Megalodon, il allait sûrement mourir de froid. Pour la centième fois, Heller se retourna pour regarder la monstrueuse tête blanche et la colonne vertébrale. L'équipe scientifique examinait la carcasse et prenait des clichés.

– Si cette… chose a tué DJ… qu'est-ce qui a pu le tuer, mon Dieu ?

DeMarco regarda vers la tête sanglante.

– Je ne sais pas, avoua-t-il. Mais ce dont je suis certain, c'est que ce n'est sûrement pas un éboulement.

Terry se tenait droite à l'avant du Zodiac jaune qui bondissait sur les vagues.

Elle sondait la mer, espérant apercevoir la capsule de l'*AG II*. Jusqu'à ce qu'on la repêche, elle n'aurait ni le temps de pleurer ni celui de laisser parler la peine dans son cœur.

Elle devait absolument retrouver Jonas pendant qu'il restait encore une chance.

Léon Barre manœuvrait le gouvernail à l'arrière du bateau.

– Je fais demi-tour, cria-t-il.

– Attendez !

Terry venait d'apercevoir quelque chose au milieu de la houle. Elle désigna un point minuscule à tribord.

Le drapeau de vinyle rouge était à peine visible au-dessus de la crête des vagues. Léon guida le bateau vers la capsule qui se balançait doucement. Là, à travers la paroi vitrée de la nacelle de secours, ils virent le corps de Jonas.

– Il est vivant ? demanda Léon en scrutant par-dessus bord.

Terry se pencha en avant dès qu'ils furent près de la nacelle.

– Oui, dit-elle.

Maintenant, elle pouvait laisser aller ses larmes.

– Oui, il est vivant.

AU PORT

Franck Heller n'arrivait pas à comprendre comment la nouvelle avait pu se répandre aussi rapidement. Le *Kiku* avait mis moins de douze heures pour rejoindre la base navale d'Apra Harbor, à Guam, et déjà deux équipes de la télévision japonaise, une de la chaîne locale, des journalistes, des photographes de la Navy et d'autres envoyés par le *Manila Times* et *La Sentinelle*, le journal de Guam, les attendaient sur le quai. À peine débarqué, Heller fut cerné et bombardé de questions. Les journalistes voulaient tout savoir sur le requin géant, le pilote tué au cours de la plongée, le scientifique évacué par avion.

– Le professeur Taylor souffre d'une commotion cérébrale, d'une hypothermie et d'une grosse hémorragie, mais j'ai cru comprendre qu'il récupérait plutôt bien, leur annonça Heller.

Les cameramen braquaient leurs appareils sur lui mais, lorsqu'on hissa la carcasse du Megalodon sur une grue, ils se précipitèrent pour la filmer. Une jeune journaliste japonaise tendait avec insistance son micro à Heller.

– Où emmenez-vous le requin ?

– Nous rapatrions ce qu'il en reste le plus vite possible à l'Institut Tanaka.

– Qu'est-il arrivé à l'animal ?

– Nous n'en savons pas grand-chose. Le requin a pu être déchiré par le câble dans lequel il s'est entortillé.

– On dirait qu'il a été dévoré, monsieur, osa le journaliste de la Navy. Est-il possible qu'un autre requin l'ait attaqué ?

– C'est possible, mais…

– Voulez-vous dire qu'il y a autre chose dans cette affaire ?

– Est-ce que quelqu'un a pu voir… ?

– … Pensez-vous que… ?

Heller fit un geste de la main.

– S'il vous plaît, s'il vous plaît. Pas tous en même temps.

Puis il fit signe à l'envoyé du journal de Guam, un homme de belle prestance qui agitait son crayon en l'air.

– Ce que nous voulons plutôt savoir, doc, c'est s'il est prudent désormais de se baigner ?

Heller leur parla sur le ton de la confidence :

– Laissez-moi vous rassurer, dit-il. Même s'il y avait d'autres spécimens de ces requins dans la fosse, ils sont coincés au fond par onze kilomètres d'eau glacée. Apparemment, cela a suffi pour les retenir depuis au moins deux millions d'années. Cela les retiendra bien encore quelques millions d'années supplémentaires.

– Docteur Heller ?

Heller se retourna. David Adashek se tenait au milieu de la foule et lui souriait…

– Le professeur Taylor n'est-il pas un paléontologue spécialisé dans l'étude des fonds marins ? demanda Adashek d'un air innocent.

Heller lança un coup d'œil rapide à la foule.

– Effectivement. Il a fait quelques travaux…

– … Je crois savoir qu'il a une théorie sur ces requins dinosaures. Il me semble qu'on les appelle les Megalodons ?

– … Oui, eh bien, je pense que le professeur Taylor est le mieux placé pour vous expliquer ses théories. Maintenant, si…

– Est-ce que… ?

– … Si cela ne vous dérange pas, nous avons beaucoup de travail.

Heller se fraya un passage à travers la foule en ignorant les rafales de questions.

– Dégagez, s'il vous plaît !

Soudain, on entendit une voix tonitruante. C'était celle de Léon Barre, qui supervisait le transfert de la carcasse du Megalodon sur le quai.

Un photographe se précipita en tête et cria :

– Capitaine, vous voulez bien que nous vous prenions en photo avec le monstre ?

Barre fit un grand geste à l'ouvrier qui manœuvrait la grue. La tête du Megalodon s'immobilisa, se détachant nettement sur le bleu du ciel, la gueule béante. Les restes du dos ainsi que la nageoire caudale traînaient sur le quai. Les photographes se ruèrent à l'affût du meilleur angle. Barre grimpa près de la tête géante et se tourna face à la presse. À côté du monstre, lui qui était un homme plutôt costaud faisait figure de nabot.

– Un sourire, capitaine ! demanda une voix.

Mais Barre continua de les regarder d'une façon plutôt sinistre.

– C'est ce que je fais, grogna-t-il.

LE MAGNAT

Maggie était allongée, les seins nus, sur le pont en teck du yacht. Le soleil dardait ses rayons sur son corps luisant d'huile solaire.

– Tu as toujours dit que le bronzage passait bien à l'écran, lui lança Bud en se penchant au-dessus d'elle.

Il était en maillot de bain, le visage en pleine lumière. Maggie se protégea les yeux de la main pour tenter de l'apercevoir.

– C'est pour toi que je le fais, chéri, lui rétorqua-t-elle avec un sourire.

Elle se retourna sur le ventre et fixa d'un œil distrait une petite télévision.

– Pour l'instant, tu pourrais aller me chercher un autre verre ?

– ... Bien sûr, Maggie, répondit-il en caressant son dos nu du regard, tout ce que tu veux.

Il entra dans la cabine du *Magnat* pour préparer une vodka tonic.

Une minute plus tard, il entendit crier son nom. Il se précipita sur le pont. Maggie était assise, pressant une serviette contre sa poitrine, et regardait bouche bée l'écran de télé :

– Je n'arrive pas à y croire.

– Quoi ? répliqua Bud avec impatience.

Sans dire un mot, Maggie désigna l'écran de télévision. Là, en gros plan, on voyait la tête du Megalodon et ses immenses dents, accrochée à la grue du *Kiku*.

« ... *pourrait être le requin préhistorique géant connu sous le nom de Megalodon, ancêtre du Grand Requin blanc. Personne ne semble savoir comment le requin a survécu, mais le docteur Jonas Taylor, blessé lors de la capture de l'animal, serait à même de fournir quelques réponses. Le professeur se remet actuellement à l'hôpital militaire de Guam.*

En Chine aujourd'hui, des négociations commerciales... »

Maggie se précipita dans la cabine.

– Où vas-tu ? lui cria Bud en courant derrière elle.

– Il faut que j'appelle mon bureau.

– Le téléphone ! hurla-t-elle au capitaine, médusé de la voir débarquer dans cette petite tenue.

Une fois remis de sa surprise, il lui indiqua le récepteur placé derrière elle. Maggie appela son bureau dans une grande agitation. Sa secrétaire lui annonça que David Adashek avait tenté de la joindre toute la matinée. Elle nota le numéro, puis demanda à l'opérateur de la mettre en relation avec Guam. Quelques minutes plus tard, elle obtenait la communication.

– Adashek ?

– David, qu'est-ce qui se passe, nom d'un chien ?

– Maggie ? J'ai essayé de vous appeler toute la matinée, bon sang, où...

– … Aucune importance. Qu'est-ce qui se passe ? D'où vient ce requin ? Où est Jonas ? Est-ce que quelqu'un lui a déjà parlé ?

– Hé, du calme ! Jonas reprend des forces à l'hôpital militaire de Guam, un garde en faction devant sa porte. Personne ne peut l'approcher. Vous savez, c'était vrai son histoire de requin. On dirait que vous vous êtes trompée sur son compte.

Maggie se sentit mal.

– Maggie, vous êtes toujours là ?

– Merde, c'est peut-être l'histoire du siècle et Jonas en est l'acteur principal…

– C'est sûr, mais vous êtes sa femme, non ? Il vous parlera sans doute de l'autre requin.

Le cœur de Maggie fit un bond.

– Quel autre requin ?

– Celui qui a dévoré le requin responsable de la mort du fils Tanaka. Tout le monde est au courant mais les gens de l'Institut démentent l'information. Peut-être que Jonas vous en dira plus ?

Maggie réfléchit à toute allure.

– OK, OK, je pars pour Guam, mais je veux que vous vous occupiez de cette histoire. Essayez de savoir si les autorités vont tenter de localiser l'autre requin.

– Maggie, ils ne savent même pas s'il a fait surface. L'équipage du *Kiku* jure qu'il n'a pas quitté la fosse et qu'il est toujours prisonnier en bas.

– Faites ce que je vous dis. Vous aurez une petite prime de quelques milliers de dollars si vous trouvez des informations valables sur le second requin. Je vous rappelle dès que j'arrive.

– C'est vous le patron.

Maggie raccrocha l'appareil. Bud se tenait à côté d'elle.

– Qu'est-ce qui se passe, Maggie ?
– Bud, j'ai besoin de ton aide. Est-ce que tu connais quelqu'un à Guam ?

LA CONVALESCENCE

Le MP en faction devant la porte de Jonas à l'hôpital militaire leva la tête lorsque Terry s'approcha de lui.

– Désolé, madame, la presse n'est pas autorisée à entrer.

– Je ne suis pas de la presse.

Le militaire la regarda avec suspicion.

– En tout cas, vous n'avez pas l'air d'être de la famille.

– Mon nom est Terry Tanaka. J'étais avec…

– … Oh, excusez-moi.

Le policier fit un pas de côté.

– Toutes mes excuses, madame. Et… mes condoléances.

Il détourna le regard.

– Merci, lui répondit-elle dans un souffle avant de pénétrer dans la chambre de Jonas.

Ce dernier était couché près de la fenêtre, une large bande de gaze autour du front, le visage fatigué, pâle et plein de cicatrices.

– Je suis désolé, dit-il d'une voix encore faible.

Terry secoua la tête en silence.

– Je suis heureuse que vous alliez bien.

– Avez-vous parlé à votre père ?

– Oui, il sera là dans la matinée.

Jonas détourna son regard vers la fenêtre, sans savoir quoi dire.

– Terry, c'est de ma faute…

– … Non, vous avez essayé de nous avertir et nous vous avons simplement ridiculisé.

– Je n'aurais jamais dû laisser faire DJ… J'aurais dû…

– Arrêtez, s'il vous plaît, Jonas, le coupa Terry d'un ton sec. Je n'arrive pas à gérer ma propre culpabilité, alors laissez la vôtre où elle est. DJ était adulte et il n'était certainement pas prêt à vous écouter. Regardons les choses en face, il y serait allé malgré vos avertissements. Nous sommes tous accablés… choqués. En fait, je n'arrive pas à penser à autre chose qu'à…

– Détendez-vous, Terry. Venez par ici.

Elle s'assit sur le rebord du lit et se serra contre lui en pleurant dans le creux de son épaule. Jonas lui caressa les cheveux pour la réconforter. Elle se rassit et se détourna de Jonas pour essuyer ses larmes.

– Vous me voyez dans un état inhabituel, je ne pleure jamais.

– Vous n'avez pas besoin d'être toujours aussi forte.

Elle sourit.

– Oh si ! Maman est morte lorsque j'étais très jeune. J'ai dû prendre soin de papa et de DJ toute seule.

– Comment va votre père ?

– Il est littéralement effondré. Il faut que je l'aide à traverser cette épreuve. Mais je ne sais pas comment… Pour l'enterrement, il n'y a même pas de corps…

Elle se remit à pleurer.

– Demandez à DeMarco d'organiser un service funéraire.

– J'aimerais juste que tout cela soit fini. Je veux retourner en Californie.

Jonas la contempla un moment.

– Terry, cette affaire de requin n'est pas réglée. Il faut que vous sachiez quelque chose : il y avait deux Megalodons dans la fosse. Celui que le *Kiku* a remonté a été attaqué par une femelle encore plus grosse. Elle est remontée avec la carcasse...

– Jonas, ce n'est pas possible. Tout le monde sur le bateau a bien regardé, rien d'autre n'a fait surface. Heller dit que l'autre créature, cette femelle, n'aurait pas pu survivre à un voyage dans les eaux glacées. Vous avez expliqué vous-même...

– Terry, écoutez-moi.

Il fit un effort pour s'asseoir, mais la douleur l'obligea à se recoucher.

– La carcasse du mâle était complètement ensanglantée. Les Megalodons sont comme les Grands Requins blancs, ce sont des animaux à sang froid, mais au corps chaud. Ils ont la faculté de conserver une température élevée grâce à leur taille et à un métabolisme particulier. Leurs tissus périphériques fonctionnent comme de véritables isolants. Certains scientifiques appellent cela la gigantothermie...

– Jonas, cessez de me faire une conférence, vous m'égarez.

– Le Megalodon est capable de conserver une température corporelle élevée. Son sang est chauffé par le mouvement des muscles. Il serait de quatre à sept degrés supérieur à son environnement... Il ne faut pas négliger qu'en plus il vivait dans les courants tropicaux de la fosse.

– Où voulez-vous en venir ?

– Quand le *Kiku* a commencé à remonter les débris du sous-marin de DJ, le Megalodon mâle s'est trouvé pris dans le câble d'acier. J'ai vu de mes yeux la femelle le suivre, enveloppée par le flot de sang chaud. Je l'ai regardée disparaître bien au-dessus de la zone tropicale, dans les eaux froides.

– À quelle température s'élève le sang d'un Megalodon ?

Jonas ferma les yeux pour se livrer à un petit calcul.

– Dans la fosse, elle doit atteindre trente-deux degrés. Si la femelle est restée dans le flot de sang de son compagnon, elle a pu arriver jusqu'à la thermocline. Elle est très grosse. Un requin de sa taille peut probablement parcourir la distance entre la fosse et la surface en vingt minutes.

Terry le regarda un long moment.

– Je dois partir. Il faut que vous vous reposiez.

Elle lui pressa la main d'un geste affectueux et quitta la pièce.

LES REQUINS

Jonas se réveilla et vit sa main couverte de sang séché. Il se trouvait dans la capsule de l'*Abyss Glider*, qui dansait à la surface de l'océan. Le soleil frappait la bulle de plexiglas à moitié immergée.

J'ai rêvé, pensa-t-il. *J'ai rêvé.*

Il rampa jusqu'au hublot et scruta le ciel. L'horizon était désert.

Depuis combien de temps suis-je parti ? Des heures, des jours ?

Au-dessous de lui, l'eau se ridait sous les rayons lumineux. Il savait qu'*elle* était là, juste en dessous.

Soudain, le Megalodon remonta des profondeurs, fonçant sur lui comme une fusée, les mâchoires béantes, les dents acérées, la gueule aussi sombre que les abysses...

Jonas se réveilla en nage, lutta pour retrouver sa respiration. Il était seul dans la chambre d'hôpital. L'horloge indiquait minuit six.

Il se renversa dans les draps moites et contempla les reflets de la lune sur le plafond. Il inspira et expira lentement. La peur était partie. Il se sentait mieux. La fièvre, les drogues… Il se sentait mieux.

– J'ai faim, pensa-t-il.

Il enfila une robe de chambre et sortit dans le couloir désert. Il entendit au loin le son d'une télévision.

Au poste des infirmières, il trouva le militaire assis tout seul, les pieds sur le bureau et la chemise ouverte, en train d'engloutir un gros sandwich en regardant le dernier journal. Le garçon sauta sur ses pieds en entendant Jonas.

– Monsieur Taylor… Vous êtes debout !

Jonas regarda autour de lui.

– Où est l'infirmière ?

– Elle s'est absentée une minute, monsieur. Je lui ai promis de… de la couvrir.

Il regarda le pansement sur le front de Jonas.

– Vous êtes sûr qu'il est prudent de vous lever, monsieur ?

– Où est-ce que je peux trouver quelque chose à manger ?

– La cafétéria est fermée jusqu'à six heures.

Jonas eut l'air désespéré.

– Je peux vous donner un peu de ceci, dit le garçon en tendant à Jonas la moitié de son sandwich débordant.

Jonas le regarda.

– Non, c'est bon…

– … Je vous en prie, allez-y, prenez-en autant que vous voudrez.

– Vraiment ? D'accord, merci !

Jonas prit le sandwich et mordit dedans à pleines dents. Il avait l'impression de ne jamais avoir mangé de sa vie.

– C'est délicieux, dit-il entre deux bouchées.

– C'est difficile de trouver des sandwichs au salami et au fromage par ici, dit le jeune homme. Le seul endroit que je connaisse se trouve à mi-chemin du bout de l'île. Moi et mes potes, on fait le voyage une fois par semaine, juste pour se rappeler le pays. Je ne sais pas pourquoi ils n'ont pas ouvert quelque chose plus près de la base. Il me semble…

Le garçon continuait de parler, mais Jonas ne l'écoutait pas. Une image à la télévision avait attiré son attention. Des pêcheurs déchargeaient des quantités de requins sur les docks.

– Excusez-moi, dit Jonas. Vous pouvez monter le son ?

Le policier s'arrêta de parler :

– Bien sûr.

Il s'exécuta.

« *… Plus d'une centaine de requins ont été attrapés dans la baie de Zamora. Des pêcheurs du coin en ont trouvé tout un groupe au large de Saipan. Cela représente à ce jour la plus grande prise du siècle. Ils espèrent avoir autant de chance demain. Dans le même temps, douze baleines pilotes et deux douzaines de dauphins se sont échoués sur la côte nord de l'île de Saipan. Malheureusement, la plupart de ces mammifères sont morts avant qu'on ait pu les remettre à l'eau.*

D'autres nouvelles… »

Jonas baissa le son du téléviseur.

– Saipan, c'est au cœur des Mariannes du Nord, non ?

– C'est exact, monsieur. C'est la troisième île au nord des Mariannes.

Jonas resta pensif.

– Qu'est-ce qu'il y a, monsieur ? lui demanda le policier.

Jonas se tourna vers lui.

– Rien, dit-il avant de sortir.

Il s'arrêta, revint vers le garçon et lui tendit le reste de son sandwich.

– Merci.

Le policier regarda Jonas, qui se précipita dans sa chambre.

– Monsieur, lui cria-t-il, vous êtes sûr que tout va bien ?

SAIPAN

L'hélicoptère s'y prit à deux fois avant d'atterrir. Il transportait deux passagers. Mackreides, ancien capitaine de la Navy – Mac, pour les intimes –, jeta un coup d'œil à son compagnon qui paraissait un peu remué après le vol.

– Ça va, Jonas ?

– Ça va.

Jonas respira un grand coup tandis que les pales de l'hélicoptère cessaient peu à peu de tourner. Ils s'étaient posés sur un terrain d'aviation de fortune. Sur une pancarte de bois décolorée, on lisait : « Bienvenue à Saipan ».

– Ouais, eh bien, tu me sembles plutôt mal en point.

– Il faut dire que tu pilotes toujours aussi mal depuis ta démobilisation.

– Hé, mon vieux, je suis le seul volontaire pour ce job, surtout à trois heures du matin. Qu'y a-t-il de si important dans ce bled pour que tu aies besoin d'y débarquer à une heure pareille ?

– Tu m'as dit que ton ami pêcheur connaissait l'endroit où on a découvert un cadavre de baleine. Je dois examiner la carcasse.

– À l'heure qu'il est, tu devrais plutôt t'envoyer en l'air, mon vieux !

– Sérieusement, Mac, c'est important. Où est ton copain ? Je pensais qu'on avait rendez-vous ?

– Tu vois ce sentier sur la gauche ? Suis-le jusqu'à la plage, et tu verras six bateaux de pêche amarrés. Celui de Philippe est le dernier. Il m'a dit qu'il t'attendrait. Moi, je serai à la taverne à jouer au con. Viens me rejoindre quand tu auras fini de t'amuser. Et si je suis avec une femme, attends-moi dix minutes. Si elle est moche, cinq suffiront.

– Si tu fais l'abruti, ça sera vite réglé.

– Tu as raison. Au fait, à propos de mon ami Philippe, souviens-toi, tu lui donnes la moitié maintenant et la moitié quand tu reviens, sinon, il est capable de te laisser rentrer à la nage.

– Merci du conseil, répondit Jonas.

Il regarda son ami boitiller en direction du bâtiment décrépit qu'il appelait taverne. Jonas attrapa son sac à dos et se dirigea dans l'autre direction, vers la plage. Les étoiles étaient voilées par les nuages, mais l'océan Pacifique était aussi lisse que du verre.

Jonas avait rencontré James Mackreides sept ans auparavant, dans ce qu'ils avaient surnommé tous deux « la maison de fous de la Navy ». Après l'accident sur le *Seacliff*, Jonas avait passé plusieurs semaines dans un hôpital militaire, avant d'être contraint de passer trois mois dans une clinique psychiatrique. Les médecins de la Navy avaient tenté de le convaincre qu'il avait complètement rêvé les événements récents. Au terme de deux mois de « soutien psychologique », Jonas était en pleine dépression, loin de

Maggie et anéanti professionnellement. Incapable de quitter la clinique, il s'était senti abandonné et trahi.

Jusqu'à ce qu'il rencontre Mac.

James Mackreides était allergique à l'autorité sous toutes ses formes. À vingt-trois ans, il avait été appelé sous les drapeaux et envoyé au Viêt-nam. Nommé capitaine du 155ᵉ corps d'assaut d'hélicoptères, il s'était retrouvé au Cambodge bien avant l'arrivée officielle des forces armées américaines. La Navy l'avait choisi pour piloter l'hélicoptère Cobra. En fait, si Mac avait réussi à survivre à l'enfer du Viêt-nam, c'est parce qu'il avait décidé une bonne fois pour toutes de faire la guerre à l'heure et à l'endroit qui lui plaisait. Si on lui donnait une mission, il ne discutait jamais les ordres, il passait outre, tout simplement. Par exemple, quand on lui avait ordonné de bombarder la piste d'Ho-Chi-Minh, il avait préparé ses troupes pour la bataille, avait dirigé son escadron vers un hôpital américain, emmené quelques infirmières et était allé passer la journée sur la plage de l'île de Con Son. Cela ne l'avait pas empêché de présenter un rapport détaillant la lutte acharnée de ses hommes contre l'ennemi. La Navy n'en sut jamais davantage. En fait, Mac et son bataillon avaient posé leurs hélicoptères de près de deux millions de dollars chacun dans un delta et les avaient détruits à l'aide d'une mine. Mac avait ensuite raconté à ses supérieurs que l'escadron s'était trouvé sous le feu nourri de l'ennemi, mais que ses hommes avaient réussi à se défendre héroïquement. Pour leur courage, ils avaient tous été décorés de l'étoile de bronze.

Après la guerre, Mac avait continué à voler pour la Navy. En bon partisan de la libre entreprise, il faisait commerce de tout et n'importe quoi. Il utilisait d'ailleurs sans scrupule les hélicoptères de la marine pour acheminer ses marchandises. Mais un jour, un officier se rendit compte de la supercherie en surprenant des soldats en train de faire la queue pour s'offrir le tour de l'île de Hawaii en hélicoptère. C'était la dernière trouvaille de Mac : le tarif était de cinquante dollars le voyage pour vingt minutes passées avec une prostituée du coin et un pack de six bouteilles de bière.

« L'incident du bordel volant » coûta à Mackreides son emploi à l'armée. Il subit un test psychiatrique forcé et un séjour longue durée dans une clinique de la Navy. C'était cela ou la prison. Enfermé contre sa volonté, Mac se retrouva coincé sans pouvoir exprimer son refus de l'autorité. Jusqu'à ce qu'il rencontre Jonas.

Jonas représentait à ses yeux une victime de la Navy, comme lui. Il pensait que la plupart des gradés refusaient d'assumer leurs responsabilités. Cela faisait de Jonas une sorte d'âme sœur. Mackreides se sentait l'obligation morale de l'aider à guérir. Il décida alors que le meilleur moyen de soigner la dépression de son nouveau copain était de l'emmener faire un voyage. Il subtilisa l'hélicoptère du garde-côte sans aucun problème. Atterrir sur le parking de Candlestick Park fut un jeu d'enfant. La partie la plus délicate de l'opération avait été de s'incruster à la soirée organisée par la section des 49e cow-boys. Ils étaient rentrés à l'hôpital le lendemain matin en taxi, ivres morts… mais heureux. Le garde-côte avait retrouvé son hélicoptère deux jours plus tard, parqué devant un atelier de carrosserie, une femme nue peinte sur les deux côtés de la cabine. Depuis ce jour, les deux hommes étaient restés amis.

Le dernier bateau ancré près de la plage ne semblait plus vraiment en état de prendre la mer. Long d'à peine six mètres, ce navire de bois flottait presque au ras de l'eau, et ses planches, devenues grises, conservaient quelques traces de peinture rouge. À bord, un grand Noir vêtu d'un jean et d'un tee-shirt taché par la sueur hissait un piège à crabes.

– Excusez-moi, lui dit Jonas en s'approchant.

L'homme continua à travailler.

– Hé, excusez-moi... vous êtes Philippe ?

– Qui le demande ?

– Mon nom est Jonas Taylor. Je suis un ami de Mac.

– Mac me doit de l'argent. Vous en avez ?

– Non. Je veux dire... j'en ai assez pour que vous m'emmeniez à l'endroit où on a trouvé une baleine morte. Mais pour le reste, je ne suis pas au courant...

– ... des baleines à bosse, à trois kilomètres d'ici. Ça vous coûtera cinquante dollars.

– Bien. La moitié maintenant, le reste au retour.

Jonas tendit les billets à Philippe, qui approuva du chef.

– OK, j'vous emmène !

Jonas lui tendit la moitié de la somme, puis fit mine de reprendre les billets :

– Juste une chose, je ne veux pas de moteur sur le trajet.

– Qu'est-ce que vous dites, docteur Jonas ? Vous voulez que je rame pendant trois kilomètres ? Bah, gardez votre argent...

– OK, je vous en donne le double.

Le pêcheur de l'île de Saipan considéra Jonas des pieds à la tête pour la première fois.

– OK, doc, cent dollars. Maintenant, dites-moi pourquoi vous ne voulez pas de moteur ?

– Je ne veux pas déranger les poissons.

Jonas savait qu'il avait besoin d'une preuve pour affirmer que la femelle avait refait surface. Les grandes prises au large de Saipan indiquaient que quelque chose d'anormal troublait les requins du coin. L'échouage de baleines et de dauphins semblait attester également la présence du prédateur. Mais ces événements ne prouvaient rien. En revanche, si la baleine à bosse dont parlait Philippe avait été tuée par la femelle, le rayon de morsure constituerait une preuve formelle. Il valait donc mieux pagayer jusqu'à l'endroit voulu, par simple précaution.

Il leur fallut presque une heure pour arriver sur place. Transpirant, torse nu, les deux hommes laissèrent le bateau dériver contre le cadavre sombre et suintant.

– La voilà, doc. On dirait que les requins ont mangé toute la journée. Il en reste pas grand-chose.

Le dos de la baleine flottait dans une puanteur incroyable. Jonas se servit de sa rame pour la manipuler. Mais elle était trop lourde pour qu'il la retourne.

– Qu'est-ce que vous essayez de faire ? lui demanda Philippe.

– Je dois savoir ce qui a tué cette baleine. On peut la renverser ?

– C'est vingt-cinq dollars.

– Vingt-cinq ? Vous envisagez de descendre dans l'eau pour ce prix ?

– Non, trop de requins. Regardez par là.

Jonas aperçut un aileron.

– C'est un requin tigre ?

– Ouais. Ne vous inquiétez pas, doc. Si ça m'énerve, je les tue avec mon six-coups, dit Philippe en sortant un pistolet de sa ceinture.

– Philippe… S'il vous plaît, pas de bruit !

Jonas alluma sa torche et la braqua sur l'eau. Des vagues léchèrent la coque du navire. Jonas réalisa soudain qu'ils constituaient une cible parfaite.

Le faisceau lumineux éclaira une masse gigantesque qui se déplaçait sous l'eau à vive allure, un éclair blanc qui disparut aussitôt dans les eaux sombres.

– Doux Jésus, doc, qu'est-ce que c'était, nom d'un chien ?

Jonas lut la peur dans les yeux de Philippe.

– Qu'est-ce qu'il y a, qu'est-ce qui se passe ?

– Quelque chose sous le bateau. J'sens des vibrations. Ça a l'air très gros...

Le bateau de bois tangua, lentement au début, puis pivota sur lui-même. Ils étaient pris dans un tourbillon, entraînés par un courant venant des profondeurs. Les deux hommes s'accrochèrent au bastingage au moment où le bateau prenait de la vitesse.

Philippe pointait son arme vers l'eau.

– Nom d'un chien, qu'est-ce que c'est que ce truc ?

L'horizon tournoyait. Jonas sentit ses cheveux se dresser sur sa tête. Quelque chose d'énorme et de blanc jaillit à la surface à une vitesse vertigineuse ! Un orque mort ! Le ventre blanc sortit de l'eau dans un fracas. Philippe hurla et tira à six reprises dans l'abdomen de l'animal.

Le calme se réinstalla rapidement. Le bateau cessa de s'agiter... Jonas braqua sa torche sur l'estomac du cadavre et découvrit une énorme morsure. Il évalua la taille de la blessure à trois mètres.

– Mère de Dieu ! Qu'est-ce qui a fait ça, par tous les diables ?

Avant que Jonas ait eu le temps de répondre, Philippe avait démarré le moteur hors-bord de son bateau.

– Non... Attendez, hurla Jonas.

Trop tard, le moteur vrombissait déjà... Philippe vira de bord abruptement.

– Non, docteur Jonas ! Il y a un monstre ici, un truc énorme. Rien de ce que je connais n'aurait pu tuer un orque comme ça ! Vous chassez le diable, ma parole ! Gardez votre foutu fric... On s'en va !

LA RÉUNION

Il était huit heures quarante quand Terry Tanaka franchit le seuil de l'hôpital militaire. Cela lui laissait exactement vingt minutes pour conduire Jonas au bureau du commandant McGovern, à supposer qu'il soit en état de voyager. Elle traversa le hall désert, en se demandant pourquoi le planton n'était plus en faction. La porte de la chambre de Jonas était entrebâillée.

À l'intérieur, une femme aux cheveux blonds mettait sens dessus dessous les tiroirs de la commode.

Le lit était vide. Jonas était parti.

– Est-ce que je peux vous aider, mademoiselle ? lui demanda Terry.

Maggie sursauta et laissa presque tomber les vêtements qu'elle avait à la main.

– Oui, vous pouvez m'aider. Pour commencer, où est mon mari ?

– Vous êtes sa… Vous êtes Maggie ?

Les yeux de Maggie se rétrécirent.

– Je suis madame Taylor. Mais vous, qui êtes-vous ?

– Terry Tanaka.

Maggie la dévisagea.

– Je vois…

– Je suis une amie. Je suis venue chercher le docteur Taylor pour le conduire à la base navale.

Maggie changea soudain de ton.

– La base navale ? Qu'est-ce que la Navy veut à Jonas ?

– Il est attendu pour une réunion concernant le Megalodon avec le commandant…

Terry eut une hésitation, n'osant pas en dire davantage.

Maggie lui sourit, le regard malveillant.

– Eh bien, il semble que vous êtes arrivée trop tard. Il est parti. Quand vous le verrez, dit-elle en la bousculant brutalement, dites-lui que son épouse a besoin de lui parler… S'il n'est pas trop occupé, bien sûr !

Maggie repartit d'un pas vif, ses talons claquant sur le sol.

Terry se retourna et contempla le lit vide.

À neuf heures cinq, seule, elle arriva à la base navale, pour apprendre que la réunion se déroulait finalement dans l'entrepôt D, de l'autre côté du terrain. La conférence avait déjà commencé au moment où elle débarqua.

L'entrepôt D possédait une chambre froide où l'on enfermait les soldats morts avant leur rapatriement pour les États-Unis. Les restes du Megalodon étaient étalés sous trois séries de lampes chirurgicales. Quand Terry entra, un soldat lui tendit une blouse blanche.

Une table de conférence improvisée avait été dressée à côté de la carcasse. Heller, DeMarco et le commandant McGovern étaient assis d'un côté. Terry ne reconnut pas les deux hommes en face. Deux Japonais examinaient les mâchoires du requin.

– Où est Taylor ? hurla Heller à travers la pièce.
– Je ne sais pas. Il doit avoir quitté l'hôpital.
– On dirait bien.
DeMarco lui avança une chaise.
– Terry, je pense que vous connaissez le commandant McGovern ?
– Miss Tanaka, nous sommes tous navrés de ce qui est arrivé à votre frère. Voici M. Dupont de la Fondation Cousteau et les deux hommes penchés sur la carcasse sont les docteurs Tsukamoto et Simidu, du Centre de technologie et des sciences marines japonaises. Ce monsieur est David Adashek. Il a été chargé par le gouvernement local de couvrir l'affaire.
Terry serra la main du reporter avec méfiance.
– Je vous ai déjà vu quelque part, monsieur Adashek. Où nous sommes-nous rencontrés ?
David sourit :
– Je ne sais pas, mademoiselle Tanaka. J'ai passé beaucoup de temps à Hawaii. C'est peut-être là...
– ... Non, pas à Hawaii.
Elle continua de le dévisager.
– Très bien, messieurs... et mademoiselle Tanaka, annonça le commandant... Si vous voulez bien vous installer, j'aimerais que nous commencions. La Navy m'a chargé d'enquêter sur l'incident de la fosse des Mariannes. Les règles sont simples : je vous pose des questions et vous me donnez des réponses. D'abord, dit-il en désignant la carcasse, est-ce que quelqu'un pourrait me dire quelle est cette chose ?
Le docteur Simidu, le plus jeune des deux Japonais, fut le premier à prendre la parole.
– Le JAMSTEC a examiné les dents de la créature et les a comparées à celles du Carcharodon Carcharius, dit

Grand Requin blanc, et à celles fossilisées du Carcharodon Megalodon, son ancêtre disparu. L'existence d'une cicatrice au-dessus de la racine indique qu'il s'agit bien d'un Megalodon. À dire vrai, sa présence dans la fosse des Mariannes est des plus surprenante.

– Pas à nos yeux, docteur Simidu, répliqua André Dupont. La disparition du Megalodon a toujours été une énigme, et la découverte en 1873 par le vaisseau *Challenger* de plusieurs dents fossilisées datant de dix mille ans, dans cette même fosse, nous a prouvé que certains spécimens avaient survécu plus longtemps qu'on ne l'avait pensé.

– Ce que la Navy veut savoir, c'est si d'autres créatures de ce genre sont en vie, et dans ce cas si elles sont remontées à la surface. Docteur Heller ?

Toutes les têtes se tournèrent vers lui.

– Commandant, le requin que vous voyez ici a attaqué et tué le pilote d'un de nos sous-marins, à onze kilomètres de profondeur, puis s'est apparemment pris dans le câble avant d'être attaqué par un autre de la même espèce. Ces créatures sont prisonnières d'un courant chaud au fond de la fosse, sous près de dix kilomètres d'eau glacée, depuis quelques millions d'années. En fait, vous ne pouvez admirer ce spécimen que parce que nous l'avons accidentellement remonté à la surface.

– Vous êtes en train de me dire qu'il existe au moins un autre spécimen de ce monstre coincé au fond de la fosse.

– C'est exact.

– Tu te trompes, Franck.

Jonas Taylor entra dans la pièce, une blouse blanche à la main, un journal dans l'autre. Masao le suivait de près.

– Taylor, qu'est-ce que tu es en train de… ?

– … Franck, l'interrompit Masao, assieds-toi et écoute ce que Jonas a à dire.

Terry se leva pour embrasser son père, qui la serra très fort contre lui un long moment. Ils s'assirent l'un à côté de l'autre en se tenant les mains.

Jonas s'approcha de la tête du requin.

– Tard la nuit dernière, j'ai loué les services d'un pêcheur de l'île de Saipan pour qu'il m'emmène à l'endroit où l'on a découvert le cadavre d'une baleine. Je voulais examiner la carcasse pour voir si elle avait pu être tuée par un Megalodon. Pendant que nous étions là-bas, les restes mutilés d'un orque de neuf mètres sont remontés à la surface. Sa blessure était assurément le résultat de l'attaque d'un requin. Le rayon de morsure était d'au moins trois mètres.

– Cela ne prouve rien, dit Heller.

– Attendez, il y a mieux. Voici le journal de ce matin. Les habitants de l'île de Wake racontent que des carcasses de baleines se sont échouées toute la nuit sur les plages du nord de l'île. Commandant, le second Megalodon ne s'est pas contenté de gagner la surface, il s'est adapté aux hauts-fonds.

– Ridicule ! rétorqua Heller.

– Docteur Heller, s'il vous plaît, asseyez-vous, ordonna McGovern… Docteur Taylor, puisque apparemment vous avez l'air d'être expert sur ces créatures et que vous étiez présent dans la fosse, peut-être pourriez-vous me dire comment elles sont remontées. Le docteur Heller laisse entendre qu'elles sont enfermées par dix kilomètres d'eau glacée.

– Elles l'étaient. Mais j'ai vu moi-même le second requin. Le premier Megalodon saignait affreusement et l'autre se repaissait de ses entrailles. Il a grimpé dans le ruissellement de sang. Comme je l'expliquais hier à Terry, si le Megalodon est comme le Grand blanc, sa température sanguine est supérieure à celle de l'eau. Comme celle de la zone hydrothermale de la fosse est d'environ trente-trois degrés, vous n'avez qu'à faire le calcul. Le *Kiku* a remonté le premier Megalodon, et la femelle a suivi l'appât jusqu'en haut, protégée par le flot de sang chaud de son compagnon.

– La femelle ?

André Dupont semblait perplexe.

– Comment savez-vous que le second Megalodon était une femelle ?

– Parce que je l'ai vue, elle est passée au-dessus de mon sous-marin. Elle est beaucoup plus grosse que l'autre.

McGovern n'aimait pas du tout ce qu'il entendait.

– Avez-vous autre chose à nous apprendre sur cette femelle, docteur ?

– Eh bien, comme son compagnon, elle est blanche, luminescente pour être précis. Ses yeux sont très sensibles à la lumière, aussi elle ne fera pas surface en plein jour.

Il se tourna vers Terry.

– C'est pour ça que personne à bord du *Kiku* ne l'a vue. Elle a dû rester dans une zone assez profonde pour éviter la lumière. Mais maintenant qu'elle s'est adaptée aux hauts-fonds, elle va devenir très agressive.

– Qu'est-ce qui vous permet d'être si affirmatif ? demanda le docteur Tsukamoto qui s'exprimait pour la première fois.

– Les eaux de la fosse des Mariannes sont plus pauvres en oxygène que les hauts-fonds. Plus la teneur en oxygène est élevée, plus le système interne du Megalodon fonctionne efficacement. Dans ce nouvel environnement, la créature sera à même de fournir une plus grande puissance. Mais elle aura besoin de plus d'énergie, donc de se nourrir davantage.

McGovern s'assombrit.

– Les populations côtières pourraient être en péril ?

– Non, commandant, ces animaux sont trop gros pour s'aventurer près des rivages. Jusqu'à présent, la femelle n'a attaqué que des petits requins et des baleines. Mais elle risque d'affecter notablement la migration des cétacés.

– Comment cela ?

– Comprenez-moi bien : le Carcharodon Megalodon est la machine à tuer la plus efficace et la plus redoutable de l'histoire de notre planète. Son goût pour les baleines à sang chaud s'affirme très nettement. Il va en outre ressentir un besoin frénétique de nourriture. Nos baleines n'ont jamais rencontré quelque chose de semblable à ce prédateur. La femelle est agressive et aussi grosse que la plupart des cétacés. Sa simple présence pourrait très bien causer leur fuite. Or, la plus légère déviation des flux migratoires suffirait à entraîner un désastre écologique. Par exemple, si ceux qui vivent au large des côtes de Hawaii fuient brusquement vers les côtes japonaises, la chaîne alimentaire des océans sera entièrement bouleversée. Si on se retrouve avec des milliers de baleines supplémentaires dans la même zone, toute la balance alimentaire sera déséquilibrée. Elles vont se battre pour le plancton, le krill et les crevettes, et bon nombre de poissons seront fatalement éliminés. Le manque de nourriture influera sur la natalité et, à terme, cela affectera toute l'industrie de la pêche pour des décennies.

Le docteur Tsukamoto et le docteur Simidu échangeaient des propos à voix basse dans leur langue. Heller, Adashek et Dupont bombardèrent Jonas de questions.

– Messieurs, messieurs !

McGovern se leva pour reprendre le contrôle de la conférence.

– Comme je vous l'ai déjà précisé, c'est moi qui pose les questions. Docteur Taylor, je veux être bien certain de comprendre la situation. En résumé, vous pensez qu'il y a quelque part en liberté une sorte de Grand blanc très agressif, de dix-huit mètres, dont la simple présence pourrait affecter l'industrie de la pêche de quelques pays côtiers. Est-ce que c'est bien cela ?

– Oui, monsieur !

Heller se leva.

– Masao, je m'en vais. J'en ai assez de toutes ces balivernes. La fuite des cétacés ? N'importe quoi ! Sans vous manquer de respect, commandant, je vous signale que vous prenez conseil auprès d'un type dont le manque de sang-froid face à cette créature a causé, il y a sept ans, la mort de deux de nos officiers. Partons, DeMarco, vous me raccompagnerez au bateau.

DeMarco se leva à son tour, s'excusa, puis suivit son collègue. Jonas se rassit, stupéfait par la déclaration de Heller. Adashek prenait des notes avec frénésie. Au moment où les deux hommes sortaient de la pièce, Masao murmura quelque chose à l'oreille de sa fille. Terry acquiesça, embrassa son père et emboîta le pas aux deux hommes.

– Commandant, commença Jonas en s'éclaircissant la gorge, laissez-moi vous assurer que…

– Docteur Taylor, je me passe de vos bonnes intentions. Ce que je veux, ce sont des solutions. Alors, oui ou non êtes-vous en mesure de me dire ce que peut faire la Navy ?

LES SOLUTIONS

– Commandant, pourquoi est-ce à la Navy de réagir ? demanda en premier André Dupont. Depuis quand est-elle concernée par les flux migratoires des baleines ?

– Que se passera-t-il si cet animal dévore des pêcheurs ou des plongeurs ? De quoi aurons-nous l'air ?

– Docteur Taylor, renchérit le docteur Tsukamoto, si la présence de ce requin nuit à la migration des baleines au large du Japon, notre industrie de la pêche pourrait être sérieusement menacée et notre économie s'effondrer. Dans ce cas, le JAMSTEC et l'Institut Tanaka en seraient tenus pour responsables. Le programme SSM a été suspendu, et nous ne pouvons pas nous permettre d'autres retards financiers. D'ores et déjà, le JAMSTEC demande officiellement que l'on localise cette créature et qu'on la supprime.

– Docteur Taylor, reprit McGovern, il se trouve que j'approuve le docteur Tsukamoto. Je ne pense pas que le Megalodon avait l'intention de sortir des abysses. Vous auriez dû y veiller ! En dépit de vos assertions, je ne peux pas prendre le risque que le Megalodon s'aventure vers les côtes. Un mort suffit amplement.

McGovern s'arrêta.

– Et je ne préfère pas attendre qu'il y en ait d'autres avant d'agir. Aussi, je vais prendre des ordres auprès de mes supérieurs à Hawaii afin que l'on affrète le *Nautilus* pour traquer cette femelle et la tuer.

– Et à la Fondation Cousteau, nous aurons aussitôt les associations de défense des animaux sur le dos, protesta Dupont.

– Jonas – Masao semblait être la voix de la raison –, à ton avis, où va se diriger le Megalodon ?

– C'est impossible à prévoir ! Elle ira là où elle trouvera de la nourriture, ça c'est sûr. Le problème, c'est qu'en ce moment il y a quatre flux distincts de migration. Le premier se trouve à l'ouest vers la côte japonaise, le deuxième et le troisième à l'est et à l'ouest de l'île de Hawaii, et le dernier plus loin à l'est, le long de la côte californienne. Pour l'instant, il semblerait que la femelle ait choisi Hawaii. Je pense qu'elle va poursuivre vers l'est, éventuellement jusqu'aux côtes californiennes… Attendez une minute !

– Qu'est-ce qu'il y a, Taylor ?

– Il y a peut-être une autre solution. Masao, quand ton lagon sera-t-il achevé ?

– Il ne restait que deux semaines de travaux avant que les SSM ne tombent en panne. Tout est stoppé depuis, lui répondit Tanaka. Tu ne penses quand même pas capturer cette créature ?

– Pourquoi pas ? Si tu as conçu le lagon pour étudier les baleines dans leur environnement naturel, pourquoi ne pas nous en servir pour attraper le Megalodon ?

Jonas se tourna vers les directeurs du JAMSTEC.

– Messieurs, pensez à la chance unique que nous aurions d'étudier ce prédateur !

– Tanaka-san, demanda le docteur Simidu, cette solution vous paraît-elle envisageable ?

– Simidu-sama, hai, oui, je le pense, à condition de localiser le Megalodon.

Masao prit un temps de réflexion.

– Bien sûr, il faudrait achever le lagon au plus vite et que le *Kiku* reprenne du service. Ensuite, si nous trouvons le requin, il faudrait l'anesthésier et le remorquer dans l'aquarium.

– Masao, interrompit Jonas, si nous optons pour cette solution, il nous faudra des bouées pour tracter le Megalodon. Souviens-toi que le requin ne flotte pas. Une fois endormi, il risque de couler et de se noyer.

– Ah, excusez-moi ! coupa Adashek. Pourriez-vous m'expliquer pourquoi les requins ne flottent pas ?

Pour la première fois, Jonas remarqua le journaliste.

– Les requins sont naturellement plus lourds que l'eau de mer. S'ils arrêtent de nager, ils sombrent.

Jonas se tourna vers le commandant McGovern :

– Que fait cet homme ici ?

– Il y a une heure, j'ai reçu l'appel d'un officier qui s'inquiétait de la présence d'un second Megalodon dans les eaux territoriales. On m'a demandé de laisser M. Adashek assister à la réunion. Vous comprendrez que, pour maintenir de bonnes relations avec les autorités, j'ai dû accepter.

Pendant ce temps, les deux membres du JAMSTEC parlementaient.

– Tanaka-san, dit soudain le docteur Tsukamoto, vous avez déjà perdu votre fils à cause de cette créature. Par respect pour vous, et dans le cas où vous souhaiteriez capturer ce requin, nous sommes prêts à financer la fin de la construction du lagon. Bien sûr, si vous réussissez, nous exigerons le libre accès au Megalodon et un partage des retombées financières de l'exploitation touristique de l'aquarium.

Masao se tut un instant, des larmes plein les yeux...

– Oui, oui, je pense que DJ aurait souhaité cela. Mon fils a donné sa vie pour le progrès de la science. Je pense qu'il n'aurait pas aimé que l'on tue ce spécimen unique. Jonas, il faut que nous tentions de capturer le Megalodon.

McGovern se joignit à la conversation.

– Messieurs, docteurs... Soyons bien clairs, la Navy ne peut vous apporter aucune aide. Le *Nautilus* sera chargé de traquer le requin et de protéger la population américaine. Si vous pensez pouvoir le capturer, faites-le. Personnellement, je vous souhaite de réussir. Cependant, officiellement, la Navy ne peut considérer cela comme une bonne solution.

En disant ces mots, il se leva, signifiant ainsi que la réunion était terminée.

– Au fait, docteur Taylor, qu'est-ce qui vous fait penser que ce requin va rejoindre les eaux californiennes ?

– C'est simple : en ce moment, vingt mille baleines migrent de la mer de Béring vers la péninsule de Baja et de Mexico. Le Megalodon va forcément suivre les battements de leurs cœurs.

Vingt minutes plus tard, à la base navale, David Adashek appelait d'une cabine téléphonique le numéro d'un hôtel de Guam. Il attendit d'avoir son interlocutrice en ligne.

– Maggie, c'est moi. Ouais, j'ai pu assister à la réunion. Dites à Bud qu'il a fait du bon travail. J'ai trouvé exactement ce que nous cherchions...

– Attraper le Meg !

Franck Heller était livide.

– Masao, tu te rends compte de ce que tu dis ? Cette créature a tué DJ. C'est un véritable danger ! Ce serait une erreur tragique que d'essayer de la capturer. Pire, un massacre. Combien de gens innocents veux-tu encore sacrifier ?

Masao se détourna de Franck Heller et admira le coucher de soleil sur l'océan Pacifique. Il se plongea dans une longue et intense méditation.

Heller se tourna alors vers Jonas.

– Tout cela est de ta faute. DJ est mort à cause de ton incompétence, et aujourd'hui tu veux tous nous tuer !

– Franck !

Masao fit volte-face, les yeux étincelants de colère.

– C'est mon projet, mon bateau, et ma décision est prise. Ou bien tu collabores avec nous, ou bien je te laisse à Hawaii. Est-ce que c'est bien clair ?

Heller foudroya Jonas du regard, puis s'adressa à Masao.

– Nous nous connaissons depuis plus de seize ans. Je pense que tu commets une grave erreur en accordant ta confiance à ce cinglé. Mais je souhaite rester à bord et t'aider autant que je peux, par respect pour toi et Terry.

– Sois bien conscient que si tu restes, tu vas devoir travailler avec Jonas. C'est lui qui supervisera la capture du Megalodon. Alors, je veux que tu me dises maintenant si tu penses pouvoir faire équipe avec lui.

Heller gardait les yeux fixés au plancher.

– Oui, Masao, je te le promets.

Et, avec un coup d'œil assassin à Jonas, il ajouta :

– Je ferai tout mon possible pour protéger la vie de l'équipage.

– Très bien, dit Masao avant de demander à Jonas : au fait, à quelle heure est ta réunion ?

– Dans un quart d'heure, dans la salle à manger.

La salle à manger avait été transformée en QG. Jonas avait accroché sur un mur une grande carte représentant les flux migratoires des baleines et avait localisé au moyen de petites épingles rouges les endroits où l'on avait récemment découvert des cadavres de cétacés. On pouvait en tirer une conclusion évidente : la femelle semblait faire route vers le nord-est, en direction des îles de Hawaii. Pour compléter ces informations, Jonas avait pensé utile de suspendre un schéma des organes internes du Grand Requin blanc.

À leur arrivée, Terry et Masao s'assirent l'un à côté de l'autre, tandis que DeMarco et Mackreides restaient debout devant les cartes. Heller fut le dernier à se joindre au groupe.

– Mac, demanda Jonas, tu connais tout le monde ?

– Ouais… Salut, Franck. Ça fait un bail.

Les deux hommes se serrèrent la main.

– Bonjour, Mac, répondit Heller, j'ignorais que tu étais mêlé à cette histoire de requin.

– Tu me connais, Franck. Tu sais que je suis toujours partant pour faire du fric.

Jonas prit la parole :

– Mac et moi allons prendre l'hélicoptère pour tenter de localiser le Megalodon. Les harnais, les harpons et l'anesthésiant sont prêts à Honolulu depuis plusieurs jours. Notre premier objectif est donc de le marquer avec un émetteur.

– Je me demande bien comment vous allez dénicher un poisson dans l'océan, lança Heller l'air narquois.

Jonas montra des points sur la carte.

– Ce sont les lieux de reproduction des baleines qui migrent au sud de la mer de Béring. Le Megalodon est à même de détecter leurs vibrations à l'est et à l'ouest de Guam. Les découvertes de cadavres permettent de penser que la femelle se dirige vers l'est, en direction des baleines des côtes de Hawaii.

Jonas se tourna vers Masao…

– Cela ne va pas être facile de la trouver, mais nous savons que ses yeux sont trop sensibles pour qu'elle fasse surface en plein jour. Cela signifie que ses attaques de baleines auront lieu la nuit, ou au moins au crépuscule. Nous avons équipé l'hélicoptère de Mac d'un imageur thermique et d'un écran de contrôle qui nous permettront de localiser le Megalodon et les cétacés dans l'obscurité. Je prendrai un fusil de chasse équipé de jumelles infrarouges. La peau du Megalodon est quasiment fluorescente, donc vite repérable d'en haut.

Jonas regarda l'assemblée avant de continuer.

– Dès que la femelle aura commencé à chasser, nous aurons assez de traces de sang et de déchets pour la localiser.

Jonas leur montra un des harpons qu'il comptait utiliser. Il était rattaché à un dispositif électronique de la taille d'une lampe de poche.

– Je vais placer ce transmetteur dans le barillet d'un fusil de longue portée. Si nous parvenons à fixer cet appareil près du cœur du Megalodon, nous pourrons ainsi suivre sa trajectoire et enregistrer ses pulsations.

– À quoi cela servira ? demanda DeMarco.

– Une fois que nous aurons anesthésié le Megalodon, il

sera vital de connaître son rythme cardiaque. Ce harpon contient un mélange de Pentorbital et de Ketamine : le Pentorbital pour abaisser la consommation d'oxygène du cerveau du Megalodon, la Ketamine comme anesthésique. Une fois que les drogues auront fait leur effet, le cœur du Megalodon ralentira. J'ai prévu les dosages en fonction de sa taille. Je suis juste un peu inquiet en ce qui concerne les effets secondaires des anesthésiques.

Heller leva la tête :

– Quels effets secondaires ?

– Je crains un peu que le Pentorbital ne provoque une grande excitation chez le Megalodon.

– Bon sang, qu'est-ce que vous voulez dire ?

– J'ai peur qu'elle ne nous cause des ennuis avant de s'endormir.

– Masao, est-ce que tu entends…

– Laisse-le terminer, Franck.

Masao regarda Jonas.

– Une fois que nous l'aurons endormie, comment penses-tu la remorquer jusqu'au lagon ?

– C'est la partie la plus délicate de l'opération. Le fusil-harpon sera accroché à l'arrière du *Kiku.* Le harpon ne pourra pas rester très longtemps planté dans la peau du Megalodon, aussi il est important que nous lui attachions un harnais le plus rapidement possible. Le harnais est une sorte de grand filet de pêche de six cents mètres, lesté par des bouées placées tous les six mètres. Il nous aidera à le maintenir à flot pendant que nous l'entraînerons dans le lagon. Tant que le Megalodon restera inconscient, le harpon ne bougera pas, et le *Kiku* pourra tracter le requin en toute sécurité. Mais si on ne prend pas garde à ce que l'eau continue de circuler dans sa gueule, le Megalodon coulera.

– Et comment vous y prendrez-vous pour fixer le filet ?

– Un des bouts restera accroché à l'arrière du *Kiku*. Je descendrai avec l'*AG I* pour passer l'autre extrémité sous le ventre de la femelle.

Terry regarda Jonas avec stupeur.

– Vous allez vraiment retourner dans l'eau avec ce monstre ?

– Terry, écoutez-moi...

– Non, c'est vous qui allez m'écouter. J'en ai assez de vos attitudes de macho. Vous voulez risquer votre vie pour capturer cette bestiole... J'ai déjà perdu mon frère, je ne veux pas...

Elle s'arrêta au milieu de sa phrase, effrayée par ce qu'elle allait dire.

– Excuse-moi, papa, je ne peux pas supporter tout ça.

Masao suivit sa fille du regard tandis qu'elle quittait la pièce.

– C'est à cause de la mort de DJ. Aucun d'entre nous n'a eu vraiment le temps de faire son deuil.

Masao se leva, d'un air las.

– Il faut que j'aille lui parler. Jonas, dis-moi sincèrement, tu cours un risque en plongeant avec l'*AG I* ?

– Nous surveillerons le cœur du Megalodon et je serai en contact permanent avec le *Kiku*. Si le Megalodon se réveille, son rythme cardiaque s'accélérera et nous le saurons immédiatement. L'*AG I* est rapide, je n'aurai aucun problème pour m'enfuir. Crois-moi, Masao, je n'ai aucune envie de jouer les héros. De toute façon, le Megalodon sera assommé avant que je sois sous l'eau.

Masao hocha la tête en silence, puis quitta la pièce à la recherche de sa fille.

– Moi, j'ai une question.

Mac s'avança vers le diagramme représentant les organes du Grand Requin blanc.

– Tu as dis qu'on allait planter cette flèche près du cœur du requin. Mais où se trouve-t-il, nom d'une pipe ?

Jonas lui indiqua la gueule.

– Si tu suis le canal qui part de la bouche, tu vas trouver le cœur à l'endroit où se rejoignent l'estomac et l'œsophage. Bien sûr, c'est l'anatomie d'un Grand Requin blanc. Personne ne sait à quoi ressemblent les organes du Megalodon. Mais on peut supposer que leur disposition est proche. Si nous plantons notre fléchette par là, dit-il en désignant un endroit précis sur le flanc de l'animal, entre les fentes des branchies et les ailerons pectoraux, je pense que ce sera bon.

Mac secoua la tête.

– Et si on le rate ?

L'ATTAQUE

La lune se reflétait sur le pare-brise de l'hélicoptère et illuminait la cabine de pilotage. Depuis près de quatre heures, Mac quadrillait une étendue de soixante kilomètres carrés de l'océan Pacifique, à une hauteur de deux cents pieds. Avec Jonas, ils avaient recherché puis localisé vingt-quatre groupes de baleines, sans apercevoir la moindre trace du Megalodon. Jonas commençait à éprouver de la lassitude à l'idée de la tâche qui les attendait. L'excitation du début avait complètement disparu…

– C'est de la pure folie, Jonas, lui cria Mac en essayant de se faire entendre par-dessus le vrombissement assourdissant des moteurs.

– Comment allons-nous faire pour l'essence ?

– Dans quinze minutes, on rentre, répondit Mac.

– D'accord. Regarde devant toi, à onze heures. Il y a un autre groupe de baleines à bosse. On les suit un moment et on fait demi-tour

– C'est toi le patron.

Mac changea de trajectoire pour s'approcher des mammifères au plus près. Jonas attrapa ses jumelles GEN III.

Ces lunettes à infrarouges lui permettaient de voir dans l'obscurité. Leur fonctionnement était simple : elles augmentaient la sensibilité à la lumière grâce à la présence de gallium arsenide. Grâce à elles, la mer n'était plus noire mais grise, comme une ombre diffuse. Jonas aperçut les cétacés qui se déplaçaient rapidement à la surface de l'eau.

Mac avait « emprunté » au garde-côte l'imageur thermique infrarouge Agema Thermovision 1000. Il était fixé sous l'hélicoptère à une petite plate-forme gyrostabilisée. L'écran était relié à un magnétoscope installé dans la cabine. L'imageur était conçu pour détecter n'importe quel objet dans l'eau, grâce à des signaux électromagnétiques. Par exemple, on pouvait clairement lire à l'écran la température interne d'un animal. Il était donc aisé pour Mac et Jonas de repérer les baleines. La température du Megalodon, légèrement plus basse, s'en distinguerait immédiatement.

Jonas était inquiet. Il était vital de localiser rapidement le Megalodon. Plus les heures passaient, plus il s'éloignait. Bientôt, malgré leur équipement sophistiqué, ils auraient trop de chemin à parcourir pour avoir une chance de le localiser.

Fasciné par les reflets du clair de lune sur l'océan, Jonas prit à peine garde à la masse blanche qui traversa son champ de vision. La lune venait d'éclairer quelque chose juste en dessous de la surface de l'eau. Une fraction de seconde, et la lueur passa.

– Tu as vu quelque chose, doc ?

– Je n'en suis pas certain. Où sont les baleines ?

– Juste devant, à cent mètres.

Jonas repéra à l'œil nu les évents des mammifères, puis prit ses jumelles.

– J'aperçois deux mâles, une femelle et un petit...

Non, en fait, deux femelles, cinq baleines en tout. Positionne-toi juste au-dessus, Mac.

L'hélicoptère survola le groupe de cétacés et le suivit lentement tandis qu'il changeait de trajectoire pour se diriger vers le nord.

– Qu'est-ce qui se passe ?

Jonas concentra toute son attention sur la surface de l'eau.

– Là !

Une lueur blanche apparut à travers les flots. Apparemment, elle venait du sud.

Mac l'aperçut lui aussi sur l'écran.

– Merde, je n'arrive pas à y croire, ça y est, tu l'as trouvée ! C'est du bon travail. Qu'est-ce qu'elle fait ?

Jonas regarda Mac d'un air atterré.

– Je crois qu'elle se lance sur les traces du baleineau...

À neuf mètres sous l'eau, s'engageait un combat mortel... Ayant repéré la présence du prédateur à plusieurs kilomètres, les baleines à bosse avaient modifié leur trajectoire dans l'espoir d'éviter la confrontation. Peine perdue ! Alors que le Megalodon s'approchait à toute allure, les deux femelles s'avancèrent près du baleineau. Les mâles se placèrent à l'arrière et à l'avant du groupe.

Le Megalodon ralentit et obliqua à droite de sa proie. En groupe comme ils l'étaient, les cétacés étaient plus imposants que la femelle Megalodon. Leur formation en rang serré empêchait toute attaque directe du monstre. Les baleines restaient près de la surface de l'eau et observaient cet hôte indésirable avec nervosité, battant en brèche au moindre mouvement. Le Megalodon exécuta une nouvelle rotation : il évaluait sa proie et repérait la position du baleineau.

Soudain, le prédateur accéléra sa course afin de couper la route à la baleine de tête. Immédiatement, le mâle de quarante tonnes sortit des rangs et se précipita sur le Megalodon. Bien qu'il ne possédât pas de dents, mais des fanons, comme toutes les baleines à bosse, il était dangereux et tout à fait à même de percuter la femelle avec sa tête. Sa charge fut brutale et de courte durée, mais le Megalodon était plus rapide. D'un mouvement brusque, il changea de trajectoire et s'éloigna rapidement du groupe.

– Qu'est-ce que tu vois ? demanda Mac impatiemment tandis que Jonas scrutait toujours l'horizon à travers ses lunettes infrarouges.

– On dirait que le chef mâle donne la chasse au Megalodon. Il s'écarte du groupe.

– Attends une minute, tu as bien dit que la baleine poursuivait le Megalodon ? ricana Mac. Je croyais que ton Megalodon était redoutable…

– Ne fais pas l'idiot, Mac, ne fais pas l'idiot, lui répondit Jonas en glissant la fléchette dans le canon de son fusil-harpon.

Le groupe de baleines bifurqua de nouveau… Cette fois, il prit la direction du sud-est pour tenter de semer son attaquant. Mais le Megalodon s'avança à la rencontre des deux mâles. La baleine de tête se retourna pour le contrer.

Le Megalodon changea de stratégie : il repartit vers l'arrière, entraînant le mâle loin de ses compagnons. Lorsque ce dernier essaya de rejoindre les autres, il était trop tard. Le prédateur lui fonçait dessus et le heurtait à hauteur de flanc. Puis, avec une énergie effrayante, le Megalodon propulsa ses vingt tonnes de muscles et de dents contre la baleine en fuite. La mâchoire aiguisée saisit la nageoire de la baleine à bosse et lui infligea une morsure de près de trois mètres. La peau fut déchiquetée avant que le cétacé n'ait eu le temps de s'en rendre compte. L'entaille était si large et si profonde que l'aileron de queue fut arraché. Le mâle se contorsionna dans des douleurs atroce tandis que le Megalodon continuait de l'attaquer. Une plainte d'agonie, aiguë, poignante, s'éleva de la bête ensanglantée.

– Qu'est-ce qui se passe, nom d'un chien ?

– Je ne sais pas, répondit Jonas les yeux rivés aux jumelles. J'ai l'impression que le Megalodon vient d'arracher la nageoire de la baleine à bosse.

– Quoi ?

– Laisse tomber le groupe. On suit le mâle.

La baleine blessée, très affaiblie, tentait de fuir. Le sang ruisselait de sa plaie béante. La deuxième attaque du Megalodon arriva par l'avant et fut encore plus dévastatrice que la première. Le requin saisit les fanons dentelés de la créature mourante, tira et arracha une partie de sa gorge. Puis il mit en lambeaux la peau de l'animal, qui laissa échapper des flots de graisse.

Le mammifère torturé dérivait, impuissant. Paniqué, le reste du groupe s'enfuit du lieu du carnage. Le Megalodon les laissa partir. Il préférait de loin se régaler de la chair tendre de sa proie et avaler à pleine gueule des milliers de litres de sang chaud et de graisse. Il était littéralement obsédé par la carcasse.

Soudain, il capta les vibrations venues du ciel…

– Que se passe-t-il, Jonas ?

– C'est difficile à dire, il y a bien trop de sang pour y voir quelque chose. Tu vois quoi sur l'imageur thermique ?

– Rien de très clair, doc. Le sang couvre la surface de l'eau et il est si chaud que ça brouille le reste. Il faut que nous descendions un peu.

– Pas trop, Mac. On ne connaît pas les réactions du Megalodon.

– Détends-toi. Tu veux voir ce qui se passe ou pas ?

Mac descendit à cinquante pieds.

– C'est mieux, maintenant ? Tu aperçois quelque chose ?

Jonas reprit ses lunettes infrarouges. Oui ! À cette altitude, il distinguait la peau blanche du Megalodon, dont l'éclat était légèrement voilé par le sang à la surface.

Puis, soudain, elle disparut.

– Zut !

– Qu'est-ce qu'il y a ?

– Elle a plongé. Je me demande si les vibrations de l'hélicoptère ne l'ont pas effrayée. Peut-être est-elle tout simplement inquiète de nous sentir rôder autour de sa proie ?

Jonas fouilla l'océan du regard. Le cadavre de la baleine flottait, les entrailles à l'air. Il jetait une ombre grise sur l'eau, et le Megalodon n'était plus là. Où était-il passé ?

– Mac, j'ai un mauvais pressentiment. Remonte l'appareil.

– Tu veux remonter ?

– Je t'en prie, Mac, remonte… tout de suite !

À ce moment précis, tel un missile balistique, le Megalodon jaillit de l'eau en direction de l'hélicoptère. Mac tenta de reprendre de l'altitude, mais le Megalodon fut plus rapide. Sous la secousse, Jonas tomba de son siège. Son pied droit dérapa sur le plancher et, tandis que l'appareil grimpait en flèche, il fut précipité vers la portière ouverte sur le vide. Heureusement, sa ceinture de sécurité l'empêcha *in extremis* de basculer dans la nuit noire. Comme dans un cauchemar, il eut le temps d'apercevoir la tête énorme se rapprocher de lui à moins de deux mètres… Hagard et tremblant, Jonas vit la mâchoire béante, les gencives ensanglantées et les dents gigantesques… Il aurait presque pu les toucher. Il était incapable de faire un geste, paralysé par la peur, suspendu au-dessus du gouffre noir. Sans savoir comment, il s'agrippa et remonta sa jambe à l'intérieur du cockpit. Les mâchoires du Megalodon se refermèrent dans un claquement sec, mais ne happèrent que du vide. L'ombre de la mort se rapprochait toujours plus…

L'hélicoptère remontait à soixante pieds au moment où, de son museau titanesque, le Megalodon donna un coup dans la carlingue. Sous le choc, Mac perdit le contrôle et l'appareil tournoya comme une feuille morte.

– Allez, nom de Dieu ! hurla Mac en serrant le manche convulsivement des deux mains.

L'hélicoptère piquait droit vers la mer quand, par bonheur, les moteurs lancés pleins gaz rétablirent l'appareil. Au moment où il allait toucher l'eau, l'appareil se redressa et remonta en flèche. Le pilote poussa un grognement de soulagement.

– Bon sang, Jonas. Je crois que j'ai pris dix ans en cinq minutes !

Jonas luttait pour retrouver son souffle. Il tremblait de la tête aux pieds et ne pouvait articuler un son. Après une bonne minute, il parvint à prononcer, d'une voix balbutiante :

– Elle est… elle est plus grosse que je ne le pensais.

Il fit un effort pour avaler sa salive.

– Mac, à quelle altitude… à quelle altitude étions-nous quand elle nous a heurtés ?

– À peu près à soixante pieds. Regarde-moi, j'en frémis encore. Tu as eu le temps de tirer ?

Jonas regarda le fusil qu'il tenait toujours serré dans la main droite.

– Non, j'étais trop surpris. On a assez d'essence pour refaire un tour ?

– Négatif. J'appelle le *Kiku* par radio pour leur donner rendez-vous et on les retrouve.

Ils restèrent silencieux pendant un long moment.

– Au fait, dis-moi quelque chose, lui demanda Mac, rompant le silence. Ce monstre… C'est lui que tu as vu il y a sept ans dans la fosse des Mariannes ?

Jonas regarda son ami gravement :

– Ouais, Mac, c'est ça que j'ai vu.

LA TÉLÉVISION

Mal à l'aise, Maggie se cala dans le fauteuil de cuir à haut dossier. Elle n'osait pas se détendre ; si elle se laissait aller contre le coussin moelleux, elle risquait de s'assoupir. Elle avait pris l'avion de nuit de Guam, et Bud était venu la chercher à l'aéroport avec sa limousine. De là, elle avait foncé dans les locaux de la télévision. À présent, le cœur battant, elle attendait impatiemment que Fred Henderson termine sa conversation téléphonique. Finalement, elle se pencha par-dessus le bureau et lui arracha l'appareil des mains.

– Il vous rappellera, cria-t-elle dans le combiné avant de raccrocher brutalement.

– Enfin Maggie, tu sais ce que tu es en train de faire… C'était un appel très important et…

– Important, mon œil ! Tu étais en train de parler avec ton foutu comptable. Si tu veux gagner de l'argent, écoute plutôt ce que j'ai à te dire, coupa-t-elle avant de raconter à son directeur d'antenne, par le menu, toute l'affaire du Megalodon.

Une demi-heure plus tard, Henderson reprit la parole :

– Bon sang, c'est un gros coup, effectivement. Tu es absolument sûre des informations de David Adashek ?

– Cela fait plusieurs semaines que je le paie pour qu'il suive Jonas. J'ai toute confiance en lui.

Henderson se renversa dans son fauteuil de cuir.

– Et comment peux-tu affirmer que ton mari sait où est le monstre ?

– Écoute, Fred, s'il y a bien un sujet que mon futur ex-mari connaît par cœur, c'est ce foutu Mega-requin. Pas étonnant d'ailleurs, il a passé plus de temps avec eux ces sept dernières années qu'avec moi. C'est la plus grosse histoire du siècle. Les agences de presse du monde entier sont en route pour Guam. Laisse-moi traiter le sujet, Fred, et je te rapporterai un scoop qui conduira cette chaîne de télé au sommet.

Henderson était convaincu.

– D'accord, Maggie. J'appelle la chaîne nationale. Tu as *carte blanche* [1]. Maintenant, dis-moi ce dont tu as besoin.

Bud lisait le journal quand Maggie lui fit signe par la fenêtre arrière de la limousine, une heure et demie plus tard. Quand il lui ouvrit la portière, elle s'engouffra dans la voiture, s'assit sur ses genoux et l'embrassa voracement.

– Ça y est, Bud ! Je l'ai ! Il adore l'histoire ! La chaîne nationale est d'accord pour que je couvre l'affaire !

Elle l'embrassa de nouveau, glissa sa langue dans sa bouche, puis s'arrêta, le souffle court, et appuya sa tête contre la sienne.

– Bud, murmura-t-elle, c'est vraiment l'histoire qui va

1. En français dans le texte.

faire de moi une star internationale. Et tu seras à mes côtés, Bud Harris, comme producteur exécutif. Maintenant, j'ai besoin de ton aide.

Bud sourit, amusé à l'idée de se faire avoir une fois de plus.

– D'accord, chérie, explique-moi juste ce que tu attends de moi.

– Pour commencer, il nous faut ton yacht, le *Magnat*. Et un équipage réduit. J'ai déjà contacté trois cameramen et un ingénieur du son spécialisés dans les reportages sous-marins. On se retrouve tous à bord demain matin. Fred a trouvé une société qui fabrique du plexiglas et qui va nous préparer quelque chose pour dans deux jours.

– Du plexiglas !

– Le vrai problème, c'est l'appât. C'est là que je vais vraiment avoir besoin de toi, chéri…

PEARL HARBOR

Le *Kiku* était ancré près du *USS John Hancock*, un destroyer de cent soixante-douze mètres arrivé au port très tôt ce matin-là. Le commandant McGovern avait tenu à saluer personnellement Masao du poste de mouillage. Les hommes du capitaine Barre venaient d'installer un fusil-harpon à l'arrière du navire.

Sur le pont, Jonas et Mac regardaient DeMarco vérifier minutieusement les batteries de l'*Abyss Glider I*. L'*AG I* était une version plus petite et plus maniable du sous-marin utilisé dans la fosse des Mariannes. Conçu pour la vitesse, l'appareil monoplace ressemblait à une torpille. Ses deux cent trente kilos venaient essentiellement des tableaux et des instruments localisés dans le nez en lexan.

– On dirait un jet de chasse miniature, dit Mac.

– On le pilote de la même façon.

– C'est dans celui-ci que le garçon a été attaqué ?

– Non, répondit Jonas, l'*AG II* est plus gros, la coque plus épaisse et plus lourde. L'*AG I* n'en est que le prototype. Il a été conçu pour descendre seulement à quatre mille mètres. La coque est en oxyde d'aluminium pur, extrêmement résistant, mais très flottable. Ce petit appareil-là peut virer de bord à n'importe quel moment et a même assez de puissance pour se propulser hors de l'eau.

– Ah ouais ? Il pourrait sauter par-dessus le monstre que nous avons vu la nuit dernière ?

Jonas regarda son ami.

– Il faudrait une fusée pour sauter par-dessus ce poisson.

– Tu en as une, dit DeMarco qui avait entendu leur conversation.

Jonas s'approcha du sous-marin.

– Ici, Taylor. Tu vois cette manette ? Tu la tournes vers la droite, tu la tires vers toi et cela enflamme un petit tonneau d'hydrogène installé dans la queue de l'appareil. Ne l'utilise jamais pour bondir hors de l'eau, mais cela peut libérer ton appareil si tu es enlisé.

– La combustion dure combien de temps ?

– Pas longtemps. Quinze à vingt secondes. Une fois que le sous-marin est dégagé, il remonte, même si tu n'as plus d'énergie, lui expliqua DeMarco avant d'ajouter : enfin, bien sûr, tout ça, tu le sais déjà.

– Jonas, viens voir.

Mac était adossé au bastingage qui donnait sur le port, et il désigna à son ami deux remorqueurs occupés à faire accoster le *Nautilus* à quai. Le navire de couleur sombre n'avait pas vraiment fière allure. Sur le pont, une douzaine de membres de l'équipage amarraient bravement leur bateau, le plus gros sous-marin nucléaire du monde, avec des cordes. Alors qu'il approchait du *Kiku*, Jonas aperçut très clairement le visage de deux officiers qui se tenaient sur la passerelle.

– Bon sang, Mac, c'est Danielson. Tu te rends compte ?

– Ton ancien supérieur ? Ouais, en fait j'étais au courant.

Un copain de la Navy stationné à Guam m'a dit que Danielson s'était porté volontaire quand il a appris que tu étais dans le coup. En fait, c'est McGovern qui a suggéré qu'on rappelle le vieux rafiot.

Alors que le *Nautilus* passait près d'eux, le capitaine Richard Danielson, de la Navy, considéra fixement son ancien pilote en plissant ses yeux gris sous la lumière du soleil.

– Salut, Dick, tu tiens le choc à ton âge ? murmura Mac avec un sourire un peu forcé.

– Attention. Il t'a sûrement entendu, lança Jonas.

– On s'en moque ! Je n'en ai rien à foutre de Danielson. Je croyais que ce type avait passé son temps à détruire ta réputation. Combien de mois as-tu passés dans cette « maison de fous » avant que ton pote Mac ne te sauve les fesses ? Deux mois ? Trois ?

– Trois. Cela aurait été sans doute plus facile si j'avais reconnu que j'avais imaginé le Megalodon. Tu sais, la psychose des profondeurs, une folie passagère, la fatigue, etc.

– Tu aurais menti, mon vieux. Maintenant que ces requins ont fait surface, on dirait que tu cherches à te justifier.

– Tu crois que Danielson est ici pour me présenter des excuses ? Megalodon ou pas, ce type m'en veut d'avoir tué deux de ses hommes.

– Tu l'emmerdes. Personne sur cette planète n'aurait agi différemment en voyant ce que nous avons vu l'autre nuit. Et je l'ai dit à Heller.

– Ah oui ? Et qu'est-ce qu'il a répondu ?

– Heller est un trou-du-cul. S'il avait été avec moi au Viêt-nam, je l'aurais tué. Tu n'en as rien à foutre de lui et de Danielson.

Mac regarda à l'arrière du bateau.

– Quand est-ce qu'on installe le filet ?

– Cet après-midi. Mac, j'aurais dû la marquer la nuit dernière.

– Si cela peut t'aider, je te rappelle que tu étais trop occupé à rentrer tes fesses dans l'hélico. Avec quoi voulais-tu appuyer sur la gâchette ?

– Tu n'y es pas. Notre marge d'action est de plus en plus réduite. Dans quelques jours, la femelle va semer la panique parmi les cétacés. Une fois qu'ils se seront enfuis, le Megalodon va quitter les lieux pour Dieu sait où... Le traquer dans les eaux côtières en suivant les carcasses ensanglantées de baleines, c'est une chose, mais localiser ce monstre en pleine mer en est une autre. D'ailleurs, c'est impossible, un point c'est tout.

– Attends, tu as dit à tout le monde que cette femelle allait se diriger vers les eaux californiennes ?

– J'ai dit peut-être. Cela peut prendre des semaines, ou même des années. Personne ne peut prévoir les réactions d'un prédateur comme celui-là.

Jonas s'arrêta soudain et lui fit signe de regarder l'horizon.

– C'est pas vrai, tu as vu ces nuages, Mac ! Qu'en penses-tu ?

Mac regarda vers l'ouest : le ciel était chargé de cumulonimbus qui annonçaient un orage.

– Eh bien, il me semble que c'est foutu pour les hélicos. Pas de chasse ce soir, j'en ai peur.

Jonas le regarda :

– J'espère que le Megalodon sera de ton avis.

Franck Heller était debout sur la jetée et surveillait les deux hommes qui amarraient solidement le *Nautilus* le long du quai. Quelques instants plus tard, le capitaine Richard Danielson apparut à l'avant du navire et rejoignit son ami. Il lui sourit, tapotant avec fierté le chiffre 571 peint sur la tourelle.

– Alors, Franck, que penses-tu de mon nouveau commandement ?

Heller secoua la tête.

– Je suis juste surpris que cette vieille barge flotte encore. Je me demande pour quelles foutues raisons McGovern a choisi un sous-marin de quarante ans pour traquer ce requin.

Danielson franchit la passerelle de service.

– C'est moi qui en ai eu l'idée, Franck. McGovern est dans une sale situation : cette publicité lui a beaucoup nui. Tu sais, il ne peut pas raisonnablement utiliser un sous-marin de la classe du *Los Angeles* pour détruire ce poisson. Il a déjà obtenu que la Fondation Cousteau, Greenpeace et les défenseurs des droits des animaux fassent pression sur la Navy. Mais le *Nautilus*, c'est une autre histoire. Le public adore ce vieux bateau. C'est comme un héros âgé qui partirait remporter sa dernière victoire. McGovern a aimé l'idée et…

– … Pas moi. J'ai l'impression que tu ne te rends pas compte de ce qui t'attend, capitaine !

– J'ai lu les rapports, docteur. Et puis, n'oublie pas que j'ai traqué l'*Alphas* [1] pendant cinq ans. Cette mission n'est rien à côté. Une simple mine dans l'eau et ce requin des profondeurs servira de nourriture aux poissons.

Au moment où Franck allait lui répondre, il aperçut un officier de grande taille, souriant, qui sortait du sous-marin.

– Denny ?

1. Nom d'un sous-marin (*NdT*).

– Franck !

L'ingénieur en chef Denny Heller s'approcha de la passerelle et serra très fort dans ses bras son frère aîné.

– Denny, dit Franck en riant, mais qu'est-ce que tu fous sur cette boîte de conserve rouillée ?

Denny sourit à son frère, puis jeta un coup d'œil à Danielson.

– Tu sais que je dois prendre ma retraite cette année. Quand j'ai réalisé qu'il me manquait trente heures de service à effectuer, je me suis dit : pourquoi ne pas les faire à bord du *Nautilus*, sous les ordres du supérieur avec lequel j'ai commencé ma carrière. En plus, les permissions à terre à Honolulu ont été supprimées…

– Eh oui, ingénieur chef ! Désolé de te décevoir, l'interrompit Danielson, mais les congés ont été annulés jusqu'à ce que nous abattions ce Megala… Peu importe comment Taylor l'appelle… Au fait, Franck, je l'ai vu sur ton bateau cet après-midi. Honnêtement, je ne peux pas supporter ce type.

– Laisse-le tranquille, Danielson. Reconnais qu'il avait raison. Pourquoi ne pas juste le laisser tranquille…

– Comme ça, tu penses qu'il avait raison ? Ça va pas, non ! À cause de lui, deux de mes hommes sont morts, tu as la mémoire courte. Shaffer et Prestis avaient des familles. J'écris encore à leurs veuves deux fois par an. Le fils de Shaffer avait seulement trois ans quand…

– C'est de ta faute, aussi.

Heller baissa la voix et murmura à son ancien commandant :

– Je n'aurais jamais dû me laisser faire quand tu m'as demandé d'écrire qu'il était médicalement apte pour cette dernière plongée.

– Il était en forme…

– Il était épuisé. Que tu l'aimes ou pas, Taylor était un des meilleurs pilotes de sous-marin sur le marché. Si cela n'avait pas été le cas, tu sais bien que la Navy aurait pris un de ses hommes pour la mission. Si on lui avait accordé le temps de repos nécessaire après ses deux premières plongées, peut-être qu'il aurait ralenti sa remontée…

– Tu dépasses les bornes, docteur.

Le visage de Danielson avait viré au rouge brique.

– Hé, hé… du calme ! Franck, ce qui est fait est fait.

Denny s'interposa entre les deux hommes.

– Allez, Franck. Je t'emmène manger un morceau avant qu'il ne commence à pleuvoir. Capitaine, je serai de retour à dix-huit heures trente.

Danielson garda le silence, tandis que les deux hommes se dirigeaient vers la ville. Les premières gouttes de pluie se mirent à résonner sur la coque en acier du *Nautilus*.

SUR LA CÔTE NORD

D'énormes vagues déferlaient sur la plage d'Oahu Sunset. Elles charriaient de gros morceaux de graisse de baleine et des débris qui s'échouaient sur le sable. Mais les quelque deux cents touristes présents sur les lieux ne semblaient pas y prêter attention. Ils étaient venus admirer les surfeurs qui bravaient les rouleaux les plus dangereux du monde. À cet endroit, celui qui glissait de sa planche risquait de s'écraser dans les récifs de corail tranchants.

Zach Richards, un adolescent de dix-huit ans, pratiquait le surf sur la côte nord d'Oahu depuis plus de six ans. Son jeune frère Jim venait tout juste de commencer à s'entraîner sur les vagues gigantesques qui arrivaient, chaque hiver, de l'Alaska et de la Sibérie. En cette fin d'après-midi, avec la marée montante, la houle était de plus en plus forte. Alors que le soir approchait, les vagues commençaient à atteindre des hauteurs de six mètres, voire plus parfois. Les restes ensanglantés de baleines n'étaient pas seulement une gêne, mais un véritable danger : toute la journée, on avait pu voir des ailerons de requins dans les parages. Mais les surfeurs avaient leur public, pour la plupart des filles, et selon Zach et Jim cela valait bien le coup de prendre des risques.

Jim était encore en train d'enfiler sa combinaison de plongée noire lorsque Zach et ses deux copains, Scott et Ryan, se lancèrent à l'assaut des première vagues. Il se retourna vers Marie McQuire et lui fit un signe rapide de la main. La brunette lui répondit en agitant le bras et, dans sa hâte à rejoindre le groupe, il manqua de trébucher sur sa planche.

Michael Barnes, un jeune homme de vingt-deux ans, un tatouage sur chaque muscle, venait de s'élancer dans un rouleau de neuf mètres. En apercevant le jeune surfeur patauger, il coupa à travers la vague pour parvenir à sa hauteur. Jim leva la tête au dernier moment et aperçut avec horreur le surf de Barnes qui fonçait sur lui. Sans hésiter, il se laissa rapidement glisser de sa planche et protégea sa tête entre ses mains. La déferlante l'atteignit en plein estomac et l'entraîna comme dans un gigantesque manège. Quand Jim refit surface, il toussait et crachait à qui mieux mieux. Au loin, Barnes glissait à nouveau sur la vague et le regardait en riant.

– Tu es un vieux salaud, Barnes ! lui cria Jim.

Mais le surfeur était déjà trop loin pour l'entendre. Heureusement, dans sa chute, Jim n'avait pas lâché son bout. Il parvint donc à récupérer sa planche et se coucha dessus à plat ventre. Il pagaya pour aller retrouver son frère qui se tenait juste à l'endroit où les vagues se formaient. Arrivé à son niveau, Zach enfourcha son surf.

– Tout va bien, Jimmy ? lui demanda-t-il.

– C'est quoi le problème de ce type, mec ?

– Barnes est né salaud et il le restera jusqu'à la fin de ses jours, répondit Scott.

– Oui, j'espère que ce sera pour bientôt.

– Essaie de rester en dehors de sa trajectoire, l'avertit Scott. Il ne vaut pas qu'on s'intéresse à lui.

– Allez, viens, Jim, lui dit son frère. On va se payer quelques bonnes vagues. Rappelle-toi ce que je t'ai dit : tu y vas franchement, tu n'hésites pas. Tu baisses la tête et tu pagaies aussi fort que tu peux. Lorsque tu sens que la vague t'emporte, tu vises le fond, tu prends un virage et tu te laisses porter. Quand tu t'élanceras, tes jambes vont sûrement se mettre à trembler. Si tu tombes, reste bien replié et éloigne-toi du fond, sinon le corail risque de…

– … me couper en rondelles, oui maman !

– Hé, les nanas, plaisanta Scott, arrêtez de jacasser, on y va.

Jim se coucha sur le ventre, se mit à ramer avec force et se jeta vers le creux de la vague. Les autres surfeurs le suivirent dans l'énorme rouleau qui alla se fracasser un peu plus loin sur leur droite. Jim rebondit sur ses pieds avec grâce, mais amorça sa descente trop brutalement. Incapable de garder son équilibre, il plongea tête la première. La vague était si puissante qu'elle le souleva et l'entraîna dans un tourbillon sans fin. Il eut l'impression de se retrouver dans une gigantesque machine à laver.

– Ah, regardez-moi cette pédale ! Ma grand-mère surfe mieux que ça, ricana Barnes qui était maintenant sur la plage, assis tout contre Marie et sa copine Carol-Ann.

– T'as qu'à nous montrer comment tu fais, lui dit Carol-Ann, espérant ainsi le voir partir.

Barnes regarda la jeune fille, puis se tourna vers Marie.

– D'accord. Mais ce n'est pas pour toi, Carol-Ann, c'est pour Marie.

Barnes attrapa sa planche et courut à l'eau comme un gamin de douze ans, complètement excité.

Les cinq surfeurs attendaient maintenant la prochaine

vague. Ils se trouvaient à huit cents mètres de la plage, avec trente mètres d'eau sous leurs pieds.

En à peine soixante-douze heures, la femelle avait attaqué dix-huit groupes de baleines. Elle en avait tué puis dévoré quatorze et blessé trois fois plus. À des kilomètres à la ronde, les messages de détresse se répercutaient d'un groupe à l'autre. Les formations commencèrent à changer de trajectoire : elles contournèrent l'est et filèrent loin des côtes de Hawaii. Au matin du troisième jour, il n'y avait plus un seul de ces mammifères au large des îles.

Le Megalodon perçut nettement leurs mouvements de fuite éperdue, mais ne leur donna pas la chasse. Car dans les eaux qui entouraient la chaîne d'îlots, il venait de repérer de nouvelles vibrations. Glissant sans effort dans la thermocline, cette zone limite entre les eaux chauffées par le soleil et les profondeurs de l'océan, il nageait doucement et remuait la tête de droite à gauche, puis d'avant en arrière. L'eau circulait librement dans ses narines, juste au-dessus de son museau blanc. Directionnelles et indépendantes, celles-ci lui permettaient de couvrir un large périmètre et de localiser précisément la provenance d'une odeur. Ainsi, en cette fin d'après-midi, le Megalodon avait suivi l'odeur de l'homme jusqu'à Waialu Bay, dans les eaux au nord d'Oahu.

– Bon sang, où sont passées les vagues ? hurla Barnes.

Les cinq surfeurs étaient assis sur leurs planches depuis un bon quart d'heure. Le soleil commençait à disparaître et l'air s'était refroidi. En voyant les gens quitter la plage peu à peu, Barnes réalisa soudain qu'il était en train de perdre son public.

– Hé, j'ai senti une vague, dit Scott tout à coup.

– Moi aussi, répliqua Zach.

À l'unisson, les cinq garçons s'allongèrent sur leur planche et se mirent à pagayer frénétiquement vers le rivage. Manœuvrant son surf derrière celui de Jim, Barnes attrapa le bout de son camarade et tira dessus de toutes ses forces. Ce mouvement arrêta net l'impulsion de Jim et propulsa Barnes en avant. Les quatre surfeurs prirent le rouleau au moment où il se cassait, laissant Jim loin derrière.

– Je hais ce mec ! lança ce dernier en se préparant pour la prochaine vague.

Soudain, à moins d'une centaine de mètres devant lui, un gigantesque aileron blanc apparut dans la vague mourante, puis replongea sous les flots.

– Mon Dieu ! Merde ! murmura Jim.

En silence, il remonta ses jambes sur la planche et s'immobilisa complètement.

Le thorax du monstre jaillit de l'eau, au beau milieu des surfeurs. Mais Zach, Ryan et Scott, qui se trouvaient au bas de la déferlante, ne se rendirent absolument pas compte de ce qui se passait. Barnes finissait à peine son virage quand il se trouva face à un immense mur blanc surgi de nulle part... Il n'eut ni le temps ni la place de manœuvrer ou de tenter quoi que ce soit. Entraîné par la puissance du rouleau, le bout de sa planche heurta les branchies du Megalodon. Son visage et sa poitrine se fracassèrent contre cette muraille avec violence. Sous le choc, il tomba à la renverse. Et la puissance brutale de la vague l'entraîna, à demi inconscient, vers le récif de corail...

Faible et désorienté, Barnes chercha à garder la tête

hors de l'eau. Son surf était toujours attaché à sa cheville. Il tenta tant bien que mal de remonter dessus. Son nez était cassé et il saignait abondamment. Sa poitrine le brûlait atrocement. Il avait beaucoup de peine à respirer. Il jura à voix basse en cherchant du regard le voilier imprudent qu'il pensait avoir télescopé.

– Je vais le tuer, ce con, marmonna-t-il rageusement.

Il essaya de hisser son corps meurtri sur sa planche, mais, défaillant, retomba à l'eau. Il avait au moins deux côtes cassées, et la pire douleur venait de sa poitrine. En y regardant de plus près, il s'aperçut avec horreur que sa peau bronzée avait été arrachée par lambeaux. Sa chair était à nu...

– Quelle connerie, murmura-t-il.

Une autre vague survint aussitôt, masquant un temps l'horizon qui s'assombrissait. Avec précaution, il s'agrippa à la planche, s'aidant des coudes et des genoux.

Un rouleau de sept mètres allait rejoindre le surfeur lorsque le Megalodon apparut de nouveau, juste derrière lui, et l'engloutit avec son surf. Alors que la vague s'écrasait, le monstre referma ses mâchoires comme un piège à ours en acier. Il secoua la tête de droite à gauche, acheva de déchiqueter ce qui pendait encore de sa bouche et envoya des débris de chair rose et de fibre de verre dans toutes les directions. Puis il disparut.

Sur la plage, les gens hurlaient de terreur. La plupart des baigneurs encore présents avaient été témoins de l'attaque. Tout le monde s'approchait du rivage pour tenter de voir ce qui se passait dans l'obscurité naissante. Ryan, Scott et Zach regagnaient la terre ferme et pouvaient à présent entendre les hurlements.

– Qu'est-ce qu'ils ont à crier comme cela ? demanda Scott, décontenancé.

– Ils veulent qu'on les épate encore, rigola Ryan.
– Mais non, espèce d'imbécile. Ils nous disent de nous dépêcher. Hé, au fait, où est Jim ?

Toujours affamée, la femelle nageait entre les flaques de sang, ouvrant et refermant la gueule. Elle cherchait de nouvelles vibrations.

Jim Richards tremblait de froid et de terreur. Il avait été témoin de toute la scène du massacre et ne pouvait rien faire si ce n'était surveiller le monstre qui circulait à moins de trente mètres de lui. Il réprima à grand-peine la nausée qui montait à sa gorge. Il n'avait que dix mètres à franchir pour atteindre les hauts-fonds, mais il n'osait pas ramer pour y parvenir. Il savait, pour avoir regardé la chaîne Discovery, que la plus petite des vibrations suffisait à attirer les requins. Il scruta désespérément les alentours, mais n'aperçut ni canot de sauvetage ni hélicoptère. Doucement, il dégagea sa cheville du bout. L'énorme Grand blanc sembla détecter le mouvement. L'immense aileron s'avança. Jim, tétanisé, essayait de maîtriser les tremblements qui l'agitaient, mais sa planche, lentement, se mit à tanguer…

Le Megalodon refit surface, et l'on put voir les deux mètres de l'aileron émerger au milieu des vagues. Les déplacements de l'animal provoquèrent un fort remous qui éloigna Jim de plusieurs mètres. Au passage, il sentit la queue en forme de croissant effleurer son visage. Elle le dépassait largement…

Puis Jim sentit qu'on l'entraînait. Son cœur fit un bond. Il imaginait déjà la gueule sanglante et les rangées de crocs acérés. Mais le requin nageait toujours et semblait s'éloigner. Le mouvement avait en fait été causé par une vague qui propulsa Jim deux mètres plus loin. Il ne lui restait que quatre mètres pour être sain et sauf. Le monstre était toujours dans les parages.

C'était maintenant ou jamais... Jim se recroquevilla le plus tranquillement possible et rama lentement... Encore trois mètres. Il se retourna et son cœur faillit exploser.

Ayant détecté ces nouvelles vibrations, le Megalodon avait fait demi-tour. Jim voyait son large museau blanc au-dessus de la surface, à moins de cinq mètres de lui. Sans hésiter, il plaqua son visage contre la planche, agrippa les rebords avec les pieds et plongea les bras dans l'eau en ramant comme un forcené.

Horreur ! Les dents du Megalodon n'étaient qu'à quelques centimètres et... C'est alors qu'une immense vague souleva la planche. Jim fut projeté en avant, loin de la gueule béante. Il surfa sur la crête, puis plongea d'un coup dans le rouleau. Se rétablissant au dernier moment sur ses jambes fatiguées, accroupi, il attrapa de la main droite le bout de sa planche alors qu'elle descendait vertigineusement vers le fond de la vague, dans une obscurité totale. Réchappé de justesse, Jim filait dans le rouleau, sentant sa puissance, poussé par un souffle d'air salé. Reprenant confiance, il lâcha la planche et, effleurant le mur d'eau de sa main, créa des gerbes d'écume.

Le Megalodon était sur le point de l'attraper quand il décela des nouvelles vibrations. Ce stimulus poussa le prédateur à changer son angle d'attaque. Il émergea brutalement devant le surfeur. Mais à ce moment, Jim vira. Il jeta un coup d'œil rapide par-dessus son épaule et aperçut dans un éclair les mâchoires aussi larges qu'un autobus. Elles se refermèrent dans un claquement sec, sans rien attraper... Le monstre replongea. Le surfeur, lui, obliqua cette fois sur la droite. Il accéléra et dépassa l'endroit où se trouvait le Grand Requin blanc un instant auparavant.

Il savait qu'il n'avait que quelques secondes avant que la créature ne le localise de nouveau. Alors, au moment où la vague retomba, il s'élança pour nager, pour garder la vie sauve. Le rivage n'était plus très loin.

Le Megalodon ignora le peu de profondeur et continua sa chasse impitoyable. Il n'avait qu'un seul but : empêcher sa proie de regagner la plage. Il ne lui fallut que quelques secondes pour la rattraper. Il ouvrit ses mâchoires puissantes et les referma dans un craquement sinistre, qui évoqua une boîte d'œufs dans un broyeur à ordures. Le surf explosa dans sa gueule en une multitude de petits fragments.

Lorsque les sauveteurs l'empoignèrent, Jim hoquetait. Il avait couvert les cinquante derniers mètres la tête baissée et les yeux fermés. Sur la plage éclairée par des lampes électriques, une centaine de personnes scandaient son nom :

– Jim, Jim, Jim...

Zach le serra contre lui, lui donna de grandes tapes dans le dos en le félicitant. Jim était épuisé, frissonnait de peur. Une violente poussée d'adrénaline lui donna envie de vomir. Mais il reprit contenance en voyant apparaître Marie, qui arborait un large sourire.

– Est-ce que ça va ? lui demanda-t-elle. Tu m'as fait une peur bleue.

Il s'éclaircit la gorge et respira un grand coup.

– Ouais, c'était sans problème.

Puis, réalisant la chance qui se présentait, il offrit à Marie un sourire forcé et lui lança :

– Tu fais quelque chose, ce soir ?

BATAILLE EN MER

Quelques instants après que Jim Richards fut tiré de l'eau, l'hélicoptère du garde-côte arriva enfin et s'immobilisa à deux cents pieds au-dessus des vagues rugissantes. Quand il aperçut la lueur émise par la femelle, il la suivit dans sa course vers la pleine mer et envoya aussitôt un message radio à la base navale de Pearl Harbor. En quelques minutes, le *Nautilus* et le *Kiku* prirent la mer en direction du nord, après la baie de Yokohama. Au moment où le *Kiku* atteignait la pointe de Kaena, la tempête annoncée se déclara et, avec la nuit, les vents se levèrent…

Jonas et Terry étaient dans la cabine de pilotage quand la porte qui donnait sur le pont claqua sous le vent déchaîné. Mac s'engouffra dans la pièce et referma vite derrière lui, son ciré jaune dégoulinant.

– Ça y est ! Les hélicos, le harpon et le filet sont à l'abri. Nous sommes pris dans un sacré grain, Jonas.

– C'est peut-être notre ultime chance. Le dernier rapport indiquait que la plupart des baleines avaient déserté les eaux côtières. Si nous ne marquons pas la femelle avant qu'elle ne regagne la haute mer, nous ne la retrouverons peut-être jamais.

Tous les trois pénétrèrent dans le CIC, où Masao était penché par-dessus l'épaule d'un homme installé devant un sonar. Il avait l'air sombre.

– Le garde-côte a interrompu ses recherches à cause de la tempête, annonça-t-il.

Puis il se tourna vers le marin.

– Toujours rien sur le sonar, Pasquale ?

Sans lever les yeux, l'Italien secoua la tête.

– Uniquement le *Nautilus*, répondit-il en se retenant à la console au moment où une énorme vague soulevait le bateau.

Le capitaine Barre tenait le gouvernail et, comme tout bon marin, suivait avec ses jambes le mouvement du vaisseau.

– J'espère que personne n'a pris un dîner copieux. Cette tempête va être sacrément garce.

Lorsque le vieux sous-marin nucléaire pénétra dans la baie de Waimea sous l'orage déchaîné, tout était relativement calme à bord. Mis en service pendant l'été 1954, le sous-marin *Nautilus* possédait un réacteur nucléaire unique, qui fabriquait l'énergie nécessaire au fonctionnement des doubles turbines qui entraînaient les arbres d'hélices. Bien que le vaisseau ait battu bon nombre de records au cours de multiples expéditions sous-marines, rien n'avait égalé son voyage légendaire au pôle Nord, en 1958. Il avait été désarmé en 1980 et était destiné à retourner à Croton, en Nouvelle-Angleterre, où il avait été construit. Mais le commandant McGovern avait alors demandé à la Navy qu'il soit acheminé à Pearl Harbor pour en faire une attraction touristique.

À la nouvelle de l'attaque du Megalodon dans la fosse des Mariannes, McGovern comprit tout de suite que la Marine devait intervenir. Mais il n'ignorait pas qu'il ne pourrait justifier l'utilisation d'un sous-marin de première classe pour chercher un requin préhistorique. Aussi, lorsque Danielson lui suggéra le *Nautilus*, cela lui parut sensé : voilà comment le submersible avait repris du service après dix-sept années d'inactivité.

– Toujours rien sur le sonar, enseigne ?

Le marin chargé du sonar contrôlait son écran, des écouteurs sur les oreilles. L'appareil traduisait visuellement la différence entre les bruits de fond et les échos particuliers. Tout objet se trouvant dans son champ de portée apparaissait clairement sur le fond vert, sous la forme d'une ligne mince.

– Il y a beaucoup d'activité à cause de la tempête, mais rien d'autre, capitaine.

– Très bien, tenez-moi informé. Officier de quart, où en est la procédure de tir ?

L'ingénieur en chef Denny Heller était un des plus anciens membres de l'équipage. À l'appel de son nom, il leva les yeux de l'écran.

– Deux torpilles Mark 48 AD-CAP prêtes à tirer sur vos ordres, capitaine. Torpilles à bout portant, comme vous l'avez demandé. Si je peux me permettre, capitaine, le tir est un peu trop serré.

– Il le faut, officier. Dans ce cas précis, nous n'avons rien pour nous accrocher. Quand le sonar localisera le monstre, il faudra que nous soyons au plus près pour être sûr de ne pas manquer la cible.

– Capitaine Danielson !

Le marin chargé des transmissions se retourna, en proie à une vive agitation.

– Je viens de recevoir un appel de détresse d'un baleinier japonais. C'était difficile à comprendre, mais apparemment, on dirait qu'ils sont attaqués !

– Officier, relevez la route, on les rejoint. Officier navigateur, remontez de dix degrés. S'il s'agit de notre ami, je veux le tuer et être de retour à Pearl Harbor à temps pour m'offrir une visite chez Grady.

Le baleinier japonais *Tsunami* roulait dans l'énorme houle tandis que la pluie et le vent s'abattaient sans merci sur l'équipage. Le vaisseau était dangereusement surchargé, d'une cargaison interdite : les carcasses de huit baleines grises. Deux autres avaient été accrochées au bâbord du navire à l'aide d'un filet.

Installés à leur poste d'observation précaire, deux vigies surveillaient l'horizon, les yeux plissés. Mais ils ne discernaient pas grand-chose dans la nuit et le mauvais temps. Les deux officiers du navire avaient été chargés de vérifier que la précieuse cargaison ne souffre pas trop pendant la tempête. Malheureusement, leur projecteur parvenait à peine à éclairer les tourbillons d'eau. Seuls quelques éclairs leur permettaient de temps à autre d'apercevoir leur chargement.

Flash... Le bateau pencha à tribord, et l'océan disparut un instant de leur vue... Ils entendirent le filet grincer sous le poids de sa cargaison.

Puis le *Tsunami* roula sur bâbord, et les marins s'accrochèrent à ce qu'ils purent pour garder l'équilibre. On aurait dit que la mer allait les aspirer. Le filet disparut soudain derrière les vagues. *Flash*… Le navire roula de nouveau à tribord, et le précieux chargement réapparut.

Les hommes eurent le souffle coupé… Une énorme tête triangulaire et entièrement blanche venait de jaillir de l'eau à la hauteur des cadavres de baleines.

Les ténèbres. Le *Tsunami* était toujours ballotté par la tempête, et les vigies y voyaient de moins en moins. Il y eut de longs instants de silence… Le calme semblait revenu. Puis, *flash*, un éclair zébra le ciel, et l'horrible tête émergea de nouveau, la gueule béante, hérissée de dents effilées.

Les officiers hurlèrent, mais leurs cris furent emportés par la tempête qui faisait rage. Le second officier jugea qu'il était temps d'avertir le capitaine. Il en informa son collègue et quitta son poste. *Flash*… Pendant ce temps, les impressionnantes mâchoires déchiquetaient les carcasses emprisonnées dans le filet. La tête de l'animal était appuyée contre les flancs du navire en perdition.

Le bateau roula une fois de plus à tribord. L'officier supérieur avait visiblement le plus grand mal à rejoindre le pont de bois : il fermait les yeux sous les assauts du vent et tenait l'échelle de corde aussi fermement que possible. Hélas ! Il avait à peine descendu un échelon que le bateau prit du gîte à bâbord… avant de se mettre à tanguer. L'homme ouvrit les yeux et sentit son estomac se nouer. *Flash*… La mer montait toujours, mais la tête triangulaire avait disparu. Cependant, quelque chose semblait tirer le flanc du *Tsunami* dans la mer…

– Capitaine, le baleinier est à deux cents mètres devant nous.

– Merci, ingénieur chef, sortez le périscope.

– Périscope sorti, mon capitaine.

Au moment où le sous-marin amorçait sa remontée, Danielson appuya son visage contre le boîtier en caoutchouc du périscope pour scruter l'obscurité. À travers cet appareil à infrarouges, les ténèbres n'étaient plus qu'une immense nappe grisâtre. Mais la tempête et la houle réduisaient très nettement la visibilité. *Flash*... Le Pacifique déchaîné s'illumina et, l'espace d'une seconde, Danielson aperçut la silhouette d'un baleinier couché sur le flanc.

Il recula d'un pas.

– Contactez le garde-côte, ordonna-t-il avant de demander : où se trouve le bateau le plus proche ?

– Capitaine, répondit le marin chargé des transmissions, le seul navire de surface dans les parages est le *Kiku*.

– Capitaine, vous devriez jeter un coup d'œil par ici.

Le marin chargé du sonar se leva. Sur son écran fluorescent, on discernait maintenant très clairement la position du bâtiment qui sombrait... et quelque chose d'autre qui nageait autour.

Pasquale tenait fermement ses écouteurs. Il vérifia une nouvelle fois l'émission.

– Capitaine, nous avons un appel urgent en provenance du *Nautilus*.

Dans la salle de contrôle, toutes les têtes se retournèrent.

– Un baleinier japonais est sur le flanc, à douze milles nautiques à l'est. Ils nous informent qu'il y a peut-être des survivants dans l'eau, mais aucun autre navire dans les environs. Ils nous demandent de l'aide.

Masao regarda Jonas, l'air interrogateur.

– Tu crois que c'est le Megalodon ?

– Si c'est le cas, nous n'avons pas beaucoup de temps devant nous, lui répondit Jonas. Il n'y a plus aucune baleine dans le coin et, comme il a déjà goûté au sang humain, il risque d'être affamé.

– Emmenez-nous là-bas le plus vite possible, capitaine, ordonna Masao.

Le *Tsunami* refusait de couler. Il se balançait sur les vagues, qui atteignaient maintenant plus de six mètres. À l'intérieur du navire, onze hommes luttaient dans une totale obscurité pour trouver une issue. Hélas ! Il leur était impossible de regagner le pont... L'océan sifflait comme une furie et l'eau continuait de s'engouffrer inexorablement dans le bateau.

Sous les vagues, en proie à une grande excitation, le Megalodon poussait de toutes ses forces les flancs du bâtiment en détresse tout en déchirant à pleines dents la viande de baleine stockée dans le filet. Sa force extraordinaire empêchait le navire de sombrer tout à fait.

Lorsque le baleinier s'était renversé, l'officier supérieur avait été projeté à la mer. Il se cramponnait à l'échelle de corde et luttait maintenant contre les vagues afin de remonter sur le pont du *Tsunami*, dressé à la verticale. Tout en battant des jambes pour se maintenir à la surface, il aperçut la porte de la cabine restée ouverte et s'agrippa au chambranle. De l'intérieur, il entendit les cris d'effroi des marins. Au moment où il alluma sa torche électrique, quatre membres de l'équipage réussirent à se glisser hors de la cabine naufragée. Puis, tous ensemble, ils attrapèrent le gréement et s'y accrochèrent.

– Capitaine, j'entends des cris, dit le marin chargé du sonar. Il y a des hommes à la mer, maintenant.

– Bon sang ! À combien se trouve le *Kiku* ?

– À six minutes, lança l'officier en chef Heller.

Danielson tenta de mettre de l'ordre dans ses idées. Comment s'y prendre pour distraire le Megalodon et l'entraîner loin des survivants ?

– Officier en chef, faites tinter quelque chose aussi fort que vous le pouvez. Sonar, regardez la créature et dites-moi ce qu'elle fait.

– Tintement continu, mon capitaine !

Ping... Ping... Ping ! Le gong métallique résonnait à travers la coque du *Nautilus*, émettant des vibrations dans l'eau.

Les premiers bruits furent captés par le canal latéral de la femelle en quelques secondes. Très vite, les ondes stridentes l'énervèrent et elle devint enragée. Comment ? Une créature inconnue osait lui lancer un défi ? Elle ne put résister. Abandonnant les derniers restes de baleine entortillés dans le filet, elle passa sous le bateau en perdition, secoua par deux fois sa tête douloureuse, puis fonça sur le *Nautilus*.

– Capitaine, je reçois quelque chose, le signal enregistre trois hertz, cela doit être le monstre. Vous avez réussi à attirer son attention, lança le marin chargé du sonar. Deux cents mètres, et il se rapproche.

– Officier ?

– J'ai une autre solution, temporaire, capitaine, mais l'explosion risque de tuer l'équipage du baleinier.

– Cent mètres, monsieur !

– Helm, mettez le cap sur zéro-deux-cinq, descendez de vingt degrés, plongez à trente-six mètres et donnez une vitesse de quinze nœuds. On verra bien s'il nous suit. Je veux le plus de distance possible entre ce monstre et le baleinier.

Le *Nautilus* accéléra et amorça sa descente, poursuivi par le Megalodon. La femelle mesurait moins de la moitié du sous-marin. Avec ses trois mille tonnes, le *Nautilus* l'emportait largement. Mais le Megalodon pouvait nager et changer de trajectoire plus vite que son adversaire. De plus, aucun Megalodon n'aurait accepté de se voir lancer un défi sans le relever. En approchant le bateau par en dessous, la femelle enragée accéléra brutalement et fonça dans la coque d'acier avec la force d'une locomotive.

– Préparez-vous au choc ! hurla l'homme chargé du sonar en arrachant ses écouteurs.

BOUM ! Le *Nautilus* fut secoué comme une coque de noix, tandis que chaque membre de l'équipage regagnait son poste à la hâte. Le courant mourut brutalement et la coque d'acier grinça. Les signaux d'urgence se déclenchèrent. Une fois les moteurs coupés, le sous-marin dériva et se coucha sur le côté à quarante-cinq degrés.

Le Megalodon décrivait des cercles autour de son ennemi. Il remua la tête. Dans la collision, il s'était blessé le museau et cassé plusieurs dents, mais elles ne tarderaient pas à être remplacées par celles qui poussaient en dessous…

Le capitaine Danielson sentit un liquide chaud couler dans son œil droit.

– Tous les postes au rapport ! hurla-t-il en essuyant le sang.

L'ingénieur en chef Heller fut le premier à répondre.

– Trois compartiments de la salle des machines prennent l'eau. Le réacteur est endommagé.

– Et le combustible nucléaire ?

– Aucune fuite n'est décelée.

– Les batteries ?

– Elles semblent en état et fonctionnent encore, capitaine. Mais les ballasts arrière ne répondent plus. On a été heurté juste sous la quille.

– Enfant de salaud !

Danielson était en rage... Comment avait-il pu laisser un poisson endommager son bateau !

– Où est le Megalodon maintenant ?

– Tout près, capitaine, l'informa le marin chargé du sonar.

– Capitaine, lança l'ingénieur en chef, on me signale qu'une des hélices est hors service, l'autre sera en état dans dix minutes. Nous n'avons plus que les batteries de secours !

– Et les torpilles ?

– Toujours prêtes, capitaine !

– Mettez à flot les torpilles 1 et 2, officier. Je veux savoir quand nous aurons la possibilité de faire feu.

La coque se remit à grincer. De l'eau jaillit dans la salle de contrôle.

– Sonar ?

– Oui, capitaine ?

Le marin chargé du sonar était tout pâle.

– Je crois que le Megalodon est en train de mordre la coque ! expliqua-t-il.

Le *Kiku* arriva à l'endroit précis où on lui avait signalé le baleinier. Mais, sans le poids du Megalodon pour le maintenir, le *Tsunami* avait coulé comme une pierre.

Jonas et Heller se tenaient à l'avant, revêtus de leur gilets de sauvetage et attachés au bateau par des cordages passés autour de la taille. Heller braquait son projecteur sur l'océan. Jonas avait le fusil équipé de la fléchette dans une main et une bouée dans l'autre. Le *Kiku* se balançait dans les vagues, qui s'écrasaient à sa proue. À plusieurs reprises, les deux hommes manquèrent basculer par-dessus bord.

– Là ! cria Jonas en désignant deux marins toujours accrochés à ce qu'il restait du mât du baleinier à tribord.

Heller dirigea sur eux le faisceau lumineux, puis appela Barre avec son talkie-walkie. L'avant du navire penchait dangereusement sur la droite.

Jonas tendit son fusil à Heller, s'accrocha à la lisse et envoya la bouée aux deux hommes. Mais les vagues étaient tellement hautes que le *Kiku* se cabrait comme un cheval sauvage. Jonas ne savait même pas si les hommes discernaient la bouée.

– Laisse tomber, Jonas, lui hurla Heller. Tu ne les atteindras jamais !

Mais Jonas continua de scruter l'océan... Une fois encore, la proue du vaisseau rebondit sur les vagues. Au loin, à environ dix mètres, une nouvelle déferlante se préparait. L'avant se souleva et Jonas aperçut enfin les marins dans le faisceau du projecteur. L'un d'eux leur faisait signe.

– Demande à quelques hommes de venir tenir mon cordage ! cria Jonas.

– Quoi ? Qu'est-ce que tu dis ?

Le bateau retomba de plein fouet et Jonas posa un pied sur le bastingage. Au moment où le navire se soulevait encore une fois, il bondit de toutes ses forces. Projeté en avant, il tomba à l'eau au milieu de la vague. L'eau glacée le saisit et il sentit ses forces diminuer. Ballotté, il était incapable de distinguer quoi que ce soit, aussi se mit-il à nager avec vigueur dans la direction qui lui semblait être la bonne.

Mais sans qu'il ait eu le temps de s'y préparer, une vague le souleva de plusieurs mètres. Nager n'était pas la bonne solution. Il était entraîné comme un bouchon de liège.

Et puis, brutalement, sa tête heurta quelque chose de dur et il s'évanouit.

Le Megalodon ignorait si la créature était vivante. Le son strident et les vibrations s'étaient arrêtés. Ce poisson-là semblait beaucoup trop gros pour qu'il puisse le prendre dans sa gueule. Ses sens lui dictaient que de toute façon, ce n'était pas comestible. Il circula un peu autour, essayant de temps en temps d'attraper ce curieux objet. En vain ! Décidément, il était vraiment trop gros. Le Megalodon perçut alors des vibrations familières en provenance de la surface.

– Il s'en va, capitaine !

Le marin chargé du radar montra l'écran.

– Affirmatif, confirma l'homme du sonar. Il retourne à la surface.

– Moteurs de nouveau à la normale, capitaine, annonça l'officier Heller.

Le *Nautilus* remonta.

– Helm, trajectoire zéro-cinq-zéro, virez de bord, montez de dix degrés, remontez à trente mètres. Officier, je veux qu'on se prépare à tirer. À mon commandement, vous recommencerez à faire du bruit. Quand le monstre redescendra pour nous attaquer, envoyez les deux torpilles !

Heller, cependant, semblait soucieux.

– Capitaine, les mécaniciens disent que le bateau ne pourra pas supporter une autre collision. Je suggère vivement que nous retournions à Pearl…

– Négatif, Heller. Nous terminons ce que nous avons à faire maintenant.

Une main agrippa soudain Jonas par le col et le tira de l'eau. L'homme de quart lui lança quelque chose en japonais, visiblement pour le remercier. Jonas chercha du regard l'autre marin, mais il avait disparu…

Il sentit qu'on l'attrapait par la taille : Heller et ses hommes le remontaient sur le pont.

– Accrochez-vous à moi ! hurla Taylor en saisissant le gilet de sauvetage du marin.

Au bout de quelques instants, les deux hommes furent traînés en direction du *Kiku*.

Rendu fou par les vibrations, le Megalodon se dirigeait à vive allure vers sa proie. Mais, arrivé à trente mètres de ce qu'il pensait être son prochain repas, il entendit de nouveau le tintement strident. Bien qu'il sentît déjà l'odeur alléchante du sang chaud, il ne put résister : le défi agressif qu'on lui lançait était plus fort que sa faim. Il fit demi-tour aussitôt, ombre blanche sur les traces de son ennemi.

– Plus que mille huit cents mètres, il se rapproche à toute vitesse, capitaine ! cria le marin chargé du sonar.

– Officier Heller, sommes-nous prêts à tirer ?

– Oui, capitaine !

– À mon commandement !...

– Six cent neuf mètres...

– Du calme, messieurs !...

– Trois cent quatre mètres, capitaine !...

– Laissez-le s'approcher...

– Il a changé de trajectoire !

Denny Heller leva la tête dans un état d'extrême agitation.

– Je l'ai perdu !

Danielson courut vers l'écran de contrôle. Il était couvert de sueur et avait des traces de sang séché sur le visage.

– Que s'est-il passé ?

L'homme était penché sur la console du sonar, les mains en cornet autour des oreilles pour entendre le mieux possible.

– Il a plongé. Je l'entends à peine... Attendez, mille deux cents mètres... Oh ! Merde ! Il est juste en dessous de nous !

– Vitesse maximale, droit devant ! ordonna Danielson.

Le vieux sous-marin, déjà endommagé, fit une embardée pour essayer d'atteindre une vitesse supérieure à dix nœuds. Mais le Megalodon surgit des profondeurs et fonça droit sur ce qu'il pensait être la queue de la créature. Son museau rencontra la tôle déjà endommagée à plus de trente-cinq nœuds et perfora une nouvelle fois la coque, créant une brèche de plus de trois mètres. Plusieurs voies d'eau se déclarèrent dans la salle des machines.

Sous le choc, les ballasts arrière s'étaient également rompus. La mer s'engouffra dans la quille du *Nautilus* et le bâtiment entier pencha à quarante-cinq degrés. La salle des machines était l'endroit le plus touché. L'assistant ingénieur David Freyman tomba à la renverse dans l'obscurité. Sa tête heurta un écran de contrôle et il perdit connaissance. Le lieutenant Artie Krawitz se retrouva coincé par une cloison qui s'était effondrée et se brisa la cheville gauche. Alors que la pièce s'emplissait d'eau, il parvint néanmoins à se dégager et à nager vers le compartiment voisin, puis, juste à temps, verrouilla la porte étanche.

– Rapport d'avarie ! ordonna Danielson.

– La salle des machines est inondée, répondit l'ingénieur Heller. Je ne peux pas…

Il n'eut pas le temps d'en dire davantage. Au moment où toutes les lampes rouges se mirent à clignoter, les sirènes se déclenchèrent.

– Colmatez la brèche ! hurla-t-il. Il faut quelqu'un pour couper les turbines !

– Helm, pression maximum dans les ballasts. Heller, descendez à la salle des réacteurs…

– J'y vais !

Le *Nautilus* se souleva, prenant de plus en plus de gîte à tribord. Affolé, Heller s'élança dans le corridor, pour découvrir un chaos absolu. Dans chaque compartiment, des membres de l'équipage aidaient les blessés et tentaient d'étancher les voies d'eau qui apparaissaient de toutes parts. La moitié au moins des consoles électriques avaient l'air hors service.

Lorsque Heller pénétra dans la pièce, le lieutenant Krawitz basculait tous les interrupteurs afin de couper les réacteurs nucléaires. Il appuya sur les trois derniers boutons et débrancha l'alarme.

– Au rapport, lieutenant !

– Il y a quatre morts ici. Une partie des tuyaux s'est effondrée. Tout ce qui se trouvait derrière la salle des machines est maintenant sous l'eau. Les hommes y compris…

– Et le combustible nucléaire ?

L'officier regarda longuement l'ingénieur en chef.

– Denny, ce bateau a plus de cinquante ans. La coque n'est plus étanche, la tôle tombe en morceaux. On coulera bien avant que les radiations ne nous aient tués.

Jonas fut enfin hissé sur le pont et transporté dans la cabine de pilotage. Quelques instants plus tard, Franck Heller et ses hommes repêchaient le marin japonais.

– Taylor, tu es cinglé ? hurla Heller.

– Du calme, Franck ! répondit DeMarco. Nous venons de recevoir un appel de détresse du *Nautilus*.

Heller courut sur la passerelle :

– Eh bien ? lança-t-il.

Bob Pasquale mit ses mains en cornet.

– Ils refont surface, mais ils n'ont plus de puissance. Ils ont besoin de notre aide, tout de suite !

Aussitôt, le capitaine Barre ordonna un changement de trajectoire. Et le *Kiku* fit demi-tour, luttant toujours contre les flots déchaînés.

David Freyman avait repris conscience. Il avait plaqué son visage contre la porte étanche d'où parvenait encore un petit filet d'air. La pièce baignait dans une lumière rougeâtre. Du sang coulait de son front.

Au moment où le *Nautilus* remonta, des débris dégringolèrent de la coque jusqu'au fond du Pacifique. Attiré par ce mouvement, le Megalodon se lança à la poursuite du bateau, tentant d'avaler tout ce qu'il pouvait. Puis, tout à coup, il flaira l'odeur du sang.

Il enfonça alors sa tête dans l'ouverture. À l'aide de son museau, il réussit à agrandir le trou. Le compartiment inondé s'éclaira d'une lueur blanche…

Intrigué, l'ingénieur plongea la tête sous l'eau pour voir de quoi il s'agissait… Et hurla. La pièce disparut comme par enchantement, l'espace entièrement occupé par les mâchoires béantes. Celle du haut s'avançait vers lui, montrant des dents triangulaires. On aurait dit un film d'horreur en trois dimensions. Freyman sentit son corps aspiré dans un tourbillon. Il s'agrippa à la porte et cria. Mais ses cris furent étouffés par la mer. Incapable de freiner sa descente, il plongea et tenta d'avaler le plus d'eau possible. Il préférait se noyer lui-même plutôt que d'être dévoré par le Megalodon.

C'était inutile. La femelle l'attrapa dans sa gueule et l'engloutit en une seule bouchée. Le sang frais l'excita davantage. Elle secoua la tête, se dégagea de l'ouverture et s'éloigna au moment où le *Nautilus* émergeait.

– Évacuez le navire ! Évacuez le navire ! hurla Danielson. Le bateau était maintenant ballotté dans les énormes vagues, gîtant à tribord.

On ouvrit trois écoutilles et des éclairs roses, phosphorescents, illuminèrent la nuit obscure tandis que la coque s'emplissait d'eau. Trois chaloupes jaunes furent jetées à la mer. Quelques minutes plus tard, les survivants montaient à bord, luttant pour garder leur équilibre sur la mer démontée. Le *Kiku* était tout proche, et son projecteur guidait les canots.

Danielson avait pris place dans la dernière embarcation. À l'instant où il se retournait pour regarder une dernière fois le *Nautilus*, la foudre embrasa l'océan. Le sous-marin ne mit que quelques secondes pour disparaître à tout jamais dans les flots.

Flash... Le premier canot atteignit enfin le *Kiku* où quinze hommes amarraient tant bien que mal un filet à tribord. Une déferlante de près de neuf mètres s'abattit sur le navire.

Flash... Sous l'impact de la vague, des hommes de Danielson passèrent par-dessus bord.

Jonas braqua aussitôt son projecteur sur l'océan déchaîné. Il aperçut un marin : c'était Denny Heller. Lorsque Franck découvrit son jeune frère qui se débattait dans l'eau à moins de quatre mètres du *Kiku*, il lui lança une bouée. Denny l'attrapa et s'y cramponna tandis que son frère le tirait vers le *Kiku*. L'équipage de la deuxième chaloupe était déjà à bord. Il restait trois mètres au dernier groupe avant de rejoindre le navire. Denny attrapa enfin le filet et commença à grimper. Il en était à peu près à mi-hauteur lorsque ses compagnons de la dernière embarcation le rejoignirent.

Mais une nouvelle vague souleva les hommes et le navire, qui se dressa presque à la verticale. Les marins se cramponnèrent fermement. Franck Heller était allongé à plat ventre sous le bastingage, une main tenant le barreau de métal et l'autre tendue vers son frère. Ce dernier n'était plus qu'à un mètre de lui.

– Denny, donne-moi la main !

Leurs mains se touchèrent l'espace d'une seconde.

Mais l'énorme masse blanche jaillit de l'eau et attrapa Denny Heller dans sa gueule. Franck resta figé, incapable de réagir ou de faire un mouvement. Le bout du museau de l'animal lui frôla le visage. Le Megalodon semblait suspendu dans l'air, suspendu dans le temps. Et puis il plongea sous l'eau en emportant Denny Heller.

– Non, non, nooooon !

Franck se mit à hurler de désespoir. Il scruta la mer, attendant que le Megalodon réapparaisse avec son frère.

Danielson et les autres avaient vu toute la scène. Ils escaladèrent l'échelle du navire comme des insectes, courant à qui mieux mieux pour sauver leur vie.

Le Megalodon surgit de nouveau, les restes ensanglantés de Denny Heller toujours coincés entre les crocs. Danielson se retourna, hurla, et se plaqua contre le flanc du bateau.

Jonas braqua un des projecteurs sur le Megalodon. De sa main droite, il leva son fusil. Il était tout près de lui, à peine à dix mètres. Il appuya sur la détente sans prendre le temps de viser. La fléchette jaillit du barillet et se planta dans la peau épaisse du monstre, tandis que l'émetteur se fixait derrière l'aileron pectoral.

Le puissant faisceau lumineux aveugla l'œil droit du prédateur et le brûla profondément, comme l'aurait fait un laser. Sous la douleur, le monstre poussa une longue plainte et disparut sous l'eau, abandonnant son attaque contre Danielson qui s'écroula sur le pont, entouré par ses hommes.

Un par un, on les emmena à l'abri dans la cabine de

pilotage. Jonas essaya également d'entraîner Franck, mais ce dernier refusa de quitter le bastingage.

– Tu es mort, espèce de salaud, tu m'entends ? ! hurlait Franck Heller dans la nuit.

Mais ses mots étaient emportés par le vent.

– Ce n'est pas terminé. Tu vas crever !

L'OUVERTURE

À midi précis, en présence d'une foule de presque six cents invités, dont le gouverneur de Californie, plusieurs membres de l'équipe de football des Ninety-Niners, un orchestre scolaire et quatre chaînes de télévision nationales, on fit coulisser les grandes portes du « DJ Tanaka Memorial Lagoon ».

Jonas se tenait aux côtés de Terry sur le pont supérieur. Il était en admiration devant cette nouvelle démonstration de l'ingéniosité humaine. En utilisant la technologie qui servait à l'édification des grands barrages, l'équipe Tanaka avait construit un lac artificiel rattaché au Pacifique par un canal assez large pour qu'un groupe de baleines puisse entrer et sortir sans problème. On pourrait les étudier à travers les fenêtres en fibre acrylique de six mètres qui bordaient le lagon ou par de petits postes d'observation aménagés sous le fond.

Près de deux semaines s'étaient écoulées depuis le désastre. Vingt-neuf membres de l'équipage du *Nautilus* et quatorze marins du *Tsunami* avaient péri. Une cérémonie à la mémoire des disparus avait été organisée à Pearl Harbor.

Deux jours plus tard, le capitaine Richard Danielson avait démissionné de la Navy. Le commandant McGovern était en mauvaise posture. Qui avait autorisé la Navy à chasser le Megalodon ? Qu'est-ce qui avait motivé le choix du *Nautilus* pour accomplir cette mission alors que le commandant savait que le vieux sous-marin n'était plus en état de livrer bataille ? Les familles des disparus étaient furieuses, et le Pentagone avait ordonné une enquête. Beaucoup pensaient que le commandant McGovern était désormais sur un siège éjectable...

Franck Heller, blessé dans ce qu'il avait de plus cher, était partagé entre une tristesse incommensurable et une immense colère. Son frère Denny était sa seule famille depuis la mort de leur mère, trois ans auparavant. Sa haine pour le Megalodon le consumait ; cela tournait à l'obsession enragée... Il informa Masao qu'il refusait désormais de faire partie des cinglés qui voulaient capturer le monstre. En fait, il avait ses propres plans concernant le diable blanc, comme il l'appelait. Dès la fin du service funéraire, il prit l'avion pour rentrer en Californie.

Grâce à David Adashek, les détails de la stratégie élaborée par l'Institut Tanaka pour capturer le Megalodon furent publiés à la une du *New York Times* et du *Washington Post* dans les vingt-quatre heures qui suivirent le désastre du *Nautilus*. À partir de ce moment, la chasse se transforma en véritable course médiatique. Le JAMSTEC se réjouissait secrètement de cette publicité car il comptait bien en retirer des bénéfices commerciaux juteux. Les ouvriers avaient travaillé jour et nuit pour terminer la construction du lagon. Tout le monde n'avait désormais qu'une seule question sur les lèvres : quand aurait lieu l'apparition de l'invité d'honneur ?

– Douze jours, se dit Jonas, et pas le moindre signe de la femelle.

Six nuits d'affilée, juste après l'attaque du *Nautilus*, il avait survolé avec Mac les eaux côtières de Hawaii à la recherche du Megalodon. L'émetteur avait bien fonctionné et avait permis à l'hélicoptère de suivre la trace du prédateur, qui visiblement se dirigeait vers l'est. Le *Kiku* aussi était reparti en chasse. Mais la femelle se cachait dans les profondeurs de l'océan. Et puis, au matin du septième jour, le signal avait tout simplement disparu.

Pendant deux longues journées, le *Kiku* et l'hélicoptère avaient passé au crible la zone d'où provenaient les signaux sans localiser quoi que ce soit. Frustré, Jonas avait demandé à Masao à ce que le *Kiku* regagnât Monterey, car il devenait évident que le Megalodon allait se diriger vers la côte californienne, là où étaient les baleines. Une semaine plus tard, il n'y avait toujours aucun signe de la femelle. Le mystère était entier : où donc était-elle passée ?

LE CANYON

À quelques encablures à l'ouest du lagon Tanaka se trouve le canyon de la baie de Monterey. Née il y a plusieurs millions d'années de la subduction de la plaque tectonique nord-américaine, cette gorge sous-marine s'étend sur plus de quatre-vingt-seize kilomètres, atteignant une profondeur maximum de plus de trois kilomètres.

Le canyon de la baie de Monterey est le cœur de la réserve sous-marine nationale de la baie de Monterey, le plus grand sanctuaire sous-marin du pays. Ce parc national aussi grand que l'État du Connecticut est long de quatre cent quatre-vingts kilomètres et s'étend des îles Farallon, juste à l'ouest de San Francisco, jusqu'au large de Cambria, en Californie. Il abrite vingt-sept types de mammifères marins, trois cent quarante-cinq familles différentes de poissons, quatre cent cinquante sortes d'algues et vingt-deux espèces protégées. Ce sanctuaire est aussi le lieu hivernal de reproduction de vingt mille cétacés.

Le long du canyon abrupt nageait la plus grande créature ayant jamais existé sur la planète. Trente mètres de long pour cent tonnes, elle se déplaçait lentement en direction du nord, sans dépasser les cinq nœuds. La baleine bleue glissait paisiblement dans deux cents mètres d'eau, attrapant au passage du plancton dans ses fanons. Elle était accompagnée d'un baleineau qui, pour l'heure, était remonté à la surface afin de respirer. En effet, si le mammifère adulte n'avait besoin de s'oxygéner que trois ou cinq fois par heure, le petit devait le faire toutes les quatre à cinq minutes, ce qui l'obligeait à se séparer fréquemment de sa mère.

À huit kilomètres vers le sud, une lueur fluorescente rasait, dans une complète obscurité, le sol caillouteux du canyon. Après avoir déserté les eaux côtières de Hawaii, le Megalodon avait traversé un courant chaud qui longeait l'équateur en direction du sud-est. En suivant cette grande rivière comme un Boeing 747 dans un couloir aérien, la femelle avait parcouru tout l'océan Pacifique pour arriver dans les eaux tropicales des îles Galapagos. De là, elle avait migré vers le nord et frôlé les côtes de l'Amérique centrale en chassant les baleines grises et leurs baleineaux...

En approchant de Baja, elle avait soudain perçu les vibrations de dizaines de milliers de battements de cœur et de muscles. Elle n'avait pas pu résister, guidée par ses instincts de prédateur, et s'était dirigée vers le nord, droit dans le canyon de Monterey.

Instantanément, elle s'était sentie dans un environnement familier : la turbidité des courants et la température de la gorge, alimentée par des failles hydrothermales, étaient presque semblables à celles de la fosse des Mariannes. Attachée à son territoire par nature, la femelle décida que cette partie de l'océan était sienne et qu'elle en était le chasseur souverain. Elle savait, grâce à l'extrême finesse de ses sens, qu'aucun autre Megalodon adulte ne pouvait la défier dans la zone. Il lui incombait désormais de défendre son territoire.

Depuis plus de trois heures, elle était sur les traces de la baleine bleue et de son petit. C'était surtout ce dernier qui l'intéressait car, bien renseignée par les vibrations, elle le sentait plus vulnérable. Elle attendait le moment opportun pour attaquer, préférant d'ici là garder ses distances. En effet, elle était complètement aveugle de l'œil droit et ne voulait pas se risquer à la surface de l'eau tant qu'il faisait encore jour.

Elle guettait donc, avec impatience, la tombée de la nuit, pour pouvoir enfin sortir des profondeurs et s'alimenter.

LE TRIANGLE ROUGE

Le *Magnat*, ancré au-dessus de cent quatre-vingt-deux mètres de fond, dansait doucement sur l'eau éclairée par les derniers rayons du soleil couchant. Sur le pont principal du yacht, l'équipage, épuisé par plusieurs jours de mer, admirait les phoques et les otaries s'étirer sur la masse de terre caillouteuse et désertique.

Quand Maggie avait eu connaissance de la théorie de Jonas selon laquelle le Megalodon allait certainement gagner les eaux californiennes, elle n'avait pas perdu de temps pour organiser une expédition aux îles Farallon. Les îles Farallon se trouvaient au cœur de la partie de l'océan appelée le Triangle rouge. Plus de la moitié des attaques de requins répertoriées dans le monde avaient eu lieu à cet endroit. Si les calculs de Jonas étaient fondés, le Megalodon ne tarderait pas à arriver au centre du Triangle rouge pour chasser les otaries, la proie préférée des Grands Requins blancs. Maggie en était convaincue.

Depuis cinq longs jours, l'équipe du film attendait que le Megalodon se montre. Le pont du bateau était jonché de caméras vidéo sous-marines, de matériel audio, de projecteurs, de mégots de cigarettes et de papiers de bonbons. Toute la communauté résidant à bord faisait sécher son linge sur la passerelle supérieure. Des maillots de bains, des sous-vêtements et des shorts pendaient un peu partout.

Les passagers du *Magnat* étaient à bout : de longues heures d'ennui, une chaleur constante et le mal de mer étaient plus qu'ils n'en pouvaient supporter. Ils n'osaient même pas se baigner, par peur des requins qui nageaient dans les parages. Et tout ça n'était rien à côté de la puanteur qui empoisonnait l'air ambiant. À l'arrière du yacht, une vieille carcasse de baleine à bosse tractée par un câble d'acier de dix mètres achevait de se décomposer. L'odeur âcre et irrespirable avait envahi le bateau, comme pour punir ses passagers. Il faut dire que tuer une baleine du parc national de la baie de Monterey était vraiment considéré comme un acte criminel. Mais Bud n'avait eu aucun problème : grâce à son influence et à son argent, il avait soudoyé deux pêcheurs du coin qui avaient accepté de lui fournir le cadavre. Ils n'avaient posé aucune question. Mais aujourd'hui, après tout ce temps passé dans cette atmosphère nauséabonde, l'équipage du *Magnat* était au bord de la mutinerie.

– Maggie, Maggie, écoute-moi, supplia son directeur d'antenne, Rodney Miller. Il va falloir que tu nous accordes une pause. Vingt-quatre heures à terre, c'est tout ce que je te demande. Il peut se passer des semaines, des mois même, avant que le Megalodon ne s'aventure par ici. Nous avons besoin d'un break : une douche fraîche serait pour nous tous le paradis. Laisse-nous descendre de ce bateau pestilentiel.

– Rod, écoute-moi bien. C'est l'histoire du siècle et je ne vais pas la louper sous prétexte que toi et tes copains avez envie de vous soûler dans quelque bar sordide.

– Allez, Maggie...

– Non, Rod. Est-ce que tu as la moindre idée des difficultés que j'ai eues pour organiser tout ça ? Les caméras ? La cage à requins ? Sans parler de ce gros morceau de graisse de baleine qu'on traîne derrière nous ?

– Ouais, s'il te plaît, n'en parle pas, répliqua-t-il d'un ton sarcastique. Que fais-tu de ta campagne de protection des baleines ? Je jurerais t'avoir vue sur scène accepter un Aigle d'or au cri de « Sauvez les baleines ».

– Ça suffit, Rod, essaie d'être adulte deux minutes, veux-tu ! Je n'ai pas tué cette foutue baleine, je me sers juste de sa carcasse comme appât. Regarde autour de toi : il y a des milliers de cétacés dans cette réserve. Ne me dis pas que tu n'as rien remarqué. Tu ne te rends pas compte que c'est l'histoire du siècle et que nous en sommes les héros ?

Elle secoua la tête, agacée, ses cheveux blonds épousant harmonieusement ses épaules nues.

– Maggie, dit Rod en baissant la voix. Tu te raccroches à de faux espoirs. Honnêtement, quelles sont les chances pour que le Megalodon apparaisse dans le Triangle rouge ? Personne n'a vu cette créature depuis deux semaines...

– Écoute, Rodney, s'il y a un sujet que mon bon à rien de mari connaît, ce sont les Megalodons. Le Megalodon se montrera, fais-moi confiance. Et nous serons les seuls à en avoir les images exclusives.

– Grâce à quoi ? À cette boîte de plastique ? Ma pauvre Maggie, il faut que tu sois suicidaire...

– Ce plastique est un plexiglas épais de plus de sept centimètres, et son diamètre est trop important pour que le Megalodon ne l'attrape dans sa gueule.

Maggie se mit à rire.

– Je serai peut-être plus en sécurité dedans que tes gars restés sur le *Magnat*.

– En voilà une pensée réconfortante !

Maggie posa les mains sur le torse suintant de son directeur. Elle savait que Bud était encore au lit, en train de cuver.

– Rod, toi et moi on a travaillé très dur sur ce projet. Pense à l'aide qu'on a apportée à ces mammifères avec notre documentaire.

Rodney ricana :

– C'est ça, va donc raconter ton histoire de cadavre de baleine à bosse !

– Oublie ça, tu veux !

Elle l'attrapa par les épaules.

– Rod, tu ne te rends vraiment pas compte ? C'est le scoop, le vrai ! L'histoire qui nous propulsera au sommet tous les deux. Ensemble, tous les deux ! Qu'est-ce tu penses de « producteur exécutif » ?

Miller réfléchit un instant puis eut un sourire :

– Ce n'est pas désagréable à entendre.

– Ce titre est à toi. Maintenant, tu peux peut-être oublier un instant cette baleine morte ?

– Oui, je crois. Mais alors, écoute, en tant que producteur exécutif, je te recommande fortement de nous offrir une petite distraction. Je ne te cache pas que l'équipe de ton film est en train de perdre patience.

– D'accord ! D'ailleurs, j'ai une idée. Je voulais faire un essai avec la cage. Que dirais-tu de la mettre à l'eau et de tourner quelques séquences ce soir ?

– Hum, ce n'est pas une mauvaise idée. Cela me donnera l'occasion de placer mes projecteurs sous-marins.

Il sourit.

– Peut-être que tu pourras prendre quelques belles images du Grand blanc. Rien que pour ça, ça vaudrait le coup.

Maggie remua la tête.

– Ça, tu vois, c'est ton problème, Rodney, mon chou. Et n'oublie pas, si tu veux t'occuper de cette affaire, qu'il vaut mieux que tu me restes fidèle.

Elle lui donna une petite tape maternelle sur la joue.

– Tu penses vraiment à trop court terme.

Puis elle se pencha en avant pour attraper son maillot de bain et permit ainsi à Miller de lorgner sur ses fesses bronzées. Il avait eu sa récompense.

– Autre chose, Rod ! Accorde-moi une faveur : ne dis rien à Bud pour le titre de producteur exécutif.

Elle lui sourit gentiment…

– Sinon, il va être jaloux.

VIE ET MORT

Des milliers de battements de cœur et de mouvements d'aileron continuaient d'assaillir les sens du Megalodon. Le jour déclinait enfin et la créature albinos se mit lentement en route vers la surface.

Chasseur à l'affût, elle s'approcha à vive allure du baleineau. La mère, consciente du danger, s'arrêta de manger. Sans perdre un instant, elle rejoignit son petit et le poussa avec force du bout du museau afin qu'il reste à ses côtés. Ensemble, ils s'enfuirent rapidement. Le Megalodon les suivait à moins d'un kilomètre.

Il ne mit que quelques minutes pour arriver à leur hauteur. Toutes dents dehors, il visait le plus petit des ailerons, en prenant garde de ne pas se trouver trop près de la queue de la baleine femelle. Mais, au moment où il allait attaquer, un événement inattendu survint.

Le Megalodon se débattit sauvagement, le corps secoué de spasmes. Il abandonna sa proie pour rejoindre rapidement le fond du canyon. Il se tordait sur lui-même, en proie à une douleur térébrante. Ses muscles se contractaient nerveusement. Brutalement, dans un frémissement plus puissant que les autres, un bébé Megalodon, bien formé, fut expulsé de son oviducte.

C'était un mâle, d'un blanc lumineux, mesurant deux mètres cinquante de long et pesant déjà sept cent cinquante kilos. Ses dents étaient petites, mais plus pointues que celles de sa mère. Son instinct lui permettait, à peine né, de chasser seul et de survivre en toute autonomie. Il resta sur place un instant, puis regarda sa mère de ses yeux bleus. D'emblée, il comprit le danger qui le menaçait. Alors, dans une accélération inattendue et brusque, il s'enfuit vers le sud en longeant le sol du canyon.

La femelle était toujours repliée sur elle-même, victime de nouvelles convulsions. Elle frissonna encore et expulsa un deuxième rejeton, lequel se présenta par la queue. C'était une femelle, plus grande que son frère d'au moins un mètre. Elle passa près de sa mère et évita de justesse un coup de dent instinctif et mortel.

Dans un ultime soubresaut, le Megalodon mit bas un autre petit dans un nuage de sang et de liquide embryonnaire. Ce mâle était visiblement le plus faible de la portée. Il partit en vrille vers le fond de la mer, puis se redressa et secoua la tête pour y voir clair.

D'un rapide mouvement de nageoire, la femelle plongea sur lui et sectionna d'un coup de dent son aileron caudal et ses organes génitaux. Le bébé Megalodon eut une contraction douloureuse et s'effondra dans une traînée de sang. La femelle bondit sur lui pour l'achever d'un seul coup de mâchoire.

Elle resta un moment, immobile, épuisée par les efforts de son travail. Enfin, elle ouvrit la gueule et laissa l'eau du canyon s'infiltrer dans sa bouche et dans son corps. Ses branchies fonctionnaient de nouveau et elle reprit des forces… Lentement, elle secoua la tête et renifla l'eau avec ses puissantes narines. Grâce à elles, elle pouvait presque « voir » ce qui se passait dans la réserve.

Elle détecta les folles vibrations des baleines en migration et puis quelque chose d'autre… C'était du sang ! Elle remua sa nageoire caudale de gauche à droite, prit une impulsion et repartit vers la surface. Dans sa route vers le nord, elle passa à moins de vingt mètres de l'entrée du canal en béton qui menait au lagon de l'Institut Tanaka.

LES VISITEURS

Ils arrivèrent sans prévenir, ce qui prit l'équipage du *Magnat* au dépourvu. Le capitaine Talbott fut le premier à remarquer l'aileron dorsal gris tourner dans les eaux sombres du Pacifique, à six mètres à tribord du bateau. En quelques minutes, deux autres apparurent, visiblement attirés par la carcasse sanguinolente.

Rod Miller rejoignit Maggie qui enfilait sa combinaison de plongée blanche phosphorescente en vue de sa plongée nocturne.

– D'accord, tu voulais de l'action ! Alors, que dirais-tu d'un premier essai avec trois Grands blancs ?

– Du calme, Rodney !

Maggie souriait, détendue :

– Tout le monde est prêt ?

– Les caméras télécommandées sont dans l'eau, les projecteurs sous-marins sont installés et la cage en plastique n'attend plus que toi. Ah ! Au fait, Bud s'est endormi !

– Tout cela me paraît très bien. Maintenant, rappelle-toi : je veux qu'on croie que je suis seule dans l'eau avec les requins. Combien j'ai de marge avec le câble attaché à la cage ?

Rod réfléchit un instant.

– Environ dix-huit ou vingt mètres, mais nous te descendrons seulement à douze mètres, sinon tu ne seras plus dans la lumière.

– Très bien ! Je suis prête, annonça-t-elle.

– Attrape la caméra, Rod, il faut que je sois dans l'eau avant que Bud ne se réveille.

Rod et elle se précipitèrent à tribord où se trouvait la cage cylindrique en plexiglas. Ce container de trois mètres de long et de trois mètres soixante de diamètre avait été fabriqué exprès pour Maggie, d'après un modèle conçu à l'origine en Australie. Contrairement à ceux en maille d'acier utilisés habituellement, ce tube ne pouvait être ni mordu ni plié. Il pouvait flotter et offrait au photographe une vue complètement dégagée. Au bout de la trappe, on avait fixé un filin d'acier, lui-même enroulé à un winch situé sur le pont du *Magnat*. Deux caméras sous-marines fermement accrochées à la coque du navire étaient contrôlées à distance par un technicien du bord. Cela permettrait à l'équipe de filmer Maggie pendant qu'elle tournerait des plans du Megalodon. Si les éclairages fonctionnaient correctement, la cage à requin serait invisible dans l'eau. On aurait ainsi la terrifiante impression que Maggie était seule avec les animaux. Maggie plaça son masque et vérifia qu'elle recevait une quantité suffisante d'oxygène. Elle faisait de la plongée depuis déjà dix ans, mais très rarement la nuit.

La cage avait été lancée par-dessus bord. Grâce à quelques ouvertures dans les parois, elle allait se remplir d'eau et descendre. Maggie avança sa palme droite sur le haut du tube et, de sa main droite, s'accrocha au câble d'acier pour garder son équilibre. Puis elle jeta un coup d'œil rapide pour voir où se trouvaient les acteurs de son reportage. Satisfaite de constater qu'elle n'avait aucun risque d'être attaquée, Maggie passa son autre jambe par-dessus le bastingage. Elle s'accroupit sur le haut de la cage et se retourna pour prendre la caméra des mains de Rod. Cette dernière pesait vingt kilos. Elle fit d'abord glisser son bagage volumineux dans l'ouverture, puis se mit dans l'eau, referma la trappe derrière elle et s'enfonça au centre du cylindre en plastique.

Déjà, le courant l'entraînait loin du yacht. Miller et un autre membre de l'équipage déroulèrent précautionneusement le câble en surveillant le container qui disparaissait sous l'eau.

– Arrête-la à douze mètres, Joseph, ordonna Miller.

– Peter, dis-moi comment réagissent les caméras à distance ?

Peter Arnold leva la tête de ses deux écrans.

– Le contrôleur A est un peu lent, mais ça ira, on se débrouillera. Le contrôleur B fonctionne parfaitement. Je peux faire un gros plan de Maggie…

Maggie frissonna de froid, ressentant une violente poussée d'adrénaline. Pour ne rien arranger, l'eau n'était qu'à quatorze degrés. La visibilité était médiocre : elle ne discernait que des ombres grises et noires autour d'elle. Elle jeta un coup d'œil par-dessus son épaule et aperçut les deux caméras télécommandées avec leurs rangées de projecteurs. Ils se mirent en marche et leurs faisceaux éclairèrent l'eau environnante dans un rayon de près de six mètres. Le premier prédateur entra dans l'arène.

C'était un mâle, qui devait mesurer dans les cinq mètres et peser presque une tonne. Il décrivit des cercles autour du cylindre avec méfiance, pendant que Maggie le suivait des yeux. À peine eut-elle le temps de saisir un mouvement furtif qu'une femelle un peu plus petite surgissait de l'obscurité. Maggie fut prise complètement au dépourvu et, l'espace d'un instant, oublia qu'elle était protégée par la cage. Elle paniqua, battit vigoureusement des pieds pour s'extraire du tube. Le requin se cogna le museau contre les parois. Maggie heurta de la tête la trappe fermée, ce qui lui permit de réaliser où elle se trouvait. Elle sourit de soulagement et d'embarras devant sa propre stupidité.

Peter Arnold se réjouissait devant ses écrans. La séquence filmée était incroyable, littéralement terrifiante. On avait vraiment l'impression que Maggie était toute seule, au milieu de l'océan, avec trois requins tueurs. Les projecteurs braqués sur sa combinaison de plongée blanche étaient du meilleur effet. C'était sûr, les téléspectateurs ne seraient pas en mesure de distinguer la cage de protection.

– Rod, c'est du super boulot ! dit-il. Notre public va trembler de peur sur son fauteuil. Il faut l'admettre, Maggie a réellement du talent pour ce genre de travail.

Rod contempla longuement le spectacle des Grands blancs s'acharnant à pleines dents sur la carcasse de la baleine à bosse.

– Filme tout, Peter. Peut-être arriverons-nous à convaincre Maggie de partir d'ici avant que le Megalodon ne se montre !

Mais Miller, lui-même, avait du mal à le croire.

Jonas tenait ses jumelles infrarouges à deux mains à cause des secousses de l'hélicoptère. Ils longeaient la côte en direction du sud, à une altitude de mille pieds.

– Mac, je ne me souviens pas d'avoir vu autant de

baleines au même endroit, hurla-t-il par-dessus le bruit des moteurs.

– On s'en fout, doc, lui répondit Mac en lui jetant un regard noir. Nous perdons notre temps et tu le sais. Les piles de l'émetteur ont rendu l'âme il y a plusieurs jours et le Megalodon est peut-être à des millions de kilomètres d'ici maintenant.

Jonas lui tourna le dos pour contempler l'océan. Il savait que Mac voulait tout laisser tomber et que, s'il ne l'avait pas encore fait, c'était par pure amitié. Il ne pouvait pas lui en vouloir : si la femelle avait livré bataille dans cette partie de l'océan, ils auraient trouvé des cadavres de baleines. Mais ils n'avaient rien découvert du tout, et Jonas lui-même commençait à douter… Sans le signal, c'était comme chercher une aiguille dans une botte de foin.

– Mac a raison, se dit Jonas.

Et, pour la première fois depuis des années, il se sentit très seul. Combien ai-je perdu de temps à chasser ce monstre ? Qu'est-ce que j'ai en échange ? Un mariage qui s'est désagrégé il y a bien longtemps… Un combat où je risque de trouver la mort…

– Hé !

Bien qu'il regardât droit devant lui, il n'avait prêté aucune attention à ce qu'il voyait.

– Doc, qu'est-ce qu'il y a ? Le Megalodon ?

– Non… Enfin peut-être : regarde en dessous. Les baleines, Mac… Tu ne remarques rien de différent ?

Mac les examina de plus près :

– Elles sont comme elles étaient il y a cinq minutes… Non, attends une seconde ! Elles changent de trajectoire !

Jonas eut un sourire.

– Oui, c'est ça, elles filaient plein sud, mais tu vois, maintenant, elles se dirigent vers l'ouest.

– Tu crois qu'elles prennent une autre route pour éviter quelque chose ?

Mac secoua la tête :

– Tu te raccroches encore à de faux espoirs, doc.

– Tu dois avoir raison. Mais fais-moi plaisir, pour la dernière fois…

Mac observa les baleines sur son imageur thermique. Si le Megalodon longeait la côte en direction du nord, il était logique que les groupes de baleines cherchent à l'éviter.

– OK, doc. Mais c'est la dernière fois.

L'hélicoptère vira de bord.

Maggie vérifia sa caméra et s'aperçut qu'il lui restait encore plein de film et près de vingt minutes d'oxygène. La cage à requins était suspendue sous la carcasse de la baleine à bosse et cela lui offrait une vue incroyable. Mais elle était consciente que les séquences de requins en train de manger étaient devenues très courantes. Cela n'avait plus rien d'original. Elle, elle voulait davantage de sensationnel.

– Je suis en train de perdre mon temps, se dit-elle.

Alors qu'elle se retournait pour faire signe au *Magnat* de la remonter, elle remarqua quelque chose de très troublant.

Les trois Grands Requins blancs avaient disparu…

Bud Harris ôta sa chemise en soie et attrapa la bouteille de Jack Daniels. Elle était vide.

– Merde !

Il s'assit, en proie à une affreuse migraine. Depuis deux jours, il n'avait pas réussi à venir à bout de ce mal de tête.

– C'est à cause de cette foutue baleine, jura-t-il à voix haute. Cette odeur est en train de m'achever.

Bud tituba jusqu'à la salle de bains, saisit une boîte d'aspirine et essaya vainement de replacer correctement le capuchon de sécurité.

– Et zut ! hurla-t-il en jetant le paquet dans les toilettes.

Il se regarda dans la glace.

– Tu es un misérable, Bud Harris, lança-t-il à son reflet. Les millionnaires, normalement, ne sont pas des misérables. Dis-moi tout, mon vieux, pourquoi te sens-tu si mal ?

Sa migraine augmentait et il eut la nausée.

– Pourquoi est-ce que j'ai accepté de me laisser entraîner dans cette histoire ? Trop, c'est trop !

Il ramassa son maillot de bain, son peignoir, et se dirigea vers le pont.

– Où est Maggie ? cria-t-il avec violence.

Abby Schwartz était assis sur le pont en train d'enregistrer la bande son.

– Elle est dans la cage, Bud. Hé, on tourne de super…

– On s'en va ! Rodney !

Rod Miller leva la tête…

– Vraiment ? C'est la meilleure nouvelle de la semaine. Quand ?

– Tout de suite ! Remonte Maggie et détache-moi cette foutue carcasse de baleine avant que le garde-côte ne nous arrête.

– Attendez !

Peter Arnold leva la main.

– Il se passe quelque chose en dessous. Regardez mon écran, il est devenu tout brillant !

Maggie aperçut tout d'abord la lueur, qui éclaira les restes de la carcasse de la baleine à bosse. Puis la tête apparut, complètement blanche et aussi grosse que le mobil-home de sa mère. Elle sentit son cœur exploser dans sa poitrine… La taille de la créature qui s'approchait lentement de l'appât la laissa pétrifiée. Le Megalodon frotta son museau contre le cadavre, puis le goûta. D'un seul coup de dent, il arracha un morceau de graisse d'au moins un mètre quatre-vingts. Il n'en fit qu'une bouchée. Ses branchies et son estomac tremblèrent de satisfaction.

Instinctivement, Maggie se tapit au fond de la cage. Elle était incapable de faire le moindre mouvement, complètement dominée par la peur, envoûtée par le charme maléfique du Megalodon, par son pouvoir, sa noblesse et sa grâce. Elle leva sa caméra lentement, inquiète cependant d'alerter la créature qui continuait à manger.

– Mais qu'est-ce que tu attends ? Remonte-la vite ! ordonna Bud.

– Bud, écoute, c'est pour ça qu'on est venu, répliqua Rodney, complètement excité. Quel monstre, bon sang, quel plan extraordinaire !

– Remonte-la tout de suite, Miller !

Bud avait l'air furieux, mais il était surtout paniqué. Sur l'écran, il avait pu constater la taille du Megalodon. Maggie était en danger.

– Elle va peut-être s'énerver ! dit Peter Arnold.

– Écoutez-moi, vous deux, gronda Bud… C'est mon yacht et c'est moi qui paie. Alors vous la sortez de là !

Rod actionna le winch, le câble d'acier se tendit et commença à remonter la cage.

Le Megalodon s'arrêta de déchiqueter la baleine : ce brusque mouvement avait réveillé tous ses sens. Jusque-là, il avait ignoré le cylindre car, ce dernier étant en plastique, il n'avait pas émis de vibrations électriques. Le Megalodon abandonna la carcasse et s'approcha pour examiner ce nouveau stimulus.

Maggie regarda le Megalodon frotter son museau contre les courbes de la cage avec étonnement. Puis il se détourna et sembla la fixer attentivement de son œil gauche.

– Il me voit, réalisa Maggie.

Le tube continuait de remonter lentement vers le *Magnat*.

– Ces imbéciles vont me faire tuer, pensa Maggie en croisant les jambes à l'intérieur de son abri.

Le Megalodon avait la gueule grande ouverte. Il chercha rapidement à attraper la cage, mais ne trouva aucune prise. Le tube en plastique lui échappa…

Maggie eut un sourire :

– C'est trop gros pour toi, mon vieux !

Cela lui donna confiance, et elle recouvra son sang-froid. Elle replaça la caméra sur son épaule pour filmer le gosier, immense caverne à quelques centimètres d'elle.

– Ça, à coup sûr, c'est l'Academy Award, se dit-elle.

La cage n'était plus qu'à six mètres du *Magnat*… Mais le Megalodon fit demi-tour brusquement. Il donna un grand coup de nageoire et disparut dans l'épais brouillard. Maggie, alors, respira un grand coup et poussa un soupir de soulagement.

– Elle remonte ! annonça Peter Arnold.

– Merci mon Dieu, répondit Bud. Sortez-la de ce truc avant que le monstre ne revienne.

– Ohhhhhh, merde ! hurla Arnold.

Et il fila à quatre pattes loin du bastingage.

Le Megalodon avait réapparu et fonçait sur la cage. Maggie hurla et, dans un réflexe, mordit son régulateur. Mais le monstre de vingt-deux tonnes refermait ses mâchoires géantes sur le tube cylindrique. Le corps de Maggie rebondit contre les parois. Elle se heurta violemment la tête. La douleur la fit presque tourner de l'œil. Si elle n'avait pas été sous l'eau, elle se serait fracassé le crâne. Le Megalodon ne parvenait pas à saisir sa proie, alors il la poussa de toutes ses forces contre la coque du *Magnat*. Il parvint à planter quelques-uns de ses crocs dans les ouvertures de drainage. Mais cela ne suffisait pas : même s'il avait réussi à trouver une prise, il n'arrivait pas à soulever le tube pour le croquer.

En proie à une véritable folie furieuse, la bête sortit de l'eau, le cylindre toujours coincé entre les dents. Elle s'éloigna du bateau en poussant le tube. Plus elle avançait, plus le câble se tendait… Quelques secondes plus tard, il se rompit dans un claquement sec. Le Megalodon jaillit à la verticale et, dans une démonstration de force brute, souleva la cage par-dessus les vagues et la secoua dans tous les sens tandis que l'eau dégoulinait des ouvertures.

Ballottée, impuissante, morte de terreur, Maggie ferma les yeux. Son réservoir d'oxygène se décrocha et tomba. La jeune femme n'en pouvait plus d'être projetée d'une paroi à l'autre et elle manquait à chaque fois de perdre connaissance.

Mais, à force de soulever le tube et son contenu, le Megalodon commença à s'épuiser lui aussi. Alors, il relâcha son étreinte mortelle et se remit à pousser la cage. Puis il disparut sous les vagues.

LE CHAT ET LA SOURIS

– Hé ! J'aperçois un petit malin là-bas, hurla Jonas.

À travers ses jumelles infrarouges, il voyait une sorte de brume grisâtre flotter sur les eaux sombres du Pacifique.

Mac jeta un coup d'œil à l'écran de l'imageur thermique.

– Moi aussi !

– Mac, où sommes-nous ?

– À trente-deux kilomètres de San Francisco, les îles Farallon seront bientôt en vue.

Un nouveau point lumineux s'inscrivit sur l'écran de Mac. C'était visiblement de la chaleur dégagée par des moteurs.

– Hé, qu'est-ce que ce yacht fait par ici ?

– On peut s'approcher un peu ?

L'hélicoptère descendit à cinq mille pieds. Jonas zooma vers le pont du navire.

– Attends une minute… Je le reconnais ! C'est le *Magnat* ! Le bateau de Bud Harris !

– Le type dont tu m'as parlé, celui qui prend son pied avec ta femme ?

Mac fit le tour de l'embarcation.

– Tu imagines si je lâchais mon appareil sur le pont, de cette hauteur-là ! Mais que fait « monsieur Sac-de-Fric » dans les environs ? Il risque d'abîmer son yacht de vingt millions de dollars ?

Jonas enleva ses jumelles de devant ses yeux.

– Maggie ! lança-t-il.

Entre-temps, l'équipage du *Magnat* avait complètement paniqué. Le capitaine Talbott avait d'abord démarré les moteurs, puis les avait coupés par peur que le bruit n'attire le Megalodon. Rod était complètement excité et hurlait qu'il fallait continuer de filmer, tandis que Bud, en état de choc, était tombé à genoux sur le pont, la tête entre les mains. Quand il aperçut l'hélicoptère, il prit peur en pensant qu'il s'agissait du garde-côte. Il craignait que les autorités ne l'arrêtent à cause du cadavre de baleine.

– Bud ! hurla Abby. Il y a un type dans l'hélicoptère qui veut te parler. Il dit que son nom est Jonas.

– Tu as bien dit Jonas ?

Bud se leva à toute vitesse et courut dans la salle de contrôle.

– Jonas, ce n'est pas de ma faute. Tu connais Maggie, elle fait toujours ce qu'elle veut.

– Bud, calme-toi, ordonna Jonas. De quoi parles-tu ?

– Le Megalodon. Il l'a emportée. Elle est coincée dans cette foutue cage à requins. Ce n'est pas de ma faute !

Mac repéra le Megalodon grâce au point lumineux qui avançait sur son écran. Il devait se trouver à quinze mètres de profondeur et à trois cents mètres environ de la proue du *Magnat*.

– Je n'ai aucun signal thermique pour Maggie. Elle doit porter une combinaison de plongée.

Jonas prit ses jumelles :

– Je pense que je vois où elle est, dit-il.

En fait, il devinait plus qu'il ne discernait l'ombre de sa combinaison blanche. Il attrapa le micro...

– Bud, combien lui reste-t-il d'oxygène ?

C'est Rod Miller qui répondit à sa place.

– Jonas, c'est Rodney, je pense qu'elle n'en a plus que pour cinq minutes. Si nous arrivons à distraire le Megalodon, peut-être pourrons-nous la sortir de là ?

Jonas réfléchit à toute allure. Comment attirer l'attention du monstre ? L'hélicoptère ? Soudain, il remarqua le Zodiac.

– Bud ? Le Zodiac, il fonctionne ?

– Le Zodiac ? Oui, très bien.

– Tiens-le prêt à démarrer, lui ordonna Jonas. Je monte à bord.

Maggie luttait pour ne pas perdre conscience. Elle était complètement endolorie, mais la douleur était bénéfique puisqu'elle lui permettait de ne pas s'évanouir. Son masque était légèrement fêlé et de l'eau lui coulait dans les yeux. Ses oreilles tintaient, elle avait mal quand elle respirait. Le Megalodon continuait à tourner autour d'elle en la fixant de son œil gauche. Une lueur inquiétante émanait de sa peau et irradiait la combinaison de plongée de Maggie. Elle vérifia son réservoir d'oxygène... Plus que trois minutes !

– Je vais devoir l'économiser, se dit-elle.

Elle empoigna sa caméra vidéo et la serra contre elle, refusant de l'abandonner.

Jonas descendit par le câble qui pendait de l'hélicoptère, le fusil-harpon en bandoulière et les écouteurs autour du cou.

– Souviens-toi, Mac, lui cria-t-il, dès que je te le dis, tu le vises avec le projecteur.

Mac jeta un coup d'œil au spot situé à sa gauche.

– Ne t'inquiète pas pour moi, doc, et toi, fais gaffe, ne te fais pas bouffer.

Jonas leva le pouce et Mac le déposa sur le pont du *Magnat*. Bud et Rodney l'attrapèrent par la taille. Jonas retira son harnais.

– Vous êtes prêts ?

Bud lui indiqua le bastingage à tribord.

– Le Zodiac est dans l'eau. Qu'est-ce que tu veux qu'on fasse ?

– Je vais attirer l'attention du Megalodon. Une fois qu'il sera sur mes traces, approchez le bateau près de Maggie et sortez-la de l'eau sans perdre une seconde.

Bud aida Jonas à enjamber la lisse puis à monter au centre du canot en caoutchouc. Son moteur Johnson possédait soixante-cinq chevaux. Jonas démarra le moteur puis leva la tête vers Bud.

– Attends que Mac te donne le signal. Dès que tu vois que le Megalodon est parti, tu vas chercher Maggie, d'accord ?

Bud fit un signe de tête affirmatif et regarda le Zodiac s'éloigner. La frêle embarcation s'élança sur les flots dans un bruit strident.

– Mac, tu m'entends ?

L'hélicoptère volait à deux cents pieds au-dessus du hors-bord.

– À peine, mon vieux. Cinquante mètres, pas plus près… Jonas… Tu t'approches trop, il arrive sur toi.

Jonas vira sur la droite au moment où l'aileron jaillissait de l'eau, quatre mètres devant lui. Il fonça vers la pleine mer.

– Et là, comment ça va ?

– Plus à gauche, hurla Mac.

Une nouvelle fois, le Zodiac changea de cap. Les mâchoires du Megalodon se refermèrent dans un claquement sec.

– Doc, cesse de poser des questions, continue à zigzaguer et ne t'arrête pas. Tu ne peux pas aller plus vite ?... Elle est juste en dessous de toi !

Jonas poussa son moteur à fond, s'accroupit dans le canot qui coupa les vagues avec violence. Il ne pouvait pas voir le Megalodon mais savait qu'il était tout proche.

– Mac, dis à Bud qu'il peut se mettre en route !

Le *Magnat* partit d'un seul coup, droit devant, crachant une fumée bleue. Maggie était déjà sortie du cylindre et avait abandonné son équipement. Elle se débattait à la surface de l'eau avec sa caméra sous-marine, en remuant vigoureusement les pieds.

– Jonas ! hurla Mac, il est parti.

– Hein ? Redis-moi ça !

Mac scruta attentivement la mer. Apparemment, le Megalodon avait interrompu la poursuite.

Maggie luttait. Le sang battait à ses tempes. Enfin, elle refit surface à trois mètres du *Magnat*. Elle respira une grande bouffée d'air et entendit les encouragements de son équipe de production.

– Viens par ici, championne ! lui hurla Peter.

– Maggie, monte dans ce foutu bateau ! cria Bud.

Épuisée, elle produisait des mouvements désordonnés avec les jambes pour s'approcher du yacht.

– Bud, récupère la caméra, dit-elle.

Elle fit un effort pour la soulever mais l'appareil était beaucoup trop lourd. Bud se pencha par-dessus bord et tenta de l'attraper, mais il n'y avait pas d'échelle près de lui.

– Maggie, je n'y arrive pas.

Maggie se sentit prise de vertiges.

– Attrape cette satanée caméra, Bud ! cria-t-elle dans un dernier sursaut d'énergie.

Bud n'avait pas le choix. Alors, il sauta par-dessus le bastingage en se retenant fermement de la main gauche. Il la saisit, la souleva et la balança à Rodney derrière lui, qui la prit... Et hurla.

Maggie surgissait de l'eau, soulevée par la gueule ouverte du monstre. La tête du Megalodon arrivait maintenant à la surface et portait Maggie, tombée dans une torpeur totale. Elle avait la sensation d'être sur le pont supérieur du yacht, à regarder vers le bas.

Abby était debout près du bastingage, bouche bée, une expression d'horreur gravée sur le visage. J'ai chaud, se dit Maggie qui sentait sur elle la chaleur émise par la gueule de la créature. Mais elle ne comprenait toujours pas ce qui se passait, ni où elle était.

Le mammouth blanc retomba dans l'eau et ses mâchoires se refermèrent lentement sur elle, écrasant le dernier souffle d'air de ses poumons. Elle revint à elle au moment où les crocs, poignards triangulaires, perforaient sa cage thoracique. Elle n'eut que le temps de pousser un gémissement plaintif avant d'être entraînée sous l'eau.

Bud ne parvenait plus à respirer et ses membres se dérobaient. Les projecteurs placés sur la coque éclairaient la tête du monstre sous l'eau. Bud était hypnotisé par ce visage de diable qui le fixait, trois mètres en dessous. La créature semblait sourire… Maggie était toujours vivante, elle essayait de hurler. Le Megalodon jouait avec elle. Le haut du buste de Maggie pendait de sa gueule. Bud vit du sang couler de sa bouche alors qu'elle se débattait.

Puis, le prédateur dirigea son attention vers Bud. Il ouvrit de nouveau les mâchoires et, ce faisant, créa un tourbillon qui aspira Maggie dans le gouffre noir. Bud hurla. Une bulle rouge sang remonta à la surface.

Bud était assommé et incapable de la moindre réaction. Il ferma les yeux et attendit la mort. Comme s'il l'avait senti, le monstre sortit de l'eau pour le happer et le dévorer. Un éclair de lumière, envoyé directement par la main de Dieu, troua l'obscurité. Le faisceau atteignit l'œil encore valide du Megalodon et brûla le globe oculaire au plus profond. Sous la douleur déchirante, le monstre se tordit de convulsions.

À quelques mètres de là, Jonas avait assisté à toute la scène. Il était debout dans le Zodiac et venait d'envoyer une fléchette dans l'abdomen de la créature.

Le Megalodon fila dans l'eau et, sous l'effet du courant, Jonas fut projeté par-dessus bord. Il remonta à la surface et escalada rapidement le bastingage du yacht.

Il tremblait de tous ses membres. Le sol tournoyait devant ses yeux. Il s'effondra sur le pont et se mit à vomir.

MATIN FUNÈBRE

Il n'y avait ni lune ni étoile. La mer était immobile. Bud était debout près du bastingage et attendait. Les projecteurs sous-marins du *Magnat* éclairaient la coque et les profondeurs. Un murmure lui caressa les oreilles.

– *Bud… Où es-tu ?*

– Maggie ? Maggie, c'est toi ?

Bud se pencha le plus loin possible, fouillant du regard la mer qui se confondait avec la nuit.

– Je perds la raison, pensa-t-il.

– *Bud, mon amour, s'il te plaît, aide-moi !*

Les murmures se faisaient insistants.

– Oh ! Mon Dieu ! Maggie, où es-tu ?

De grosses larmes roulèrent sur ses joues. Il en vit une tomber dans l'océan.

Bud resta silencieux. L'atmosphère était curieuse. Puis, la lueur aussitôt suivie du museau dansa sur les flots. Les mâchoires s'entrouvrirent et les mots déchirèrent le cœur de Bud…

– *Bud, s'il te plaît, je ne veux pas m'en aller.*

– MAGGIE !

L'infirmière arriva et l'empoigna par le bras.

– Maggie ! Maggie, non… !

Le monstre s'évanouit dans les ténèbres. Bud poussa un hurlement presque animal.

L'infirmière l'allongea par terre et lui fit une injection de sérum.

– Tout va bien, monsieur Harris, le tranquillisa-t-elle, tout va bien.

Elle l'attacha au sol, noua ses poignets et ses chevilles. Bud retomba sur le pont, en proie au désespoir, et contempla le ciel alors que la brume grisâtre de l'aube se levait.

Au moment où le soleil apparut, Jonas perdit conscience. Dehors, les oiseaux pépiaient pour saluer l'arrivée de l'aurore. La mer était grise, les vagues secouaient l'*AG I*. Il aperçut le nageur aux cheveux noirs et aux yeux en amande. C'était DJ.

Le sous-marin était renversé, sans énergie. Jonas se suspendit la tête en bas, attendant que DJ le tire de là. Puis il observa la brume. La lueur survint, la bouche, les dents… Elle s'éleva lentement au-dessus de la mer. Jonas ne pouvait plus bouger, paralysé par la peur. Il jeta un coup d'œil… À Terry ! Ce n'était pas DJ. DJ était mort.

– *Terry, allez-vous-en !* hurla-t-il.

Elle sourit. Le monstre ouvrit la gueule.

– *Terry, noooooonn !*

Le coup frappé à la porte le fit se redresser d'un bond.

– Terry ?

Il entendit trois nouveaux coups.

Jonas roula du sofa, renversant la bouteille de Jack Daniels sur le tapis. En titubant, il alla ouvrir la porte.

– Masao.

La lumière du jour aveugla Jonas.

– Jonas, tu as l'air très mal en point. Laisse-moi entrer.

Jonas s'écarta pour lui laisser le passage.

– Tu as du café quelque part ?

Masao se dirigea vers la cuisine.

– Euh… Oui, il y en a sur les étagères du haut, je crois.

Masao prépara du café frais et lui en tendit une tasse.

– Voilà, bois ceci mon ami. Il est trois heures. Le deuil est terminé.

Jonas secoua la tête et s'assit à la table de la cuisine.

– Je ne peux pas. Je suis désolé, Masao, je ne peux plus continuer.

– Tu ne peux pas ?

Masao Tanaka se pencha au-dessus de son ami et le regarda droit dans les yeux.

– Tu ne peux pas quoi ?

Jonas baissa la tête.

– Il y a eu trop de morts. Je ne peux pas continuer.

Masao s'assit à côté de lui.

– Jonas, nous avons une responsabilité. J'en suis conscient et je sais que tu penses comme moi.

– J'ai perdu toute envie de chasser ce monstre.

Jonas tenta de déchiffrer ce qu'il voyait dans les yeux de Tanaka.

– Hummm !

Masao resta silencieux un instant.

– Jonas ?

– Oui, Masao.

– Est-ce que tu connais Sunzi ?

– Non.

– Sunzi a écrit *L'Art de la guerre* il y a plus de deux mille cinq cents ans. Il disait : « Si tu ne connais ni ton ennemi ni toi-même, tu succomberas à chaque bataille. Si tu te connais mais que tu ignores qui est ton ennemi, pour chaque victoire gagnée tu auras aussi une défaite à subir. Mais si tu connais ton ennemi et que tu te connais aussi toi-même, tu pourras gagner jusqu'à cent batailles. » Tu comprends ?

– Je ne sais pas, Masao. Je n'arrive plus à penser en ce moment.

Masao posa la main sur l'épaule de Jonas…

– Jonas, qui mieux que toi connaît cette créature ?

– Masao, c'est très différent.

Masao secoua la tête en signe de dénégation.

– Un ennemi reste un ennemi ! lança-t-il.

Puis il se leva.

– Mais si tu ne veux pas l'affronter, alors ma fille le fera.

Jonas sauta sur ses pieds…

– Non, Masao, pas Terry !

– Terry est tout à fait capable de piloter l'*AG I*. Elle connaît ses responsabilités. Elle n'a pas peur.

– Laisse tomber, j'y vais !

– Non, mon ami, comme tu l'as dit, c'est très différent. Il ne faut pas que DJ soit mort pour rien. Le clan Tanaka résoudra cette affaire lui-même.

– Donne-moi cinq minutes pour m'habiller.

Jonas courut dans sa chambre à coucher. La télévision diffusait les informations de la chaîne Action 9. Elles présentaient les séquences sous-marines de Maggie, prises de l'intérieur de la cage à requins.

« … Un hallucinant reportage filmé juste avant qu'elle ne périsse sous les mâchoires de la créature. Maggie Taylor a donné sa vie pour son métier et nous a laissé ces incroyables images. Hier, un service funéraire a été organisé et ce soir, Channel 9 présentera une émission spéciale de deux heures en hommage à Mme Taylor.

« Un juge fédéral a décidé aujourd'hui que le Megalodon faisait désormais officiellement partie des espèces protégées de la réserve de la baie de Monterey. Nous nous rendons immédiatement, en direct, sur les marches du bâtiment de la Cour fédérale… »

Jonas s'assit sur le rebord de son lit et monta le son.

« ... espère parler avec lui. Et voilà qu'arrive… M. Dupont ! Monsieur Dupont, avez-vous été surpris d'apprendre avec quelle rapidité le juge a décidé de protéger le Megalodon, surtout à la lumière des dernières attaques... ? »

André Dupont, de la Fondation Cousteau, était debout à côté de son avocat, devant une forêt de micros.

« Non. La réserve de Monterey est un parc fédéral qui a pour rôle de préserver toutes les espèces, de la plus petite loutre à la plus grosse baleine. Il y a d'autres prédateurs marins dans ce sanctuaire, des orques, des Grands blancs. Chaque année, certes, on déplore des attaques isolées de Requins blancs contre des plongeurs ou des surfeurs, mais ce sont des cas rares. Des études ont montré que parfois, le Grand blanc confond les surfeurs avec les phoques. Les êtres humains ne constituent pas la nourriture de base du Requin blanc et ce n'est sûrement pas davantage celle d'un Megalodon. Nous allons faire tout notre possible pour que le Carcharodon Megalodon soit sur la liste des animaux en

voie de disparition, afin qu'il soit également protégé dans les eaux internationales.

« Monsieur Dupont, que pense la Fondation Cousteau du projet de l'Institut Tanaka de capturer le Megalodon ?

« La Fondation Cousteau pense que tous les animaux ont le droit de survivre et de se développer dans leur environnement naturel. Cette espèce n'aurait jamais dû être mêlée aux hommes. Le lagon Tanaka est suffisamment grand pour loger un animal de cette taille, aussi nous sommes d'accord pour qu'il y soit conduit. Pour les deux parties intéressées, c'est la meilleure des solutions. »

Le logo de Channel 9 réapparut.

« Notre envoyé spécial David Adashek a réalisé un petit sondage de rue afin de connaître l'opinion des gens sur le projet de l'Institut Tanaka. David ? »

– Envoyé spécial ?

Jonas se leva d'un bond et sentit le sang se retirer de ses joues.

– Ce type travaillait pour la chaîne de Maggie ? Oh, Maggie…

« … Les gens semblent favorables à la capture du monstre qui a tué tant de gens courageux, y compris ma grande amie, Maggie Taylor. Personnellement, je pense que cette créature est une menace et j'en ai discuté avec plusieurs biologistes. Ces derniers déclarent que le monstre a maintenant pris goût à la chair humaine. Cela signifie que nous pouvons nous attendre à d'autres morts abominables, surtout après la décision prise aujourd'hui par la Cour fédérale. C'était David Adashek, de la chaîne Channel 9. »

Jonas appuya sur le bouton de la télécommande et éteignit le poste. Il s'assit, figé sur le bord de son lit, essayant d'analyser les différentes informations qu'il venait d'apprendre.

– Doux Jésus, se dit-il, qu'ai-je donc fait pour te rendre si amère, si malheureuse.

Mais Jonas connaissait déjà la réponse : c'était à cause de toutes ces heures passées à voyager, à travailler seul dans son bureau, à écrire ses livres. Des larmes coulèrent sur ses joues.

– Je suis vraiment désolé, Maggie, tellement désolé.

À ce moment précis, Jonas ressentit plus d'amour pour sa femme qu'il n'en avait jamais éprouvé ces deux dernières années.

Le bruit du klaxon le tira de ses pensées et le força à se dépêcher. Il se lava le visage pour effacer les traces de larmes, puis attrapa son sac de marin et fourra à l'intérieur quelques vêtements pour les jours à venir. Il prit également son sac d'entraînement dans lequel il avait déjà plié sa combinaison de plongée. Jonas jeta un coup d'œil pour vérifier que son porte-bonheur s'y trouvait bien. Il prit un moment pour examiner le fossile noirci de dix-sept centimètres, aussi large que la paume de sa main. En le promenant le long de ses doigts, il sentit les bords tranchants.

– Vieille de quinze millions d'années et toujours aiguisée comme un couteau, se dit-il.

Il replaça la dent dans son étui de cuir, la rangea dans son sac de sport et jeta son bagage sur son épaule.

Puis il se regarda dans le miroir.

– Bien, monsieur Taylor. Le deuil est terminé. Il est temps de vivre en paix.

Quand il franchit le seuil de la porte, Masao Tanaka l'attendait.

LES BALEINES

Depuis deux jours et deux nuits, le *Kiku*, son hélicoptère et trois canots appartenant au garde-côte sillonnaient la réserve de la baie de Monterey dans l'espoir de localiser le signal de l'émetteur. L'appareil fixé dans la peau du Megalodon avait une portée de quatre kilomètres huit. Mais après avoir passé au peigne fin un rayon de six cent quarante kilomètres près des côtes, ils n'avaient rien détecté.

Des centaines de baleines continuaient à migrer vers le sud en traversant la réserve, et on n'avait remarqué pour l'instant aucun changement dans leurs trajectoires. Le troisième jour, le garde-côte abandonna les recherches, pensant que le Megalodon avait quitté les eaux californiennes ou que le transmetteur n'avait pas fonctionné.

Deux jours s'écoulèrent et l'équipage du *Kiku* commença aussi à perdre tout espoir.

Rick et Naomi Morton célébraient leur dixième anniversaire de mariage à San Francisco. Ils étaient heureux d'échapper un moment à l'hiver rigoureux de Pittsburgh et à leurs trois enfants. Ils n'avaient jamais vu de baleine en chair et en os, et c'est pour cela qu'ils se réjouissaient tant d'aller les admirer toute une journée. Vêtu d'un ciré jaune, chargé d'un caméscope, de jumelles et de son fidèle 35 mm, Rick suivit sa femme à bord du *Cap'tain Jack's*, un bateau de tourisme de douze mètres amarré à l'embarcadère de la baie de Monterey. Le couple trouva des sièges vacants à l'arrière et s'y installa en attendant avec impatience que les vingt-sept autres passagers prennent place.

Au début, la présence du Megalodon avait sensiblement fait baisser la fréquence des visites guidées dans la baie. Mais au fur et à mesure, les touristes revenaient, car le prédateur ne s'était pas montré pendant une semaine et n'avait toujours fait surface que la nuit. Les dirigeants de ces excursions en mer avaient préféré annuler toute balade à la nuit tombée plutôt que de risquer de rencontrer le Megalodon.

– Mesdames et Messieurs, leur annonça une splendide femme rousse dans une tenue de marin immaculée. Bienvenue à bord du *Cap'tain Jack's*. Vous allez assister aujourd'hui à une attraction unique. Toute la matinée, les baleines à bosse nous ont régalés d'un merveilleux spectacle, alors préparez vos caméscopes !

Le bateau avança doucement, et une brume bleue enveloppa les passagers assis à l'arrière.

Une voix masculine retentit dans les haut-parleurs…

– Messieurs dames, c'est absolument passionnant : sur votre gauche, vous pouvez voir un groupe d'orques.

Tout le monde se pencha à bâbord, les caméras posées en équilibre.

– Les orques, connus aussi sous le nom de baleines tueuses, sont des chasseurs extrêmement intelligents. Ils sont capables de tuer des animaux qui font plusieurs fois leur taille. Nous les découvrons ici en pleine manœuvre d'attaque.

Rick ajusta ses jumelles sur le groupe d'ailerons noirs qui avançaient à moins de deux cents mètres du bateau. Ils étaient facilement une trentaine. Dix d'entre eux se dirigeaient dans un sens, les autres se précipitaient dans une autre direction, avant d'opérer un demi-tour brutal : Rick admirait le spectacle, fasciné par leur stratégie. Et puis, il aperçut leur proie : elle était totalement blanche, et son aileron dorsal d'un mètre était à moitié déchiré par la meute qui s'acharnait.

Le petit Megalodon mâle se rua à la surface pour échapper à ses attaquants. Il avait été débusqué par une bande de six orques alors qu'il chassait au large des îles Farallon. Depuis, deux autres grands groupes les avaient rejoints. La motivation de ces mammifères était simple : empêcher le petit Megalodon de survivre.

La curée fut aussi brutale qu'effrayante : les orques mâles se jetèrent sur lui, et leurs dents acérées déchirèrent de grands lambeaux de chair. Le Megalodon riposta en les mordant, attrapa l'un des orques par l'aileron pectoral et le taillada à moitié. La bataille cessa lorsque les douze carnassiers achevèrent de débiter le requin, mettant ainsi prématurément fin au règne du futur roi des océans.

Bud Harris ramassa ses effets personnels et les entassa dans un sac en papier marron que lui avait donné l'infirmière. Le visage défait sous une barbe de plusieurs jours, sale, l'entrepreneur avait perdu de sa superbe. Il n'était plus que l'ombre de lui-même, manquait cruellement de sommeil et avait sombré dans la dépression. Des souvenirs de son expérience traumatisante remontaient de son subconscient sous forme de terreurs nocturnes. Plus effrayantes que le pire des cauchemars, ces nuits d'épouvantes étaient remplies de rêves morbides. Les cinq dernières nuits, Bud avait poussé des hurlements à réveiller les morts, déchirant le silence qui régnait au quatrième étage de l'aile ouest de l'hôpital. Même lorsque les infirmières intervenaient, il continuait de hurler en se débattant, cherchant à fuir un ennemi invisible. La troisième nuit, on avait dû lui attacher les poignets et les chevilles au lit pendant qu'il dormait.

Bud Harris se moquait désormais de vivre ou de mourir. Il se sentait abandonné, blessé, refusait toute nourriture et avait peur de dormir. Extrêmement inquiets, les médecins l'envoyèrent chez un psychanalyste, qui décida qu'un changement d'environnement lui serait salutaire. On l'autorisa à quitter l'hôpital.

L'infirmière vint le chercher avec la traditionnelle chaise roulante pour le conduire dehors.

– Monsieur Harris, lui demanda-t-elle, y a-t-il quelqu'un qui vous attend en bas ?

– Non.

– Eh bien, monsieur, je ne peux pas vous laisser partir. Il faut que quelqu'un vienne vous chercher.

– Nous sommes là.

Un homme âgé, accompagné d'un individu plus jeune, s'avança dans la pièce.

– Monsieur Harris, c'est un honneur de vous rencontrer. Mon nom est Franck Heller, et voici mon associé, anciennement capitaine de la Navy, Richard Danielson.

Heller lui tendit la main.

Bud ne répondit pas à son geste. Il leva les yeux vers l'infirmière.

– Je ne connais pas ces deux hommes et à dire vrai, je m'en fous complètement. Sortez-moi d'ici, ça commence à bien faire !

L'infirmière poussa la chaise roulante, suivie par Danielson et Heller.

– Attendez, monsieur Harris, il faut que nous parlions d'une affaire importante...

Heller s'avança devant la chaise roulante et la bloqua.

– Attendez une seconde, monsieur Harris. J'ai cru comprendre que votre amie, Maggie Taylor, a été tuée par le Megalodon. Mon frère Denny a lui aussi été massacré.

Bud leva les yeux et le dévisagea.

– J'en suis désolé pour vous, mais pour l'instant, je suis complètement à côté de mes pompes, alors vous voudrez bien m'excuser...

– Hé, rétorqua Danielson, cette chose a tué plein de gens et nous avons besoin de vous pour la liquider. Nous pensions que vous voudriez peut-être vous venger.

Danielson quêta l'approbation de Heller, puis ajouta :

– Nous nous trompions sans doute.

À la pensée de tuer le Megalodon, Bud revint à lui. Pour la première fois, il examina attentivement Danielson.

– Écoutez mon vieux, ce monstre a ruiné ma vie, il m'a pris la seule personne que j'aie jamais aimée et l'a torturée devant mes yeux. Si vous parlez sérieusement de le tuer, alors vous pouvez compter sur moi.

– Très bien, répondit Heller. Écoutez, nous allons avoir besoin de votre bateau.

Bud hocha la tête...

– C'est comme ça que je suis entré dans cette foutue histoire la première fois.

La baleine à bosse mâle bondit de l'eau en tordant son thorax de quarante tonnes par-dessus les vagues, puis retomba sur le dos dans un éclaboussement impressionnant. À deux cents mètres de là, les touristes applaudirent avec enthousiasme.

– Ouah ! Rick, est-ce que tu as filmé cette scène ? lui demanda Naomi.

– Oui, elle est dans la boîte.

– Prends encore quelques images, veux-tu ?

– Naomi, j'ai déjà deux bandes pleines, laisse-moi faire une pause.

Pendant quelques minutes, ils ne virent apparaître aucune baleine. Mais la mer se mit à bouillonner et une énorme vague souleva le bateau.

– Il se passe quelque chose, annonça la guide. Préparez vos caméras !

Obéissants, vingt touristes brandirent en même temps leurs caméscopes.

Le mammifère fit surface, flottant sur le ventre, immobile. Silence. Rien ne bougeait. La baleine flottait toujours. Et le thorax roula sur le côté, révélant une entaille de trois mètres à l'estomac.

Les touristes en eurent le souffle coupé.

– Elle est morte ?

– Qu'est-ce qui l'a tuée ?

– C'est une morsure ?

Quelque chose jaillit sous le cadavre de la baleine à bosse. La carcasse se souleva de plusieurs centimètres et le mammifère de quarante tonnes fut entraîné sous l'eau d'un seul coup.

Des cris montèrent parmi les touristes.

Le corps affleura de nouveau à la surface. Sur le côté, une blessure grande comme un cratère laissait s'échapper des flots de sang. La mer devint rouge cramoisi.

Le capitaine fut pris de panique. À toute allure, il mit ses moteurs en marche et vira de bord. Sous la poussée, la moitié des passagers dégringolèrent de leur siège.

Les gens hurlèrent, sans savoir ce qui se passait.

À quinze mètres sous l'eau, le prédateur perçut ces nouvelles vibrations.

Le *Kiku* était ancré à douze kilomètres à l'est de l'Institut Tanaka. La plupart des membres de l'équipage dormaient depuis le passage de la dernière patrouille. Terry Tanaka, vêtue d'un simple bikini blanc, était allongée sur une chaise longue sur le pont supérieur, en plein soleil.

L'huile solaire faisait briller sa peau mate. Jonas, assis à l'ombre, essayait de lire le journal, mais son regard revenait sans cesse vers la jeune femme.

– Vous n'avez pas froid, Terry ?

Elle sourit.

– Il fait chaud au soleil. Vous devriez essayer, ça vous irait bien, le bronzage.

– Quand tout ça sera fini, je prendrai peut-être des vacances, je partirai quelque part. Peut-être dans une île tropicale.

Jonas sourit à cette pensée.

– Vous voulez venir ?

– Oui, pourquoi pas !

Jonas comprit qu'elle était sérieuse. Il reposa sa question sur un autre ton.

– Vous viendriez vraiment ?

Elle enleva ses lunettes de soleil et regarda Jonas droit dans les yeux.

– Essayez-moi, Jonas. Vous ne serez pas déçu.

– Jonas Taylor, au rapport au centre d'information immédiatement !

La voix métallique résonna dans tout le bateau.

Jonas se leva, ne sachant pas quoi dire à Terry.

– Hé, attendez-moi, dit-elle en enfilant un sweet-shirt sur son bikini.

Ils se dirigèrent ensemble vers l'escalier. Jonas entendit Terry lui parler par-dessus l'épaule.

– Où allons-nous loger à Hawaii ?

DeMarco l'attendait dans la cabine de pilotage.

– Jonas, dit-il, on vient juste de capter un message de détresse provenant d'un bateau de tourisme pas très loin d'ici. On dirait bien que le Megalodon est de retour !

– En plein jour ! Quoi ?

À peine le paléontologue avait-il posé la question que la réponse jaillit, limpide.

– Attendez une minute... Elle est aveugle. Cela n'a plus aucune importance. Mais comment ai-je pu être aussi stupide ?

– Le monstre est aveugle ? demanda Terry.

– Oui et non, Terry. Sa vue est peut-être...

– ... Jonas, Masao te demande tout de suite au CIC, ordonna DeMarco.

Jonas et Terry suivirent l'ingénieur dans le centre d'information mal éclairé. Le *Kiku* levait l'ancre, ses deux hélices fouettaient l'eau.

Masao observait l'écran vert fluorescent avec intensité, penché par-dessus l'épaule du marin chargé du sonar.

– Où est-elle ? demanda-t-il à Pasquale pour la quatrième fois en quinze minutes.

– Monsieur, je suis désolé, nous ne sommes pas encore à portée de l'émetteur.

– On en est loin ?

Pasquale triturait nerveusement son nez pour se calmer.

– On est à peu près à dix-neuf kilomètres au sud-ouest du SOS. Comme je vous le disais tout à l'heure, le signal a une portée de quatre kilomètres huit.

– Jonas !

La fatigue des derniers jours se lisait sur le visage de Masao.

– Jonas, qu'est-ce qui se passe ? Tu disais que le monstre ne faisait surface que la nuit.

– Masao, c'est ma faute. Je n'ai pas pensé que le Megalodon était devenu aveugle. Je savais que le projecteur de Mac lui avait brûlé un œil, mais je n'avais pas réalisé que j'avais dû lui abîmer l'autre le soir de l'orage.

– C'est bien qu'il soit aveugle, non ? sourit Masao.

– Pas vraiment ! répondit Jonas. Si le Megalodon a réellement réapparu, cela veut dire non seulement qu'il est aveugle, mais aussi qu'il a surmonté sa peur des ultraviolets. Tu sais, un Megalodon qui perd la vue, ce n'est pas comme si ça nous arrivait à toi ou à moi. Ses sept autres sens sont fichtrement efficaces. Il entend des fréquences très basses, comme des bruits d'éclaboussures, à plusieurs kilomètres. Il détecte une goutte de sang, de sueur ou d'urine dans une grande étendue d'eau à plus de quatre-vingts kilomètres de distance. Ses narines sont directionnelles, il se dirige donc dans la direction où il reçoit la plus grande impulsion olfactive. Son canal latéral et ses ampoules de Lorenzini repèrent les impulsions électriques et les vibrations. Il peut atteindre une cible bien plus facilement que nos torpilles les plus élaborées. Et il peut aussi toucher et goûter tous les objets. Quand tu penses que cette femelle a passé la plus grande partie de sa vie dans une obscurité totale, tu imagines que perdre la vue est probablement pour elle assez peu important. Au pire, c'est un inconvénient mineur. En d'autres termes, poursuivit Jonas, c'est toujours le prédateur le plus redoutable que la nature ait jamais conçu, mais en plus il remonte à la surface de jour comme de nuit. Je dirais que la situation a empiré.

EN MER ET DANS LES AIRS

– Monsieur, j'ai un signal sur le sonar, annonça Pasquale avec excitation.

Jonas, DeMarco et Masao se précipitèrent vers lui…

– Regardez ici, cette ligne très légère. Attendez, je l'entends maintenant, mais c'est très faible.

Il mit ses mains autour de ses oreilles.

– Oui, ça s'amplifie… Le voilà sur l'autre console.

Il désigna un autre ordinateur. Le signal rouge apparut, entouré de cercles concentriques verts.

– Vers où se dirige-t-il, Pasquale ? demanda le capitaine Barre qui se tenait derrière lui, attentif.

– On dirait qu'il s'éloigne de nous. Il est à trois kilomètres à l'est, répondit l'ingénieur.

– Bon travail, ne le perdez pas de vue, dit Barre en lui tapant dans le dos. Helm, changement de cap à cinq degrés à tribord, ralentissez à dix nœuds. Où est votre « copain volant », docteur Taylor ?

– Je suis là.

Mac entra en trébuchant, encore à moitié endormi.

– Mac, on a localisé le Megalodon. Es-tu prêt à décoller ? lui demanda Jonas.

Mac se frotta les yeux.

– Bien sûr, doc, laisse-moi juste trente secondes pour terminer de me réveiller.

– Jonas, Alphonse, à vos postes ! ordonna Masao.

– Mac...

– ... J'arrive.

Mac sortit de la cabine de pilotage. Quelques instants plus tard, on entendit l'hélicoptère vrombir sur le pont du *Kiku*.

Les touristes apercevaient maintenant la terre, encore à trois bons kilomètres. La guide était assise, l'air abattu sur sa chaise, les cheveux roux trempés d'eau de mer.

– Mademoiselle, où allons-nous ? lui demanda Naomi. On va être remboursé ?

– Madame, je ne suis pas sûre de...

BOUM ! Sous le choc, la rousse fut projetée à terre. Les passagers hurlèrent. Naomi attrapa le bras de Rick et s'y cramponna tellement fort que ses ongles s'enfoncèrent dans sa chair.

La femelle venait juste de goûter sa proie et, de son museau, poussait violemment la coque du bateau. Elle se rendit compte que ce n'était pas comestible, alors elle fit demi-tour vers la pleine mer pour rejoindre la carcasse. Aucun risque, cette grosse chose n'était pas dangereuse...

Le capitaine comprit que son bateau était attaqué. Il empoigna le gouvernail et, paniqué, zigzagua frénétiquement. La proue rebondissait sur les vagues.

Le Megalodon ralentit. Ces nouvelles vibrations étaient

bien différentes : la créature avait l'air blessée. Son instinct reprit le dessus, il changea brutalement de trajectoire, remonta à la surface et fonça une nouvelle fois sur le bateau.

– Jonas, tu me vois ?

– Avance, Mac, hurla Jonas par le talkie-walkie.

Jonas et DeMarco étaient postés à l'arrière du bateau, à côté du fusil-harpon, prêts à agir.

– Je dois être à deux cents pieds au-dessus du navire, mais j'ai du mal à discerner quoi que ce soit à cause des reflets à la surface de l'eau. Attends, je change d'angle.

Mac vira de cap, se dirigea plein sud et se positionna à la droite du navire. En plein jour, son imageur thermique ne lui était plus d'aucune utilité.

– Oh ! Merde ! Le voilà !

– Où ça, Mac ?

– À droite, juste derrière le bateau de touristes. Je n'en crois pas mes yeux ! Il fait deux fois la taille de l'embarcation.

Le *Kiku* suivait maintenant le sillage du *Cap'tain Jack's* pour le rejoindre au plus vite.

– DeMarco, cria Jonas contre le vent, il faut que Barre nous emmène à tribord, je ne peux pas prendre le risque de faire feu de cet angle. Je risque de manquer le Megalodon et d'atteindre un passager.

DeMarco hurla un ordre par le téléphone interne relié directement à la cabine de pilotage. Le *Kiku* pencha à tribord, puis dépassa le petit bateau.

Jonas fit pivoter le fusil-harpon sur son support et regarda dans le viseur. Le *Kiku* était plus haut que le *Cap'tain*

Jack's d'au moins huit mètres. Précautionneusement, Jonas relâcha la sécurité. Il vit alors le bateau de tourisme zigzaguer.

– Mac, où est-il maintenant ? cria-t-il dans ses écouteurs.

– Il arrive à toute vitesse. Tiens-toi prêt.

Le *Kiku* se rapprocha au maximum du navire de plaisance.

De sa place, Rick Morton voyait approcher l'ancienne frégate de la Navy. La proue blanche du *Kiku* écrasait de toute sa taille le petit bateau. En passant, elle projeta une vague d'écume de plus d'un mètre le long du *Cap'tain Jack's*.

– Naomi, lâche mon bras, j'aimerais filmer ce navire.

Naomi relâcha son étreinte et attrapa son mari par la taille alors que l'embarcation recommençait ses zigzags.

Lorsqu'il leva son caméscope, un autre objet apparut dans son viseur. À la première impression, Rick crut qu'il s'agissait de la proue de la frégate, blanche, triangulaire. Il régla son autofocus et lâcha la caméra.

Naomi cria. Les autres passagers se retournèrent et hurlèrent à leur tour. À quatre mètres cinquante au-dessus du *Cap'tain Jack's*, la tête et la gorge du Megalodon se tinrent un instant en équilibre, puis s'abattirent avec fracas sur le pont arrière. Les deux arbres d'hélices cassèrent net, comme des brindilles, et la traverse explosa, projetant des éclats de fibre de verre un peu partout.

Sous le choc, Rick et Naomi basculèrent dans le Pacifique, dans la direction opposée au *Kiku*. L'eau glacée leur sembla une morsure.

Malgré cela, Rick parvint à rejoindre sa femme, à l'agripper et, tout en nageant, à la maintenir à flot.

Pendant ce temps, le bateau de tourisme endommagé s'était presque arrêté. Le couple vit avec horreur le monstre fondre sur l'embarcation avant de se tourner vers eux.

Naomi hurla. Rick la serra contre elle et ferma les yeux.

Jonas tira. Le harpon fusa du canon dans un nuage de fumée, entraînant des mètres de câble. Aussitôt, le projectile fit mouche et se ficha de plus d'un mètre dans la peau du Megalodon, à quelques centimètres de l'aileron dorsal. Le monstre se convulsa, s'arc-bouta et, dans un mouvement de tête, heurta la coque du *Kiku*. Le bateau fit une embardée à tribord. DeMarco, projeté dans les airs, se retrouva suspendu au bastingage. Jonas le rattrapa au vol, saisissant sa cheville de justesse avant qu'il ne passe par-dessus bord. Mais, pendant qu'il le tenait fermement, Jonas sentit soudain son propre pied glisser.

Heureusement, la lisse arrêta net sa chute. Alors, il tira DeMarco de toutes ses forces et le ceintura afin de bloquer ses genoux contre la rambarde. Une des mains de DeMarco réapparut. Ce dernier s'accrocha au garde-fou et se hissa enfin sur le pont. Son visage était rouge brique et ses yeux lui sortaient des orbites.

– Bravo, dit-il en toussant. Bonne prise !

BOUUUUM ! Le Megalodon fonça tête la première à bâbord du *Kiku*, pliant la tôle de la coque. La secousse fut telle que Jonas et DeMarco tombèrent.

– Virez à tribord, à fond ! gronda le capitaine Barre dans la salle de contrôle en se relevant.

– Masao, quand ce foutu requin va-t-il s'endormir ?

– Je ne sais pas, Léon. Pour l'instant, il vaut mieux qu'on s'écarte du bateau de tourisme.

– Vous avez entendu ? hurla Barre. En route pour la haute mer !

Rick battait vigoureusement des pieds en ramenant sa femme vers le navire de plaisance. Un passager l'attrapa par le poignet et les hissa à bord. On leur donna des couvertures tandis qu'ils restaient blottis l'un contre l'autre.

Mac, qui survolait le Pacifique à trois cents pieds d'altitude, vit le *Kiku* gagner la pleine mer. Le Megalodon le suivait, tracté par le filin d'acier qui apparaissait par instant à la surface de l'eau. La tête triangulaire émergea encore et heurta le bateau.

– Jonas, toi et les hommes, ça va ?

– Ouais, Mac, mais on s'est fait des frayeurs.

– J'ai envoyé un message au garde-côte pour qu'il récupère les touristes. Je suggère que tu continues à entraîner le Megalodon vers la pleine mer.

– D'accord ! Tu le vois toujours ? demanda Jonas.

Il n'eut pour toute réponse qu'un silence.

– Mac, tu es toujours là ?

– Jonas, il est parti.

Jonas courut à la salle de contrôle, abandonnant DeMarco près du winch.

– Pasquale, où est-il ? hurla-t-il dès son entrée.

L'ingénieur chargé du sonar se concentrait sur le signal qu'il entendait dans ses écouteurs.

– Il a dû plonger.

Jonas vérifia le rythme cardiaque fourni par l'écran relié à l'émetteur, toujours implanté dans les chairs du Megalodon.

– Bon sang, deux cent douze battements à la minute. Je pense qu'il réagit mal aux drogues.

Il décrocha le téléphone interne.

– DeMarco, combien de câble a-t-il emporté ?

– À peu près cent cinquante mètres. Est-ce que je dois démarrer le..

– … Il arrive ! cria Pasquale. Accrochez-vous !

Il y eut quelques secondes de silence.

BOUUUM ! Le *Kiku* fit une terrible embardée, littéralement soulevé avant de retomber avec fracas.

– Je pense qu'elle est énervée ! murmura Jonas.

– Elle va déchirer mon bateau, hurla Barre en décrochant le téléphone. Salle des machines…

– ... Capitaine, nous avons des ennuis, rapporta l'ingénieur. Vous pouvez venir ?

– J'arrive.

Barre fit signe à un marin de prendre le gouvernail, décocha au passage un regard peu amène à Jonas et descendit l'escalier.

– Jonas ! dit Terry en gravissant les marches et en heurtant presque le capitaine. Les drogues ne vont-elles jamais agir ?

Jonas fixa l'écran.

– Je pense que ça y est.

Le cerveau du Megalodon était en feu, son sang bouillonnait, son cœur s'emballait. Le système sensoriel du prédateur s'affolait à cause de la dose massive de Pentorbital. La femelle n'était plus capable que d'une seule chose : suivre son instinct primaire, lequel lui dictait de se lancer contre son ennemi.

Elle plongea à cinq mètres, fit volte-face et repartit vers la surface. Sa queue en croissant remuait rapidement, ombre blanche qui se détachait des flots. Les vibrations du *Kiku* l'attirèrent immanquablement, et elle ajusta sa ligne d'attaque pour percuter la proue de plein fouet.

Si elle avait heurté avec la même puissance la quille plate du *Kiku*, le bateau aurait sûrement coulé en quelques minutes. Mais la collision avait eu lieu à l'avant, donc les ondes de choc s'étaient réparties et dispersées. Le prédateur était quand même assommé. Cela suffit à ralentir son pouls, déjà affaibli par le Pentorbital et la Ketamine, et à endormir son système nerveux.

– Son rythme cardiaque vient de chuter à quatre-vingt-trois pulsations à la minute, annonça Jonas. Je ne peux pas vraiment vous dire si c'est normal, mais les drogues ont fait de l'effet, ça c'est sûr.

Il se leva.

– Nous n'avons pas beaucoup de temps, ajouta-t-il.

– Que devons-nous faire ? demanda DeMarco.

– Tendez le câble au maximum. Le Megalodon est en train de perdre conscience. Le *Kiku* doit le remorquer avant qu'il ne se noie. Terry, détachez le filet à l'arrière. Je prends l'*AG I* et je descends l'attacher au Megalodon.

Terry paraissait inquiète.

– Jonas, comment pouvez-vous être sûr…

– … Terry, nous n'avons pas beaucoup de temps.

Il l'attrapa par les épaules et la regarda droit dans les yeux.

– Tout va bien se passer. Venez.

Elle le suivit sur le pont.

La femelle ne sentait presque plus sa queue. Elle ralentit sa course et s'immobilisa quatre cents mètres sous le *Kiku*.

DeMarco et son assistant, Steve Tabor, surveillaient le winch qui remontait le câble d'acier, à l'arrière du bâtiment.

– Remonte-la doucement à trois cents mètres, Tabor, demanda DeMarco. Dès que nous rencontrerons de la résistance, accroche bien le filin pour que nous puissions remorquer cette salope.

DeMarco regarda sur sa droite. L'*AG I* était calé dans ses sangles. Jonas, en combinaison de plongée, attendait, prêt à sauter à l'intérieur.

– Jonas !

Terry s'approcha de lui, l'attira à elle et lui murmura :

– N'oublie pas nos vacances, d'accord ?

Jonas lui sourit, rampa dans le sous-marin et s'allongea dans la capsule monoplace. Sa tête apparut à travers le nez en lexan. Il installa le harnais. L'instant d'après, il sentit le submersible se soulever du pont, s'incliner et glisser dans le Pacifique. Jonas attacha sa ceinture de sécurité en pensant à Terry en bikini.

– Ne fais pas la gueule, imbécile ! grogna-t-il.

Alors que l'*AG I* se libérait de ses sangles, Jonas actionna la manette vers l'avant. Le sous-marin répondit au quart de tour.

– Jonas, tu me reçois ?

La voix de Masao interrompit le cours de ses pensées.

– Oui, Masao, cinq sur cinq. Je suis à quinze mètres. La visibilité est faible.

– Tu vois le Megalodon ?

Jonas examina les alentours : apparemment, il y avait quelque chose en bas, une lueur délicate, mais pas aussi intense que celle qu'il cherchait :

– Rien encore, reste en ligne.

Jonas accéléra et descendit plus profond. Il sentit la température du sous-marin chuter. Il vérifia de nouveau le profondimètre. Deux cent soixante mètres. Il vit enfin le Megalodon. Il était immobile, suspendu, la tête tournée vers le haut, la queue pendante comme un arbre mort.

– Masao, le Megalodon est KO. Il va se noyer si l'eau ne circule pas dans sa gueule. Il faut que tu le remorques immédiatement. Tu me suis ?

– Oui, Jonas. Reste en ligne.

Les moteurs du *Kiku* se mirent en marche dans un grincement métallique. Le câble se tendit, et le Megalodon fit un bond en avant.

Jonas eut un moment de panique car il avait bêtement positionné son *AG I* au-dessus de la créature inconsciente. Il la contourna rapidement et la regarda s'élever dans la mer. Il plaça son submersible parallèlement aux branchies du Megalodon et observa avec curiosité les cinq fentes verticales. Elles étaient fermées, totalement passives. Et puis, tout doucement, alors qu'il montait vers la surface, elles recommencèrent à battre faiblement. Tant mieux, le Megalodon respirait de nouveau, l'eau passait dans sa bouche et dans ses ouïes.

– C'est du bon travail, Masao, il respire. Je vais fixer le harnais, mais pour l'instant le Megalodon est encore trop bas. Que DeMarco libère quinze mètres de câble supplémentaires, très lentement. Il faut faire attention à ne pas déplacer le harpon.

– Ne quitte pas, Jonas.

Le Megalodon commença son ascension, tiré par le winch. Jonas ne pouvait détacher son regard de la créature, émerveillé par sa taille, sa beauté, sa grâce sauvage. Le paléontologue se surprit à apprécier le Megalodon pour ce qu'il était : un pur produit de l'évolution, perfectionné par la nature depuis plus de cent millions d'années. C'était réellement le roi des océans, et Jonas aima l'idée qu'ils le sauvaient au lieu de le détruire.

Le Megalodon s'arrêta de grimper à soixante-dix mètres. Jonas continua de remonter vers la surface afin de localiser le filet destiné à servir de harnais au Megalodon, qui flottait près de la quille du *Kiku*. À l'aide de la pince du bras rétractable de son sous-marin, il en saisit l'extrémité. Doucement, pour ne pas emmêler le filin, il fit surface et le déploya à l'arrière de l'appareil.

Le harnais n'était en fait qu'un simple filet de pêche assez lourd, conçu à l'origine pour attraper les thons. À la demande de Jonas, on l'avait lesté avec des flotteurs sur toute la longueur. Ils pouvaient être gonflés ou dégonflés à volonté depuis le *Kiku*. Une fois le Megalodon capturé, on pourrait le relâcher en toute sécurité dans le lagon, simplement en dégonflant les bouées.

Jonas plongea à deux cent cinquante mètres et fit tranquillement le tour du monstre endormi. Puis, satisfait du déroulement des opérations, il accéléra et se plaça derrière l'aileron caudal.

– Masao, je suis en position. Gonfle les flotteurs !

– C'est parti, Jonas.

Le filet s'arrondit, se souleva et s'enroula autour du Megalodon. Le monstre de vingt tonnes remonta, soulageant ainsi la tension du harpon.

– C'est bon, c'est assez, cria Jonas. Excellent travail, Masao. Il ne faut pas qu'il s'élève trop. Je remonte à bord.

– Attends, Jonas, avant que tu ne refasses surface, le capitaine Barre aimerait que tu examines les dégâts à la coque du bateau.

– Pas de problème. Ne quitte pas.

Jonas décrocha la pince et contourna à toute vitesse la femelle désormais prisonnière. La tête lui tournait, mais il était tout à fait ravi du déroulement des opérations. Il était surtout impatient de remonter à bord et de parler avec Terry.

Et puis il découvrit l'état de la coque.

AU CRÉPUSCULE

– Il y a une brèche de deux ou trois mètres, déclara Jonas.

Après la collision du Megalodon et du *Kiku*, plusieurs voies d'eau s'étaient déclarées à bord, et le bateau gîtait maintenant de quinze degrés à tribord.

– Nous n'en sommes qu'au début, Masao, expliqua Léon Barre. On a réussi à isoler le compartiment avant, mais les dégâts à bâbord sont considérables : les hélices sont complètement pliées.

– On va couler ? demanda Masao.

Barre prit un temps de réflexion.

– Non, je ne pense pas. Bien qu'inondés, les compartiments restent étanches, et on a limité la casse, mais on ne va pas pouvoir pousser le navire à fond. Ça va demander beaucoup d'efforts pour tracter ce monstre, trop en fait pour une seule hélice. Le *Kiku* devra regagner le port tout doucement.

– Dans combien de temps arriverons-nous au lagon ? demanda DeMarco.

– Hum… Attends voir ! Il est un peu plus de sept

heures, je dirais que nous y serons demain matin, un peu avant l'aube.

DeMarco regarda Barre, l'air inquiet, puis se retourna vers Jonas.

– Tu crois que la foutue bestiole restera inconsciente jusque-là ?

– Sincèrement, je n'en sais rien. Il n'y a aucun moyen de le savoir. Je lui ai administré ce que je pensais être la dose suffisante pour l'endormir de douze à seize heures.

– On ne peut pas lui refaire une injection ? insista Masao... Attendre une douzaine d'heures et la droguer de nouveau ?

– Si on fait ça, elle va mourir, répondit Jonas. On ne peut pas garder un animal de cette taille sous calmants aussi longtemps sans causer de dommages irréversibles à son système nerveux.

Masao se gratta la tête, hésitant.

– Nous n'avons pas beaucoup de solutions. Capitaine, combien de membres d'équipage vous faut-il pour faire marcher le bateau ? On pourrait peut-être faire évacuer quelques hommes ?...

– Oubliez cette idée, Masao. Vu l etat de l'hélice et les nombreuses voies d'eau, j'ai besoin de tout le monde, je dirais même que nous ne sommes pas assez nombreux. Si nous devons quitter le navire, nous le quitterons tous ensemble.

– Masao, laisse-moi faire une suggestion, proposa Jonas. Quand le Megalodon reviendra à lui, nous le saurons grâce à l'électrocardiogramme. Je redescendrai avec l'*AG I* pour garder un œil sur notre ami. S'il fait mine de se réveiller, on détache le câble et on s'en va. Si nous ne sommes pas encore dans le lagon, nous n'en serons pas très loin de toute façon. Sans le poids du Megalodon, nous pourrons l'atteindre très rapidement.

– Qu'est-ce qui va se passer quand le Megalodon se réveillera ? demanda Masao.

– Il aura une sacrée gueule de bois et il risque d'être énervé. Je ne serais pas surpris qu'il nous suive directement jusqu'au lagon.

– Tu veux plutôt dire qu'il nous pourchassera, répliqua DeMarco.

– Et toi ? demanda Terry.

– Dans l'*AG I*, la rassura Jonas avec un sourire, je serai probablement plus en sécurité que vous à bord.

Masao pesa le pour et le contre, et se décida.

– D'accord, Jonas, tu pars avec l'*AG I* dès demain matin et tu jettes un œil sur notre poisson. DeMarco, tu prendras ton quart en premier et tu surveilleras l'électrocardiogramme. Si tu détectes le moindre changement, tu avertis Jonas sur-le-champ.

Masao s'arrêta soudain, tendit l'oreille et écouta attentivement les grondements de l'orage dans le lointain.

– On dirait bien qu'une tempête se prépare.

Mac entra dans le centre d'information, après avoir posé son hélicoptère sur le pont.

– Non, Masao, c'est le bruit des hélicos de la presse. Ils sont cinq pour être précis, et il y en a d'autres qui arrivent. Je pense que demain à l'aube il va y avoir foule par ici.

Franck Heller laissa tomber ce qu'il était en train de faire et, pour la quatrième fois en une heure, leva la tête pour regarder les informations du jour à la télévision.

« *... À soixante mètres en dessous de nous, gît dans un état comateux le Carcharodon Megalodon, requin préhistorique de dix-huit mètres. Le monstre carnassier a semé la terreur ces trente derniers jours. Grâce à nos caméras spéciales, vous pouvez clairement discerner sa peau blanche, qui luit sous les reflets de la pleine lune.*

Le Kiku, *gravement endommagé à la suite d'une collision avec l'animal, est attendu à l'entrée du lagon Tanaka peu avant l'aube. Le service d'informations de Channel 9 se tiendra prêt à intervenir pour vous apporter les derniers développements de cette incroyable histoire. C'était Tori Hess, des informations d'Action 9, en direct de...* »

– Tu peux éteindre, Franck, lui dit Danielson.

Ils étaient tous deux à bord du *Magnat* et fabriquaient une grenade sous-marine artisanale dans la salle de sports du yacht. Danielson travaillait dur, sans se laisser distraire. Il installait la goupille sur le tonneau d'acier mesurant un mètre sur soixante centimètres.

– Tu as regardé la même chose toute la nuit.

– Tu m'as demandé de me renseigner pour savoir à quelle profondeur se trouvait le Megalodon, répondit Heller en se justifiant. Tu t'attendais à ce que j'y aille à la nage avec un mètre de couturière ?

– Ouais, bon, alors raconte-moi, dit Danielson en levant les yeux de son ouvrage, à quel endroit exactement est cette salope ?

– Si l'on se fie à l'angle de la caméra, je dirais qu'elle doit se trouver à quarante ou soixante mètres de profondeur. Quelle portée a ta grenade ?

– Largement suffisante. Et puis, j'ai ajouté à la charge une bonne quantité d'Amatol, ce qui est plutôt primaire mais très efficace. Crois-moi, Franck, il y a là-dedans assez d'explosif pour frire ce poisson. La partie la plus délicate sera de réussir à s'approcher assez près du monstre pour lui lancer la grenade. Pour ça, il faudra faire confiance à Harris. Où est-il d'ailleurs ?

– Sur le pont, répondit Heller. Tu as remarqué que ce type est complètement insomniaque ?

– Ouais. Mais je vais te dire un truc, Franck, admit Danielson, moi-même, je n'ai pas vraiment fermé l'œil, ces derniers temps.

Bud Harris était appuyé contre le bastingage. Il regardait les reflets de la lune sur la mer. Le *Magnat* était ancré à trois cents mètres au sud du lagon Tanaka. Bud pouvait discerner le mur en ciment du grand canal d'entrée.

– Maggie..., murmura Bud à voix haute entre deux lampées de gin.

Il contempla les vaguelettes qui léchaient la coque du bateau.

– Maggie, regarde dans quoi tu m'as entraîné. Me voilà embarqué avec ces abrutis de la Navy à jouer à la guerre contre un foutu monstre. Tu arrives à croire à cette connerie ?

Bud se versa une autre rasade de gin et vida son verre d'une traite.

– Ah ! Mag, reprit-il alors que des larmes glissaient sans retenue sur ses joues. Pourquoi tu n'as pas laissé tomber cette foutue caméra ?

Il lança son verre dans la mer et le reflet de la lune se dissipa...

– Et merde ! Je vais liquider ce monstre demain et lui crever les yeux, dit-il.

Puis il tituba jusqu'en bas de l'escalier circulaire qui

menait à la cabine d'équipage où il était installé. Il ne pouvait plus dormir dans la sienne. Le parfum de Maggie y flottait encore, sa présence y était trop forte. Il s'effondra sur le grand lit et sombra aussitôt, sous les effets de l'alcool.

Juste après que Bud eut quitté le pont, un aileron apparut à la surface et s'approcha du verre abandonné qui coulait dans les profondeurs du parc national.

Jonas ouvrit les yeux avant que son réveil ne sonne. Il était allongé sur une chaise longue, chaudement vêtu d'un gilet de laine, Terry pelotonnée contre lui. Doucement, il caressa ses cheveux soyeux malgré ses doigts calleux.

Elle remua.

– Rendors-toi, Jonas, murmura-t-elle, les yeux fermés.

– Je ne peux pas. C'est l'heure.

Elle s'étira, un bras passé autour de son cou, et l'embrassa.

– Je suis trop bien pour bouger. Jonas, dormons encore cinq minutes !

– Terry, j'aimerais bien rester ici toute la nuit, mais nous savons tous les deux que ce n'est pas possible.

– Je suis jalouse. Tu préfères passer ton temps avec cette autre femelle.

– Viens. Lève-toi, fillette.

Il l'attira à lui.

– Il faut que je mette ma combinaison. DeMarco est probablement en train de se demander où je suis passé.

La montre de Jonas indiquait quatre heures trente-trois.

– Bon, je vais manger un morceau. Tu ferais bien d'en faire autant.

– Non, je pense que je vais m'en passer, j'ai l'estomac un peu noué. Dis juste à DeMarco de me retrouver au sous-marin.

Pour la énième fois, DeMarco consulta sa montre. Mais où était donc ce type ?

La courbe de l'électrocardiogramme n'avait pas bougé. Dehors, le ciel s'assombrissait et les hélicoptères de la presse tournaient toujours au-dessus du bateau.

– Saleté de journalistes, grogna-t-il.

Terry arriva en souriant…

– Bonjour, Al.

– Alors, où est Jonas ?

– Il est déjà dans l'*AG I*. Il t'attend pour que tu le mettes à l'eau.

– Il m'attend ? Enfin, cela fait une éternité que je suis ici à me tourner les pouces.

DeMarco quitta le centre d'information, traversa d'un pas rapide la cabine de pilotage et se dirigea à l'extrémité du pont où se trouvait l'*Abyss Glider*.

Jonas était déjà couché sur le ventre à l'intérieur. DeMarco frappa à deux reprises sur la vitre et Jonas leva le pouce, lui faisant comprendre qu'il était prêt. DeMarco s'installa dans la grue.

– Aïe ! Qu'est-ce que c'est que ça ?

Il attrapa l'objet et l'examina avec attention.

– Une dent ?

En effet, c'était une dent de dix-sept centimètres, noircie par le temps mais aiguisée comme un rasoir. DeMarco repartit vers le sous-marin et en ouvrit la trappe arrière.

– Hé, Jonas, tu as perdu quelque chose !

– Quoi ? Oh ! zut, ma dent de Megalodon ! Désolé Al, tu peux me la passer, s'il te plaît ?

DeMarco s'exécuta.

– Pourquoi est-ce que tu transportes ce machin avec toi ?

Jonas haussa les épaules…

– Je le fais depuis plusieurs années. C'est une sorte de porte-bonheur. Je l'ai toujours sur moi quand je pilote un submersible. Je suis un peu superstitieux.

– Ouais, excuse-moi, je me suis un peu énervé quand je me suis assis sur cette foutue chose, aboya DeMarco. Mais à partir de maintenant, fais-moi plaisir : évite de la poser dans ma grue. Je ne suis pas du tout un amoureux des dents !

– Désolé, répondit Jonas, penaud.

DeMarco claqua la trappe d'accès, retourna à son poste et descendit l'*AG I* dans le Pacifique.

Jonas alluma ses projecteurs extérieurs et plongea sous la coque du *Kiku*. La situation avait empiré, le bateau avait maintenant pris beaucoup de gîte. Il accéléra, vira à droite, puis conduisit son appareil à quatre-vingt-dix mètres.

La lueur du Megalodon éclairait les fonds marins à cinquante mètres à la ronde. Des bancs de poissons grouillaient tout autour de lui et des méduses s'étaient prises dans le filet. Jonas coupa les projecteurs. Il manœuvra l'*AG I* pour s'approcher de la tête de la créature. C'était impressionnant ! À lui seul, le crâne était presque trois fois plus long que le sous-marin.

La bouche du Megalodon était juste assez entrouverte pour laisser passer de l'eau. Jonas resta au-dessus de l'œil droit qui s'était retourné. C'était un réflexe naturel et instinctif : l'organe étant devenu inutile, le cerveau l'avait protégé derrière la paupière.

– Jonas !

Jonas sursauta, retenu à temps par son harnais.

– Fais attention, Terry, tu m'as fait une trouille bleue !

Elle éclata d'un rire franc.

– Désolée, dit-elle.

Puis elle redevint sérieuse.

– Le cœur bat toujours à quatre-vingt-cinq battements à la minute. Comment va le Megalodon ?

– Ça a l'air d'aller.

Jonas le contourna pour en être certain et s'approcha des fentes des branchies.

– Terry, à combien sommes-nous du lagon maintenant ?

– À moins de sept kilomètres. Barre dit qu'il nous faut encore deux heures. Hé, tu vas manquer un superbe lever de soleil.

Jonas sourit...

– On dirait que c'est le début d'une belle journée !

L'AUBE

Ils avaient jeté l'ancre près de la plage et avaient attendu toute la nuit. La foule compacte n'avait qu'une idée en tête en ce petit matin d'hiver : voir le Megalodon en chair et en os. Sur le nombre, il y avait bien sûr des scientifiques ; cependant, l'assemblée était essentiellement composée de touristes amateurs de grands frissons. Ils n'étaient pas vraiment rassurés mais, justement, ça les excitait. Tous les moyens de transport possibles et imaginables, du plus gros au plus petit, avaient été réquisitionnés pour l'occasion. À des kilomètres à la ronde, la mer était noire d'embarcations, du simple canot aux yachts, en passant par des hors-bords, des caboteurs ou des grands bateaux de pêche. Les tour-opérators étaient bien entendu de la partie. Ils avaient fait le plein de passagers, armés de centaines de caméscopes.

André Dupont était accoudé au bastingage d'un chalutier de quatorze mètres et observait à travers ses jumelles la brume se lever à l'horizon. Il apercevait l'avant du *Kiku*, à un bon kilomètre et demi au nord-ouest du canal d'entrée. Il retourna dans la cabine.

– Étienne, le bateau est en vue, il ne devrait pas tarder

à arriver, déclara Dupont à son assistant. Crois-tu que le capitaine accepterait qu'on s'avance à sa rencontre ?

Étienne secoua la tête en signe de dénégation :

– Désolé, André. Il refuse de quitter les hauts-fonds à cause du monstre. Il ne veut pas risquer son navire. Il y tient, c'est une affaire de famille, comme tu le sais.

– *Oui* [1], et je pense qu'il a raison, rétorqua Dupont.

Puis il tourna son regard vers le Pacifique, éclairé à perte de vue par des centaines de fanaux, et ajouta :

– Malheureusement, je ne suis pas sûr que tous ces gens vont être aussi prudents.

Franck Heller regardait le *Kiku* avancer poussivement vers le lagon Tanaka. Il ne partageait absolument pas l'enthousiasme et l'excitation d'André Dupont. Il était habité par la rage. La gorge nouée, les jambes tremblantes, il vibrait d'une colère rentrée, attendant son heure.

– Allez, Harris, dit-il soudain, l'œil toujours fixé sur l'horizon, on y va !

Bud mit les gaz. Les deux moteurs du *Magnat* vrombirent et le yacht suivit les traces du *Kiku*.

Les premières lueurs de l'aube filtraient déjà sous la mer. Jonas aperçut enfin clairement le thorax de la créature, qui faisait penser à un énorme dirigeable fluorescent. Lentement, il approcha son sous-marin. Il n'était plus qu'à un mètre cinquante de l'œil droit de la femelle. La pupille

1. En français dans le texte.

gris bleu était toujours dissimulée sous la paupière, et il ne distingua qu'une membrane blanchâtre injectée de sang.

– Jonas, chuchota Terry dans le micro, je crois que le Megalodon reprend conscience.

Jonas sentit un frisson.

– Explique-toi, Terry.

– Son pouls augmente très lentement. Il est à quatre-vingt-sept, presque quatre-vingt-dix...

– ... Jonas, c'est DeMarco. J'ai transporté le harpon à l'arrière du bateau, comme me l'a demandé Masao. Mais je te préviens, si le monstre se réveille avant que nous n'entrions dans le lagon, je fais feu. Et si je le tue, tant pis. Tu es prévenu !

Jonas eut la tentation de répliquer, mais il se retint. DeMarco avait raison. Si le Megalodon se réveillait avant que le *Kiku* ne soit à l'abri dans l'aquarium, le bateau et l'équipage couraient un grand danger. Il regarda les mâchoires béantes. Depuis cent millions d'années, la créature n'était guidée que par son seul instinct. Comment lutter contre cela ? C'était inscrit dans son ADN. Elle ne pouvait ni choisir ni penser, seulement réagir. Ses actes étaient conditionnés. Elle était née pour dominer les océans et, pour survivre, condamnée à chasser sans fin.

– On aurait dû te laisser toute seule, tranquille, murmura Jonas.

– ... Jonas !

La voix de Terry le ramena à la réalité.

– Tu ne m'as pas entendu ?

– Désolé, je...

– Le *Magnat* fonce droit sur nous.

Terry haussa le ton.

– Il est à cinq cents mètres et il arrive à vive allure.

– Bud, nom d'un chien, qu'est-ce que tu fabriques ? se demanda Jonas.

Il devenait inquiet...

DeMarco braqua ses jumelles sur le yacht. Il régnait une forte agitation sur le pont arrière. Il opéra sa mise au point et aperçut deux individus en train de poser un tonneau d'acier en équilibre sur la traverse.

– Mais qu'est-ce qu'ils foutent, nom de Dieu ? s'écria l'ingénieur à voix haute.

Trois cents mètres. Deux cents mètres... Soudain, DeMarco reconnut le visage d'un des hommes... C'était Heller ! Il examina de plus près le tonnelet et comprit...

– Jonas ! Jonas !

DeMarco arracha le micro des mains de Terry.

– Une grenade va te tomber dessus. Plonge !

Jonas appuya à fond sur le levier, amorçant un virage en épingle à cheveux, et fila sous le Megalodon.

Mac tira sur son manche. L'hélicoptère s'arracha du pont de la frégate. Il contourna le bâtiment par la gauche et fonça sur le *Magnat* comme s'il menait une attaque aérienne contre un patrouilleur nord-vietnamien.

Alerté par le vrombissement, Bud leva la tête et découvrit avec stupéfaction l'appareil, qui semblait surgir de nulle part. Il piquait droit sur eux et la collision paraissait inévitable... Le millionnaire poussa un hurlement et vira de bord d'un coup sec. Trop tard ! La plate-forme supportant l'imageur thermique s'écrasait sur l'antenne radar du *Magnat*, laquelle éclata en mille morceaux et retomba en pluie sur le pont. Affolés, Danielson et Heller abandonnèrent leur grenade et se jetèrent à plat ventre sur le sol. Ils se protégèrent la tête avec les mains pour éviter les débris. La charge explosive de deux cent cinquante kilos était toujours en équilibre sur le rebord de la traverse. Lorsque le *Magnat* fit une embardée, le tonneau d'acier roula par-dessus bord et tomba dans le Pacifique. Il ne tarda pas à se remplir d'eau et à couler dans les profondeurs de la baie de Monterey. Le yacht s'écarta du *Kiku*, tandis que des centaines de particules d'aluminium continuaient de pleuvoir sur le dos des deux hommes. Heller finit par se relever et regarda autour de lui. L'hélicoptère descendait en piqué sur l'océan. À la dernière minute, il se redressa et visa l'arrière du yacht.

– Quel enfoiré de salaud ! hurla Heller.

– Baisse la tête, cria Danielson.

Mac mit les gaz à fond, poussant un hurlement sauvage, un sourire jusqu'aux oreilles...

– À l'attaque !

BOUM !

L'explosion le prit au dépourvu.

Il tira sur son manche mais il ne contrôlait plus la queue de l'appareil. Dans un craquement sinistre, l'engin s'écrasa sur le pont supérieur du *Magnat*, arrachant au passage le toit de la cabine de luxe. Son aile s'embrasa, l'hélicoptère oscilla et, avant que Mac ait eu le temps de réagir, tomba à l'eau.

Cent mètres sous l'eau, la goupille artisanale céda et l'arme grossière explosa dans un éclair et un grand boum.

En dépit de sa courte portée – environ huit mètres –, elle déclencha un véritable cataclysme.

Sous l'effet du courant, l'*AG I* roula sur le flanc et partit en tonneaux. À l'intérieur, Jonas heurta le pare-brise en lexan avec la tête et retomba, à moitié assommé.

À bord du *Kiku*, le choc fut considérable. En une fraction de seconde, toutes les lumières vacillèrent, tandis que l'équipage était projeté au sol. Les équipements furent littéralement soufflés. Le capitaine Barre ordonna aussitôt aux officiers de verrouiller la porte étanche de la salle des machines. Mais personne ne l'entendit dans le vacarme des hélicoptères de la presse.

Terry Tanaka tomba à genoux sur le pont. Ses premières pensées allèrent à Jonas. Elle dénicha tant bien que mal la radio.

– Jonas ! Jonas ! Allô, réponds, je t'en prie !

Elle n'entendit qu'un grésillement…

– Al, je n'ai aucun signal…

– Terry…

À l'appel de son nom, elle se retourna. Masao venait d'apparaître en haut de l'escalier et s'effondra sur la dernière marche. Elle courut à lui, le prit dans ses bras.

– Appelez un docteur ! hurla-t-elle en voyant du sang sur ses mains.

En toute hâte, DeMarco décrocha le téléphone interne pour appeler le médecin du *Kiku*. Ce faisant, il oublia de vérifier l'électrocardiogramme du Megalodon. L'aiguille indiquait maintenant plus de cent pulsations à la minute…

Les eaux glacées du Pacifique tirèrent Mac de sa torpeur. Il ouvrit les yeux et fut pris de panique en réalisant qu'il était coincé au fond de l'eau. La cabine était inondée, inclinée à quarante-cinq degrés. Il se débattit, cherchant à détacher sa ceinture de sécurité, alors que l'appareil endommagé disparaissait sous les vagues.

Jonas attendit que la mer se calme et tenta de retourner son sous-marin. Le moteur ne répondait plus. En jurant, il s'efforça alors de ramper à l'intérieur de la capsule. Peu à peu, grâce au mouvement qu'il imprimait à l'appareil, ce dernier se mit à se balancer.

– Terry, allô !

Mais la radio, comme le reste, était hors d'usage.

Une lueur familière apparut distinctement à la droite de Taylor, illuminant toute la cabine. À moins d'un mètre de lui, l'œil gris bleu de la femelle le toisait. Grand ouvert, il était aussi gros qu'un ballon de basket.

LE CHAOS

Bud se releva lentement, ahuri, ne comprenant absolument pas ce qui venait de se passer. Le *Magnat* dérivait, les deux moteurs éteints. Il regarda à bâbord et eut le temps d'apercevoir les pales de l'hélicoptère glisser sous les vagues.

– Qu'il crève, jura-t-il.

Il essaya de remettre le yacht en marche. Rien à faire !

– Et merde ! Danielson ! Heller ! Bon sang, où sont ces deux types-là ?

Bud se dirigea vers le pont et trouva les deux hommes près de la traverse.

– Eh bien ? Le monstre est mort ?

Danielson et Heller se regardèrent.

– Sûrement, répondit Danielson d'un air hésitant.

– Vous n'avez pas l'air d'en être certain, lâcha Bud de mauvaise humeur.

– Malheureusement, rétorqua Danielson, nous avons été obligés de lancer la bombe trop tôt à cause de ce fou qui nous a attaqués.

– Il faut qu'on se tire de là, dit Heller.

– Ouais, eh ben les gars, il va y avoir un gros problème, ajouta Bud... Les moteurs ne fonctionnent plus. Votre foutue grenade a dû rompre un circuit, et moi, je ne suis pas MacGyver...

– Vous êtes en train de nous dire qu'on est coincés ici avec le Megalodon ?

Heller secoua la tête, les dents serrées.

– Franck, ce monstre est mort, fais-moi confiance, le rassura Danielson. D'une seconde à l'autre, on va le voir flotter sur le ventre.

Heller regarda son ancien commandant...

– Dick, c'est une saloperie de poisson, il n'est pas comme les autres. S'il est vraiment mort, il va couler.

Ils entendirent des bruits d'éclaboussures sur leur gauche. Le bateau prit de la gîte et une main s'agrippa au bastingage. Mac se hissa à bord du *Magnat*.

– Belle matinée, vous ne trouvez pas ? dit-il en s'écroulant sur le pont.

Jonas était allongé sur le ventre, en proie à une crise de claustrophobie qui l'empêchait de respirer. L'aile gauche de l'*Abyss Glider*, inerte, s'était prise dans le filet de pêche, à la hauteur du Megalodon. Oscillant entre horreur et fascination, Jonas ne détachait pas son regard de l'œil gris bleu de la femelle qui continuait de le fixer.

– Elle est aveugle, pensa-t-il, mais elle sait que je suis là, elle sent ma présence.

L'aileron caudal remua. Le prédateur avança légèrement, ses nageoires frissonnèrent. Les branchies passèrent à quelques centimètres de Jonas. Puis la créature fouetta l'eau, libérant ainsi l'aile du sous-marin... Et se réveilla d'un seul coup !

Délivré de son entrave, l'*AG I* fila comme une flèche vers la surface. Jonas continuait d'observer le Megalodon, dont les ailerons pectoraux étaient empêtrés dans le filet de pêche. Enragé, il fit un écart, roula une fois sur lui-même, puis deux, s'emmêlant de plus en plus. Les vagues provoquées par les secousses de l'animal envoyèrent voltiger l'*AG I*. Le Megalodon sortit du champ de vision de Jonas. Le sous-marin se redressa et, dans un éclair, Jonas vit de nouveau le Megalodon, furieux, saucissonné dans les cordages.

– Il va se noyer, murmura-t-il consterné.

Les centaines de curieux restés à l'extérieur du lagon Tanaka avaient vu le superbe yacht aller à la rencontre du héros du jour. Ils avaient assisté à l'arrivée de l'hélicoptère, à son plongeon dans l'océan et à l'explosion de la bombe. Depuis, ils se demandaient avec inquiétude s'il leur serait encore possible d'admirer le monstre pour lequel ils avaient dépensé tant d'argent.

Plusieurs chalutiers s'avancèrent en masse vers le *Kiku* naufragé, avec l'intention de filmer la créature, qu'elle soit morte ou vive.

Neuf hélicoptères de presse survolaient la frégate, changeant perpétuellement de trajectoire pour trouver le meilleur angle. L'explosion avait apporté un nouvel éclairage à l'histoire, et les patrons des chaînes de télévision avaient chargé leurs reporters de vérifier que le Megalodon était toujours en vie.

David Adashek était installé à l'arrière de l'appareil de Channel 9, épuisé à force de regarder par-dessus l'épaule du cameraman. On distinguait très clairement la lueur blanche de la créature, mais il était impossible de savoir si elle bougeait. Le pilote lui tapota le bras, indiquant l'autre côté de l'avion. Il découvrit avec stupéfaction qu'une flottille de bateaux de plaisance avançait vers le Megalodon.

Les denticules dermiques du Megalodon, sortes de dards aiguisés et rugueux comme du papier de verre, auraient tôt fait de venir à bout du filet de pêche.

Jonas vit que la femelle se libérait de ses liens et se secouait avec agitation. Paniqué, il tenta de mettre la main sur les fusées du sous-marin. Trop tard : le Megalodon se tournait vers lui, mâchoires ouvertes, dévoilant ses dents triangulaires. Frénétiquement, Jonas appuya à plusieurs reprises sur l'interrupteur… Mais le moteur resta muet. Le monstre se propulsa en avant.

Bud et Mac étaient descendus à la salle des machines, laissant Heller et Danielson sur le pont. Franck, appuyé contre la traverse, scrutait la mer lorsque apparut l'énorme masse blanche.

– Fils de…

BOUUUM !

Sous le choc, l'arrière du bateau vola en éclats. Danielson et Heller dégringolèrent sur le pont à présent incliné. Ils glissaient vers la mer.

DeMarco empoigna le fusil-harpon et le pointa sur sa cible. Lorsque le Megalodon refit surface, DeMarco retira la sécurité. Il le regarda nager un instant puis, lorsqu'il vit l'abdomen fluorescent surgir de l'eau, il appuya sur la gâchette.

Clic.

– Malédiction !

Le coup n'était pas parti ! DeMarco lâcha son arme. Le temps pressait…

L'équipage au grand complet était maintenant sur le pont, enfilant frénétiquement des gilets de sauvetage orange. Dans la cabine de pilotage, le médecin de bord auscultait Masao qui avait repris connaissance. Terry et Pasquale attendaient son verdict avec anxiété.

– Il souffre d'une fracture du crâne, Terry, dit-il enfin. Il faut le transporter d'urgence à l'hôpital.

Elle entendit le ronronnement des hélicoptères de presse au-dessus d'eux.

– Pasquale, prenez la radio, essayez d'entrer en contact avec un de ces appareils. Qu'il atterrisse sur le pont du *Kiku*. Expliquez au pilote que nous avons un blessé grave. Docteur, restez avec mon père, je file à l'arrière.

Elle sortit de la cabine de pilotage en courant et se dirigea vers le tillac.

David Adashek fut le premier à l'apercevoir, faisant de grands signes debout sur le pont arrière.

– Je connais cette jeune femme, dit-il. C'est la fille de Tanaka. Capitaine, pouvez-vous vous poser sur le *Kiku* ?

– Aucun problème.

– Attendez, répliqua le cameraman. Mon producteur

exige que je prenne des gros plans du Megalodon. Il va me bouffer tout cru si vous atterrissez sur ce navire.

– Regarde donc, lui dit David, le Megalodon est en train d'attaquer le *Kiku*…

– … Raison de plus pour ne pas y aller.

– Hé, coupa le pilote. Je reçois un appel de détresse. Ils ont besoin que l'on transporte un homme blessé jusqu'à la côte. L'opérateur radio me dit qu'il s'agit de Masao Tanaka. Ça a l'air sérieux.

– Posez l'hélicoptère, ordonna Adashek.

Le cameraman lui lança un regard noir.

– Va te faire voir.

Adashek lui arracha la caméra et fit mine de la balancer par la portière ouverte.

– On atterrit ou je donne ça à manger au Megalodon.

Quelques instants plus tard, l'appareil atterrissait.

Le Megalodon tournait en rond sous le *Kiku*, sous l'emprise d'une véritable frénésie. La coque d'acier inondée envoyait des impulsions électriques qui stimulaient ses ampoules de Lorenzini. Il n'avait plus qu'une idée en tête : attaquer son ennemi et l'anéantir.

Jonas suffoquait et ruisselait. Mais il ne pouvait pas se laisser aller. Il fallait absolument qu'il trouve les accus du sous-marin. C'était une question de vie ou de mort. À tâtons, luttant pour reprendre son souffle, il attrapa les pôles de la batterie et chercha en vain le branchement défait.

Une vague brutale retourna l'*AG I*. Avec horreur, Jonas vit le Megalodon enfouir son museau dans la coque du *Kiku*. Impuissant, le cœur serré, il observa la scène et eut envie de prier…

La collision renversa la plupart des hommes de l'équipage. On entendit des bris de métal ainsi qu'un grognement issu des profondeurs.

– Fils de…, jura le capitaine Barre. Ce salaud de monstre est en train de bouffer mon bateau. Sortez les canots de sauvetage. Vous, emmenez Masao loin d'ici. Il ne faut pas qu'il y ait du sang dans l'eau.

Le pilote de l'hélicoptère se tourna vers Adashek et le cameraman :

– Si on prend le blessé avec nous, il faut qu'un de vous deux lui laisse sa place, dit-il gravement.

Le cameraman eut un sourire machiavélique à l'égard d'Adashek…

– J'espère que tu sais nager, mon vieux.

Lorsque le docteur et Terry installèrent Masao dans l'hélicoptère, David sentit son courage l'abandonner. Loin de l'abri douillet de la cabine, il était désarmé…

Il resta sur le pont de plus en plus penché, assistant au départ de l'appareil pour la terre ferme.

– Dans quel pétrin t'es-tu fourré, David ? se dit-il à voix haute.

Dick Danielson était arc-bouté contre la lisse et souffrait de multiples contusions. Mais très vite, se rendant compte de l'étendue du désastre, il se redressa, saisit Heller par les aisselles et le remit sur pieds.

– On coule !

– Et merde !

Heller regarda autour de lui…

– Où sont Harris et Mac ?

– Probablement morts. Si c'est le cas, ils ont de la chance, d'ailleurs.

– Le Zodiac, dit soudain Heller en désignant le radeau de caoutchouc.

– Allez, viens ! Dépêche-toi !

L'eau envahissait le *Magnat* à toute vitesse. Le yacht tourbillonna, entraîné par les courants. Au prix d'efforts surhumains, Danielson et Heller soulevèrent et descendirent le canot à moteur à la mer. Quand il retomba sur la surface dans une grande gerbe, Danielson se tourna vers Heller :

– Vas-y !

Heller s'exécuta, suivi par son ancien officier. Le moteur de quarante-huit chevaux vrombit et Danielson poussa les gaz au maximum. La frêle embarcation rebondissait sur les vagues et fonçait vers la terre et le groupe de bateaux d'en face.

– Dick, regarde tous ces gens, hurla Heller, le vent sifflant aux oreilles.

Danielson devait rester vigilant. Il lui était difficile de circuler entre les chalutiers et autres hors-bords avec le peu de place qu'il avait pour manœuvrer. Il ralentit pour les contourner. C'est le moment que choisit la femelle pour surgir du Pacifique, la gueule ouverte, avec l'intention évidente de happer le Zodiac, lequel rebondit sur son large dos et voltigea à cinq mètres de haut. Heller et Danielson tombèrent à l'eau comme des poupées de chiffon.

L'attaque du Megalodon déclencha une réaction en chaîne. Deux des chalutiers virèrent de bord brutalement. Ils s'encastrèrent dans des vaisseaux à proximité, provoquant une immense pagaille. La confusion la plus totale régna parmi les plaisanciers, qui en oublièrent les règles de navigation élémentaires. C'était le sauve-qui-peut général.

Des cris montèrent des navires en détresse. Paniqués,

les barreurs tentèrent de faire demi-tour, heurtant les canots qui les suivaient.

Attirés par le spectacle, les huit hélicoptères de presse descendirent à cinquante pieds de la flottille, ajoutant ainsi au tumulte.

Danielson réapparut à la surface en crachant de l'eau de mer. Il nagea énergiquement vers le bateau de plaisance le plus proche, une vedette de dix mètres dans laquelle étaient entassés dix-sept passagers et un chien d'arrêt. Il s'accrocha à un parebattage, incapable de trouver une autre prise. Hélas, aucun passager ne le remarqua. Ils n'entendirent pas non plus ses appels au secours, couverts par le bruit des hélicoptères. Enfin, il vit une échelle. Il nagea vers elle avec toute l'énergie dont il était capable.

La gueule caverneuse surgit par en dessous et l'attira sous l'eau. Danielson avait eu le temps de s'agripper à un des barreaux. Il refusa de lâcher prise, sentant sa vie liée au minuscule fragment d'aluminium chaud. Le monstre était plus fort : il ne lui fallut qu'une seule bouchée pour arracher les jambes du malheureux officier au niveau des genoux et les avaler. Des litres de sang tourbillonnaient sous les hélices du bateau.

Le Megalodon sentit que sa proie pourrait lui échapper. Il refit surface et la localisa instantanément.

Danielson, toujours accroché à l'échelle, poussait des hurlements stridents. Cette fois, les passagers assis à l'arrière l'entendirent, se précipitèrent vers lui, l'attrapèrent par les poignets et le couchèrent sur le bastingage.

Mais le requin était déjà là. Il tendit ses mâchoires vers Danielson, ses crocs le saisirent et il balança le corps mutilé dans les airs. Puis il rattrapa sa victime à la façon d'un chien avalant un biscuit et l'engloutit d'un seul coup. Il replongea enfin dans l'eau avant même que les passagers, pétrifiés, aient eu le temps de hurler.

En voyant la scène, les pilotes des huit hélicoptères qui survolaient la mêlée en formation serrée paniquèrent. Pour la première fois, ils se rendirent compte de la taille du Megalodon… Alors, d'un même élan, ils poussèrent leur manche en avant et grimpèrent d'un seul coup. Ils étaient tellement effrayés par ce qui se passait en bas qu'ils en oublièrent le danger au-dessus. Tout arriva bêtement : un des appareils viola l'espace aérien d'un autre, leurs rotors se touchèrent et, en un éclair, ce fut la catastrophe. Les engins s'embrasèrent et projetèrent des flammèches dans les pales des autres hélices. Les huit appareils s'écrasèrent les uns contre les autres et volèrent en éclats. De gigantesques boules de feu explosèrent, des morceaux de métal, de l'essence et des corps humains tombèrent sur les bateaux en contrebas. La scène avait duré une dizaine de secondes en tout.

Pendant ce temps, le Megalodon nageait tranquillement, à quinze mètres sous le carnage, attrapant des débris au passage. Grâce à son instinct, il n'avalait que ce qui était comestible. Et plus il se nourrissait, plus il avait faim…

LA FOLIE CARNASSIÈRE

La frégate de la Navy, jadis fière et puissante, se coucha sur le flanc et glissa lentement sous les flots, lestée des tonnes d'eau emmagasinées dans la coque. Les trente-trois membres d'équipage, tassés dans deux canots de sauvetage, ramaient désespérément pour s'éloigner de l'épave et échapper aux courants tourbillonnants. Ils avaient décidé de ne pas utiliser les moteurs hors-bords afin de ne pas attirer l'attention du monstre.

Léon Barre, des larmes aux yeux, regardait la proue de son navire s'enfoncer doucement. Terry Tanaka scrutait la mer à s'en crever les yeux, espérant y trouver une trace de Jonas ou de son *Abyss Glider*. David Adashek, comme tous les autres, tremblait violemment. À côté de lui, DeMarco, accroupi, attendait la réapparition du requin albinos. Léon Barre, debout près des rameurs, observait l'enchevêtrement d'hélicoptères et de bateaux à six cents mètres de là.

– Fils de…, jura-t-il. On démarre les moteurs ou on attend ?

Il regarda ses hommes et lut la peur dans leurs yeux.

– DeMarco, qu'en penses-tu ?

– Je ne sais pas. J'ai tendance à penser que le Megalodon est occupé par ce qui se passe là-bas. À quelle vitesse sont capables d'avancer les canots ?

– Surchargés comme ils le sont, on doit pouvoir regagner la terre en dix à quinze minutes.

Les hommes levèrent les yeux vers lui : ils redoutaient ce qu'ils allaient entendre.

– Attendez !

Terry murmura quelques mots à l'oreille de Barre, puis se tourna vers les autres.

– Jonas dit que cette créature perçoit toutes les vibrations des machines. Nous devrions plutôt attendre que le Megalodon déguerpisse.

– Et s'il ne le fait pas ? demanda Steve Tabor. Moi, j'ai une femme et trois enfants.

Un autre membre de l'équipage prit la parole à son tour :

– Vous croyez que nous allons rester assis, bien sagement, en attendant d'être dévorés vivants ?

DeMarco leva la main pour calmer les hommes. Il regarda Terry.

– Terry, écoute-moi. Jonas est mort et nous allons tous finir de la même façon si nous demeurons ici en espérant que le Megalodon ne nous trouve pas.

Les marins approuvèrent.

– Regarde ce qui se passe, là-bas ! Le monstre est en train de s'offrir un sacré déjeuner. Si nous ne partons pas d'ici au plus vite, nous lui servirons de dessert.

Tous les regards se dirigèrent vers le groupe de bateaux. Au loin, on entendait des hurlements de terreur.

Terry sentit son cœur se serrer. Un sanglot resta coincé dans sa gorge. Elle avait le plus grand mal à retenir ses larmes. Jonas était peut-être mort, ou seulement blessé, et ils allaient l'abandonner. Elle embrassa du regard l'immense étendue d'eau. Une vedette en forme de cigare venait de se retourner, de nouveaux cris d'effroi retentissaient, l'air était déchiré par les hurlements, la mer jonchée de débris. Terry comprit qu'ils n'avaient pas le choix et qu'il leur fallait quitter les lieux.

Les deux moteurs vrombirent, et le canot où se trouvait Léon Barre prit la tête, en direction du sud afin d'éviter le chaos.

Franck Heller avait nagé jusqu'à une embarcation. Épuisé, terrorisé au-delà de toute raison, il resta dans l'eau, accroché au filet de pêche d'un chalutier. Il ferma les yeux pour attendre la mort. De longues minutes s'écoulèrent, puis il entendit une exclamation.

– Hé !

Franck ouvrit les yeux et découvrit la silhouette d'un grand marin noir penché par-dessus la traverse.

– Ce n'est pas le moment de prendre un bain, mon vieux. Allez, montez vos fesses dans ce bateau.

Une main large comme un battoir l'attrapa par son gilet de sauvetage et le hissa à bord.

Bud Harris revenait à lui. Il était dans la cabine de pilotage du yacht sinistré et avait de l'eau jusqu'à la poitrine. La douleur qui lui vrillait le cerveau manqua de lui faire perdre connaissance une fois de plus. Le *Magnat*, sans qu'on sache vraiment pourquoi, ne coulait pas. Mac était installé devant la radio, non loin de lui.

– Que s'est-il passé ? demanda-t-il la tête entre les mains.

– Je suppose que le Megalodon était un peu énervé à cause de la bombe que vous lui avez envoyée, répondit Mac vertement. On était dans la salle des machines quand il nous a attaqués. J'ai sauvé vos fesses de la noyade, mais je crois bien que votre joli bateau coule à vitesse grand V.

– Et le Zodiac ?

– Il n'est plus là. Vos potes ont décidé de l'emprunter pour faire un tour.

– Quels salauds ! J'espère qu'ils souffriront atrocement avant de mourir.

Le *Magnat* était équipé de plusieurs pompes hydrauliques. En titubant, Bud les actionna et les mit en marche. Les moteurs firent vibrer tout le bateau tandis que l'eau était expulsée.

Mais, d'un geste brusque, Mac coupa le contact.

– C'est trop bruyant, vraiment trop bruyant, dit-il. Je viens d'avoir le garde-côte en ligne. Nous sommes sur sa liste d'attente.

– Sa liste d'attente ?

– Regardez autour de vous, mon vieux, lui expliqua Mac. Ce monstre est complètement déchaîné.

Bud sortit, traversa la salle de contrôle, descendit les escaliers et se dirigea vers sa cabine. La pièce était presque complètement sous l'eau. Il retint sa respiration, plongea et refit surface le souffle court. Il avait récupéré une bouteille intacte de Jack Daniels.

Puis, grelottant, il retourna dans la salle de contrôle. Sur le mur en face de lui, une peinture représentait son père. Elle dissimulait un petit coffre-fort. Il composa la combinaison, ouvrit la porte et sortit un Magnum 44 chargé. Il retourna directement dans la cabine de pilotage.

La vue du revolver fit rigoler Mac.

– Hé, Harris les Mains sales, tu veux aller tuer le requin avec ça ?

Bud braqua son arme sur la tête de Mac.

– Non, espèce de pilote à la manque. Mais il est possible que je te fasse la peau.

L'*Abyss Glider* se balançait à environ un mètre de la surface de l'eau, le nez pointé vers le fond. Jonas était trempé de sueur et avait de plus en plus de mal à respirer. Il avait réussi à localiser le câble électrique défaillant, l'avait reconnecté, était parvenu à le coincer et à refaire le branchement. L'ailette avait fait un tour puis s'était arrêtée.

– Il faut que je continue, maugréa-t-il.

Il se remit sur le ventre et rampa jusqu'aux commandes. Le sang lui monta à la tête.

– Allez, chéri, dit-il, donne-moi un peu de puissance.

L'*AG I* tremblota et le moteur rugit. Le système de ventilation se remit en marche, lui envoyant de l'air frais sur le visage. Il poussa le levier, redressa son sous-marin et le propulsa vers la surface. Là, Taylor regarda autour de lui. Le *Kiku* était parti. À sa droite, le *Magnat* endommagé était encore à flot, mais pour combien de temps ? Puis il remarqua la flottille de bateaux.

À bord de leurs bateaux respectifs, André Dupont et des centaines de curieux étaient toujours au même endroit près du lagon. Traumatisés, ils avaient vu le Megalodon semer mort et désolation parmi leurs malheureux camarades dont la seule erreur avait été de vouloir jeter un coup d'œil sur le monstre. Bien qu'à huit cents mètres du massacre, ils avaient pu apprécier pleinement la taille et la cruauté du requin.

Ils réalisaient l'étendue du danger. Tout cela n'était plus un jeu, c'était une boucherie, un véritable cauchemar !

Les promeneurs du dimanche étaient paniqués. Il n'y avait qu'une chose à faire : fuir avant d'être mangés à leur tour. Tous se précipitaient vers la terre ferme, propulsaient les bateaux au-delà des hauts-fonds, s'échouaient sur les plages de sable de la baie de Monterey.

André Dupont non plus n'avait rien perdu de la scène... Son chalutier resta bientôt le seul vaisseau en mer. Étienne lui donna un coup de coude.

– André, le capitaine est d'accord pour que nous restions dans les hauts-fonds.

– Ah bon, il ne veut pas échouer son bateau comme les autres ? lança Dupont en continuant de scruter l'horizon avec ses jumelles.

Étienne eut un sourire.

– Il m'a dit qu'il venait juste de repeindre la coque et qu'il ne voulait pas l'érafler.

Dupont toisa son assistant.

– Tous ces gens là-bas vont mourir. Il faut faire quelque chose !

– Le capitaine dit que le garde-côte est en route.

Le chalutier démarra, ses moteurs crachant une fumée bleue.

Dupont reprit ses jumelles et distingua les deux canots de sauvetage du *Kiku* qui approchaient à vive allure.

– Demandez, s'il vous plaît, à notre capitaine d'arrêter tout ce boucan, à moins qu'il ne veuille lui aussi être dévoré.

À six mètres sous l'eau, Jonas filait maintenant à une vitesse de trente nœuds. Il lui fallut quelques minutes pour arriver sur le théâtre du massacre. Cela dépassait tout ce qu'il aurait pu imaginer. Trois vedettes complètement éventrées achevaient de couler... Jonas en fit le tour. Il n'y avait plus personne à bord. Les passagers avaient dû s'échapper, ou bien être avalés par le monstre. Il fit surface, effrayé à l'idée de ce qu'il allait découvrir.

La flottille – une vingtaine de navires au départ – n'était plus que cabines déchiquetées, ponts et coques brisés, éclats de fibre de verre dispersés. Jonas dénombra huit bateaux de pêche intacts ; des centaines de gens grouillaient sur les ponts. L'hélicoptère du garde-côte hélitreuillait une femme hystérique. Ceux qui étaient restés à bord avaient l'air de hurler, se bousculant pour partir en premier.

Mais où était le Megalodon ?

Jonas replongea pour explorer les alentours. La visibilité était réduite à cause des débris. Son cœur s'emballa, annonçant une nouvelle crise de claustrophobie. Il tenta de se relaxer en bougeant la tête et en respirant...

C'est alors qu'il remarqua l'aileron caudal.

La femelle, visiblement, s'éloignait du sous-marin. D'un battement de queue, elle disparut dans le brouillard. Jonas refit surface. La nageoire dorsale venait de plonger sous les vagues.

Le Megalodon se dirigeait vers la terre.

Les deux canots de sauvetage n'étaient qu'à huit cents mètres de la plage lorsque l'aileron se colla au sillage de la seconde embarcation. Puis il disparut. Barre se leva et, d'un grand mouvement de la main, fit signe aux passagers de l'autre radeau de se diriger vers le sud. Puis il tapota l'épaule de Pasquale, perdu dans ses pensées, et lui indiqua le nord. Le seul moyen de s'en sortir était de se séparer.

À vingt-cinq mètres sous la mer, le Megalodon, confondu, remua la tête. Son instinct lui avait signalé une proie et maintenant il y en avait deux. Il décida d'attaquer, histoire de clarifier la situation.

Terry et DeMarco eurent à peine le temps de distinguer la lueur blanche… Dans un éclair, tout bascula autour d'eux. Ils virent, comme dans un rêve, des corps voltiger, des fragments de ciel bleu… puis sentirent la morsure de l'eau glacée. Le bateau se renversa.

Douze têtes émergèrent. L'équipage infortuné du *Kiku* essaya d'atteindre la coque en bois du canot, doucement éclairée par le soleil couchant. Puis il s'y accrocha, espérant l'arrivée des secours.

L'aileron dorsal remontait à la surface ; plus que six mètres, cinq, trois. Sa réapparition à la surface provoqua une vague titanesque qui souleva littéralement les passagers agrippés à l'épave. La tête du Megalodon s'approchait. Ses mâchoires s'entrouvrirent. Les hommes et femmes étaient pétrifiés. Ils fixaient le monstre, ballottés par le courant, sans pouvoir réagir.

Terry hurla, car un des hommes venait de lâcher prise. Son corps fut emporté loin du canot, irrésistiblement attiré par le Megalodon. Le marin cria tout ce qu'il put, battit des pieds comme un forcené. Hélas ! Plus il se débattait, plus il s'approchait du gouffre, noir, immense, sinistre… Le Megalodon s'était arrêté et attendait tranquillement que sa proie lui soit amenée par le courant. Mais le courant se calmait, et l'homme en profita pour nager de toutes ses forces. Trop tard ! Il entendit ses compagnons crier et se retourna : l'extrémité triangulaire du museau masquait le soleil, comme un immense voile blanc. Tétanisé, il murmura une prière, plongea la tête sous l'eau… et disparut en un éclair dans la bouche gargantuesque.

Les onze survivants, semblables à des rats apeurés, tentèrent de grimper le long de la coque glissante. Adashek s'appuya sur le moteur pour essayer de se hisser. DeMarco était à bout de forces. Ses mains écorchées, ensanglantées, n'arrivaient plus à s'agripper au canot. Il savait qu'il n'en avait plus pour longtemps. C'était son tour, cette fois. Le prédateur, stimulé par la faim, s'approcha lentement, projetant des vagues d'écume sur son passage. DeMarco cessa de lutter. Il pensa à sa femme… Elle devait l'attendre. Il lui avait promis que ce serait son dernier voyage. Elle ne l'avait pas cru.

Terry aperçut DeMarco. Elle hurla.

– Al, Al, dépêche-toi !

Elle s'éloigna de l'embarcation et nagea vers lui le plus vite qu'elle put. Elle le saisit par le cou et le tira vers elle.

– Non, Terry, laisse-moi, retourne au bateau…

– … Non, accroche-toi.

– Terry… Oh ! Mon Dieu !…

Le Megalodon se dirigeait clairement sur eux, glissant paresseusement comme une barge mortelle. Sa tête était penchée sur le côté. Ses yeux gris bleu, aveugles, étaient encore plus effrayants qu'auparavant. Terry, terrifiée, ne lâchait pas du regard l'épais museau. Le prédateur montra ses incisives blanches et brillantes, entre lesquelles était encore coincée de la chair humaine.

Terry et DeMarco s'affolèrent, incapables de trouver une issue à ce cauchemar. Ils risquèrent le tout pour le tout et, avec acharnement, tentèrent de s'éloigner des crocs meurtriers.

Terry Tanaka eut un malaise : la figure satanique les suivait toujours. Elle n'entendit pas le vrombissement du moteur…

Le sous-marin surgit, fonçant comme un bolide droit dans la mâchoire supérieure du Megalodon. Sous le choc, le requin fut déstabilisé. Son orbite saigna.

L'*AG I* fit demi-tour, décéléra et passa derrière la femelle.

– Allez, viens ! hurla Jonas à la créature. Viens et attrape-moi si tu le peux !

Le Megalodon réagit aussitôt, plongeant sous les vagues avec furie pour lui donner la chasse. Jonas se retrouva face à lui. Il accomplit un virage de virtuose, évitant d'un cheveu la gueule grande comme une entrée de garage.

Furieux de voir échapper sa proie, le prédateur se lança de nouveau à sa poursuite. Il la localisa immédiatement et fondit sur elle. On aurait dit une torpille géante.

Jonas contrôla sa vitesse… Trente-cinq nœuds. Visiblement, le Megalodon gagnait du terrain. Où aller ? Il fallait l'attirer loin de Terry et des autres. Il sentit un choc derrière lui : c'était le requin qui venait de raser son appareil. Il ne pouvait pas rester là. Jonas vira sur tribord et remonta à toute vitesse. L'*AG I* sauta dans l'air comme un poisson volant. Mais le Megalodon était toujours sur ses traces, mâchoires béantes, le thorax à moitié sorti de l'eau. Le sous-marin rebondit durement sur les vagues. Le prédateur bascula à quelques mètres du submersible dans un bruit d'éclaboussure rappelant celui des plus grosses baleines à bosse.

Jonas poussa son levier car il voulait plonger de nouveau… Mais celui-ci resta muet ! Catastrophe ! La violence de l'amerrissage avait dû abîmer le câble électrique et le débrancher. Alors, frénétiquement, il rampa dans la capsule pour réparer la batterie à toute vitesse. Ouf ! Ça y était ! Le contact était rétabli !

Taylor était conscient qu'il n'avait pas une minute à perdre. Il tendit le pied gauche en avant, actionna la commande des gaz. Juste à temps ! Le submersible fit une embardée au moment précis où le Megalodon jaillissait devant lui. Cela donna le temps à Jonas de se faufiler jusqu'à l'étroite cabine et de se remettre aux commandes, en priant pour que la connexion de la batterie tienne le coup.

Le Megalodon était juste en dessous, les mâchoires encerclant déjà le minuscule vaisseau. Jonas vira à bâbord. Sauvé ! Le museau passa à sa droite. Un voyant rouge s'alluma sur l'écran de contrôle. Les batteries rendaient l'âme !

Jonas examina les alentours : ils étaient déserts. Le Megalodon semblait avoir disparu. Jonas ralentit, ce qui lui permit d'entendre au loin le grondement de deux moteurs.

Il avait fallu dix minutes à André Dupont pour convaincre le propriétaire du chalutier de porter secours aux naufragés du *Kiku.* Il lui avait assuré que la Fondation Cousteau paierait pour les éventuels dégâts subis par son bateau. Le capitaine avait cédé et avait mis le cap sur les malheureux survivants.

Dupont hissa Terry Tanaka en premier. Ses jambes ne la soutenaient plus et lorsqu'elle essaya de se mettre debout, elle s'effondra sur le pont. Adashek aussi était mal en point. À peine sorti de l'eau, il se mit à vomir. DeMarco et les membres de l'équipage tombèrent à genoux, remerciant le Seigneur de leur avoir sauvé la vie.

Mais le Megalodon n'en avait pas terminé. Surgissant des profondeurs comme un diable, il enserra le canot de sauvetage dans ses énormes mâchoires et le broya. Le radeau fut littéralement pulvérisé et le pont du chalutier bombardé de milliers d'éclats de bois. Quand le monstre replongea avec fracas, une vague s'abattit violemment sur l'embarcation.

André Dupont n'eut pas le temps de réagir. La vague le heurta de plein fouet et l'envoya à la baille. Terry allait hurler quand elle vit l'*AG I* à la surface. Le sous-marin de Jonas venait de s'arrêter à dix mètres du chalutier, tous moteurs éteints.

Jonas donnait de grands coups sur le compartiment de la batterie mais savait que c'était sans espoir. Le voltmètre était à zéro. Son appareil n'avait plus de puissance. Lentement, le nez en lexan s'enfonça dans les flots. Le submersible allait droit dans le fond du canyon.

Jonas resta suspendu la tête en bas, retenu par son harnais de pilote. Il ne voyait rien à cause de la brume qui l'entourait. Le sang battait violemment à ses tempes. L'*AG I* bougea légèrement sur la gauche, point minuscule dérivant dans l'océan, pourtant à quelques mètres à peine du chalutier.

– Où êtes-vous ? dit Jonas à voix haute. Il faut que je sorte de là et que je monte à bord du bateau.

Sentant que son ennemi était blessé, la femelle commença son ascension. D'abord lentement, puis de plus en plus vite. À trente mètres, ses mâchoires étaient ouvertes et ses narines reniflaient l'eau dans tous les sens.

La tête blanche et le rictus satanique ramenèrent Jonas sept ans en arrière. Il était de nouveau dans le *Seacliff*, mais cette fois sans aucun moyen de s'enfuir.

– Je vais mourir, pensa-t-il.

Et étrangement, cela ne lui faisait pas peur.

Les mots prononcés par Masao lui revinrent soudainement en mémoire.

– Si tu connais ton ennemi et que tu te connais aussi toi-même, tu pourras gagner jusqu'à cent batailles.

– Je connais mon ennemi, se dit-il à voix haute.

Le Megalodon était maintenant à quinze mètres de lui.

Douze mètres.

Neuf mètres.

Jonas s'empara du levier à tâtons et le bascula.

Plus que six mètres.

Il respira profondément, tentant de ralentir son cœur qui battait à tout rompre.

Trois mètres.

La gueule de la créature s'ouvrit en grand.

Malgré lui, Jonas laissa échapper un cri et tira la manette à lui. Le combustible s'enflamma, transformant l'*AG I* en fusée qui partit comme un éclair dans le gouffre noir : la bouche ouverte du Megalodon. Jonas dirigea son sous-marin au centre de la caverne, apercevant au passage les arches suintantes de la créature qui formaient des voûtes presque gothiques. Il glissa le long de la langue de l'animal et dans les profondeurs de l'œsophage.

Les ailes centrales de l'*Abyss Glider* déchirèrent des parois, arrachant et broyant quantité de tissu. Le sous-marin continua sa descente, propulsé par l'hydrogène.

Par peur de s'écraser, Jonas ramena le levier et éteignit la combustion. Dans un bruit sourd, le sous-marin tomba dans une sombre masse de chair. Jonas soupira en réalisant qu'il était toujours en vie. Il venait de franchir les portes de l'enfer.

L'ENFER

Le Megalodon remonta si violemment que son aileron en forme de faux effleura la surface. L'espace d'un instant, les vingt tonnes restèrent suspendues dans l'air. Puis le requin replongea dans son royaume sous-marin. Il avait ouvert ses mâchoires pour essayer d'éteindre le feu qui lui dévorait les entrailles.

Bien que les batteries de l'*AG I* fussent à plat, le générateur électrique de secours pouvait alimenter les systèmes de survie pendant encore au moins une heure. Jonas alluma le projecteur. L'*Abyss Glider* s'était logé dans la partie supérieure de l'estomac. Les vitres en lexan étaient couvertes de buée, à cause de la vapeur dégagée par l'eau de mer bouillante. Des objets brunâtres tournoyaient entre les parois roses et étroites…

Jonas regarda le thermomètre : il faisait plus de trente et un degrés à l'extérieur de la capsule.

– C'est délirant, dit-il à voix haute.

Puis il se concentra en chassant de son esprit tout ce qui était à même de le faire paniquer. De gros restes de baleine heurtèrent son pare-brise. Jonas eut la nausée, mais ne put s'empêcher de regarder. Il remarqua aussi le cadavre d'un marsouin et quelques morceaux de bois. De petites boulettes de chair de cétacé partiellement digérée croisaient également son champ de vision. Et puis, il aperçut quelque chose qui avait l'air différent... C'était une jambe humaine, déchiquetée au niveau du genou. À côté flottait le haut d'un torse, salement mutilé... Avec une tête encore fixée sur les épaules... ! Et ce visage, facilement reconnaissable, si familier... C'était Danielson !

Jonas voulut crier, mais n'articula aucun son. Il déglutit avec difficulté et fut pris d'une violente envie de vomir. Il suffoquait. Les parois étroites se refermaient sur lui. Une vague de terreur l'envahit ; il tremblait de tout son corps. Le spectacle dépassait de loin ce qu'un homme pouvait endurer. Le sous-marin fit une embardée sur le côté, renversant au passage les restes de l'ancien officier supérieur de Taylor, et glissa dans la partie inférieure de l'estomac. La créature se tordait, souffrait, devenait une véritable furie.

André Dupont s'assit sur le pont pour reprendre sa respiration. Le spectacle du Megalodon tordu sous la douleur en plein milieu de l'océan était presque irréel. Terry se leva péniblement, les jambes toujours flageolantes. Des larmes roulaient sur ses joues... En voyant l'éclair de feu provoqué par la combustion du carburant, elle avait compris les intentions de Jonas... Elle réalisa à quel point ses sentiments pour lui étaient profonds.

Pendant ce temps, Léon Barre se querellait avec le propriétaire du chalutier. Il tentait de lui expliquer que les moteurs du bateau risquaient d'attirer le monstre. Après moult jurons, qui visaient Barre et Dupont, le vieil homme sentit qu'il valait mieux obtempérer.

Le Megalodon plongea au fond de l'eau, les entrailles torturées par les flammes de la fusée. Il essaya de régurgiter l'objet avalé. Il expulsa d'abord deux morceaux d'oxyde d'aluminium d'un mètre cinquante, puis de la muqueuse ensanglantée. Il regarda un moment les deux ailes cassées de l'*Abyss Glider* flotter devant lui puis, instinctivement, les avala de nouveau avec ses propres tissus.

Jonas grelottait. Il n'arrivait pas à se calmer. Quel carnage… Pour la première fois de sa vie, il découvrait le vrai sens des mots peur et claustrophobie.

Il pensa à Terry. Elle seule, au milieu de toutes ces horreurs, pouvait lui rendre espoir.

– Elle est toujours en vie, dit-il à voix haute, et moi aussi. Concentre-toi, bon sang ! Essaie de réfléchir ! Voyons, où te trouves-tu ?

Il s'efforça de se remémorer le diagramme anatomique du Grand Requin blanc. Ce n'était pas trop difficile : il le connaissait par cœur. Il était certain d'une chose : son sous-marin avait traversé l'œsophage. Il devait donc se trouver quelque part dans l'estomac. Et maintenant, que faire ? Tuer le Megalodon de l'intérieur ?

Jonas constata que penser à des choses concrètes lui faisait du bien. Sa respiration se régularisait…

– Tu vas bien, se dit-il, tu vas bien !

Son cœur résonna de plus en plus fort à ses oreilles. Il ne s'entendait même plus parler.

Et puis, il comprit…

– Ce n'est pas moi ! s'exclama-t-il.

En un éclair, il visualisa de nouveau le schéma anatomique du requin... L'œsophage, l'estomac...

– C'est son cœur que j'entends !

Bien sûr, les deux ventricules devaient se trouver derrière les branchies, un peu avant le foie. Il était exactement sous l'estomac !

Un grand calme envahit alors Jonas, car un plan se dessinait dans son esprit.

Pour la première fois, il eut une lueur d'espoir... Il allait revoir Terry !

Il rampa sur le côté pour ouvrir une petite trappe sous le coussin de son siège. Elle dissimulait un masque de secours, une petite bonbonne et un régulateur d'oxygène. Il attacha le masque sur son visage, puis vérifia que l'oxygène circulait correctement. Satisfait, il chercha ensuite son couteau de plongée. Mais il n'était plus là.

Que faire ? Comment trancher les muscles épais ou les organes du Megalodon ?

Alors qu'il cherchait un peu partout dans la capsule, ses doigts rencontrèrent un petit sac de cuir. Il était sauvé ! Il sortit la dent fossilisée de son étui protecteur et la glissa dans la ceinture de sa combinaison. Puis il s'empara de sa lampe torche et attacha la petite bonbonne d'oxygène sur sa poitrine avec des bandes velcro. Il était prêt.

Jonas déverrouilla alors la trappe d'accès située dans la queue du sous-marin. La porte circulaire s'ouvrit, et le caoutchouc produisit un bruit de succion. Un liquide épais, chaud, poisseux, se répandit dans le submersible. Jonas, qui respirait grâce au masque, passa la tête par la porte. Sa lampe diffusait une lumière douce. L'estomac du Megalodon était une cavité étroite, confinée, pleine de muscles lisses constamment en mouvement et de déchets nageant dans une atmosphère caustique, humide de sécrétions et d'eau de mer. L'organe digestif réagissait à sa présence, et Jonas entendait toutes sortes de gargouillis, de râles et de grognements.

En fond sonore, résonnait toujours le battement sourd du cœur de l'animal…

L'estomac, simple poche de muscles, n'avait pas vraiment de haut ni de bas distincts. Jonas sortit la jambe droite avec précaution et sentit le sous-marin osciller. Il toucha la paroi stomacale du bout du pied. Il avait l'impression de marcher sur du mastic fondu. Le liquide épais qui suintait des muqueuses dégoulina sur ses pieds et l'ébouillanta. Malgré tout, prenant son courage à deux mains, Jonas sortit l'autre jambe. L'estomac se gonfla soudainement et se retourna. Les jambes de Jonas se dérobèrent et il se retrouva projeté sur le dos. Il sentit l'acide chaud des parois attaquer sa combinaison. Il eut un haut-le-cœur, mais se remit à quatre pattes, puis rampa sur la surface musculaire épaisse et accidentée en s'aidant des mains et des genoux.

Ses mains commencèrent à brûler. Il ôta son masque, cracha dedans pour en enlever la buée, ce qui empira sa nausée. L'air et l'odeur étaient acides. Ses yeux piquaient. À toute vitesse, il aspira une grande bouffée d'air par le régulateur d'oxygène et remit son masque en place. Ouf ! Ça allait beaucoup mieux !

– Reste calme, respire lentement !

Restait à trouver comment atteindre le cœur du requin.

Soudain, il sentit que la pression changeait. Il s'accrocha à la queue de l'*AG I*. Trop tard ! Il se retrouva projeté quelques mètres en arrière, alors que le sous-marin tombait sur lui. Quelque chose bougea pendant qu'il l'esquivait. Il braqua sa torche et découvrit un objet, puis un autre, luisant dans l'obscurité… C'étaient les ailes cassées de son *AG I*. Emportées par le mouvement, elles dévalaient les parois musculaires de l'appareil digestif. Jonas réfléchissait à ce qu'il devait faire lorsqu'il fut surpris par un autre déplacement du Megalodon, qui se dressait apparemment à la verticale. Jonas s'agrippa tant bien que mal et colla son oreille à la masse de chair boursouflée sous ses pieds. Les battements du cœur étaient de plus en plus forts... Sans hésiter, il planta la dent aiguisée dans la muqueuse, tout en prenant appui sur le flanc du submersible. Le tranchant rebondit sur la surface charnue et lui échappa des mains. Frénétiquement, il se baissa, la chercha à tâtons et finit par la retrouver. Il était de nouveau alarmé.

– Je vais mourir ici, se dit-il, perdant un peu de son assurance.

Mais, résolu, il saisit son couteau préhistorique à deux mains et appuya de toutes ses forces. Il sciait péniblement les fibres des tissus avec le tranchant de la dent. Il lui fallut quelques minutes pour parvenir à les déchirer. C'était un travail de titan, comme de vouloir couper de la viande crue avec un couteau à beurre.

Il avait opéré une incision d'un mètre vingt dans la paroi et continuait de frotter la dent contre le muscle élastique.

Le Megalodon ne savait pas ce qui se passait dans son estomac. Il avait une envie irrépressible de vomir. Pour calmer sa souffrance, il remonta à la surface et se prépara à attaquer.

Bud remit en marche les pompes à eau du *Magnat*. De la main droite, il tenait toujours son Magnum chargé, pointé sur la tête de Mac.

– Tu réactives les pompes ? lui demanda Mac. Tu es fou, tu vas attirer le Megalodon !

– C'est ce que je veux, je te signale. Allez, bouge-toi de là !

Bud fourra le canon de son revolver dans la bouche de Mac, l'attrapa à la gorge et l'entraîna sur le pont, baigné de la clarté du soleil couchant.

– Ce monstre a tué la seule personne que j'ai vraiment aimée, dit Bud en pleurant. Cette créature, ce cauchemar albinos me hante, m'empêche de dormir et de vivre. Et toi – Bud avança son visage près de celui de Mac –, toi, il a fallu que tu t'en mêles, que tu viennes jouer les héros.

Bud avança d'un pas et poussa Mac vers le bastingage.

– Avance !

– Quoi ? répondit Mac qui cherchait à gagner du temps car il avait entendu le vrombissement de l'hélicoptère du garde-côte.

Bud tira, faisant un trou dans le pont.

– Tu as voulu sauver ce monstre, alors maintenant, tu vas lui servir de dîner.

Il fit feu de nouveau et, cette fois, atteignit Mac au mollet. Ce dernier s'effondra, en ramenant sa jambe sous lui. Le sang coulait abondamment de sa blessure.

– Le prochain coup sera pour ton estomac, alors, je te conseille de plonger tout de suite.

Mac escalada la rambarde :

– Tu es complètement cinglé, mon vieux, cria-t-il.

Et il sauta.

Bud le regarda s'éloigner du *Magnat* à la nage.

– On se reverra en enfer. À bientôt ! hurla-t-il.

La femelle avait l'estomac en feu, se tordait de douleur. Son ventre et ses ailerons pectoraux se contractaient de façon spasmodique. Il fallait qu'elle mange, c'était le seul moyen pour calmer le mal qui lui dévorait les entrailles. Les vibrations du *Magnat* tombaient à pic. Elle partit au quart de tour, rendue folle par l'odeur du sang de Mac et par la souffrance. Elle se propulsa dans la thermocline, s'approcha du bateau, fonça dessus à toute allure et déchira la coque sur une longueur de quatre mètres vingt. Le yacht prit l'eau immédiatement et sombra lentement dans les eaux profondes du parc national.

Bud, impassible, s'allongea dans une chaise longue, face à la proue du bateau, une bouteille de Jack Daniels complètement vide à côté de lui.

Sa tête lui faisait mal et tout tournait autour de lui.

– Ça doit être l'alcool, se dit-il pour se rassurer avant de reposer la tête contre le coussin.

Le second choc le sortit de sa torpeur.

– Ohh ! Merde ! hurla-t-il.

Il se leva, attrapa son Magnum et se rassit en titubant. L'arrière de l'embarcation était déjà à moitié sous l'eau. Bud s'effondra contre la lisse et remarqua l'aileron dorsal. Il tira, mais le manqua d'au moins trois mètres.

– Saloperie de poisson ! Tu ne m'auras pas. Pas question !

À travers les jumelles de Dupont, Léon Barre vit l'aileron tourner autour du yacht en détresse.

– Je pense que c'est le moment d'y aller, capitaine, dit-il.

Les deux moteurs du chalutier bourdonnèrent. Le bateau s'élança vers le rivage. À huit cents mètres de là, la femelle folle furieuse secoua son énorme tête et se lança à leur poursuite.

Bud ferma les yeux. Tout tanguait autour de lui. Il ne voyait plus rien. Il sentit l'avant du bateau se soulever. Il eut la nausée, tomba à genoux et fit un dernier effort pour regarder, dans les brumes de l'alcool, ce qui se passait. Le yacht tournait sur lui-même, de plus en plus vite, emporté dans un tourbillon d'eau.

Son regard vitreux captura la silhouette du monstre, l'énorme tête triangulaire et blanche. La gueule semblait sur le point de le happer. Il leva les yeux vers le ciel.

– J'arrive, Maggie, bredouilla-t-il d'une voix pâteuse avant de défier le monstre du regard.

– Va te faire voir, salope ! lança-t-il.

Puis il plaça son Magnum dans sa bouche et pressa la gâchette. Sa cervelle explosa et s'éparpilla un peu partout.

Tandis que l'arrière du bateau s'enfonçait, la proue blanche et triangulaire du *Magnat* s'élevait dans les airs. Le Megalodon n'était plus dans les parages depuis bien longtemps.

Jonas était littéralement épuisé. Des pans entiers de graisse de baleine et autres déchets s'amoncelaient derrière lui. Mais il ne voulait pas se retourner, par peur de ce qu'il pourrait découvrir…

La dent vint à bout de la paroi, si bien que Jonas put passer la tête dans l'orifice et s'engouffrer dans une sorte de caverne bien différente de l'endroit qu'il venait de quitter. La cavité du cœur était charnue, très exiguë, ne mesurait pas plus de trente centimètres de haut et l'on ne pouvait y pénétrer qu'en rampant. Jonas s'y faufila à plat ventre. Il s'adossa un instant à une couche de muscles et se détendit. Quelques secondes plus tard, il repartait, déterminé, la torche dans une main, la dent fossilisée dans l'autre. Le bruit de basse le guidait. L'endroit s'élargissait et il vit les parois de chair vibrer sous les battements sourds de plus en plus puissants. Le faisceau de sa torche éclaira une grosse masse ronde, d'un diamètre d'un mètre cinquante environ, suspendue à un enchevêtrement de veines et d'artères. Il était parvenu au terme de son voyage !

Le chalutier arrivait presque à la plage lorsque le Megalodon surgit par-derrière. Les passagers se cramponnèrent, se sentant incapables de supporter une nouvelle attaque. La femelle suivit son instinct et, dans un mouvement aussi rapide que violent, fonça dans la coque, ce qui fracassa les arbres de transmission des deux moteurs. Les hélices s'arrêtèrent net. Le navire dériva. Il était maintenant à cinquante mètres du rivage.

– Enfant de salaud, hurla le capitaine. C'est de ta faute, espèce de sale Français. Tu vas payer longtemps pour ça…

Le Megalodon refit surface à six mètres du chalutier. Il se rapprocha et poussa son museau contre la coque, à bâbord. Le bateau se souleva de trente degrés. DeMarco, Terry et quatre hommes d'équipage lâchèrent prise. Impossible de se retenir à quoi que ce soit si ce n'était les uns aux autres ! Le Megalodon, à force de pousser, levait le côté gauche du navire de plus en plus haut. Deux des marins réussirent à s'agripper à un filet à thon, mais Terry, Adashek et les deux autres hommes tombèrent à la mer.

Le Megalodon entendit le bruit des éclaboussures, lâcha la coque qui retomba comme une masse et partit à l'affût des nouveaux stimuli. Il commença par plonger et se prépara à attaquer.

Jonas s'accrocha de toutes ses forces aux veines qui retenaient le cœur du Megalodon. Il sentait le liquide chaud circuler dans l'aorte. Le cœur de l'animal résonnait tout près de sa propre poitrine et battait de plus en plus vite…

Quand le Megalodon plongea, Jonas perdit l'équilibre…

Terry était trop épuisée pour nager. Elle resta immobile, soutenue par son seul gilet de sauvetage. À ses côtés, Adashek tentait vainement de la tirer vers le bateau.

Le Megalodon était presque à la surface : son estomac était toujours en feu, une faim inextinguible le poussait à attaquer encore et encore. Il ouvrit la gueule. Les mâchoires claquèrent brutalement dans l'eau glacée, à trois cents mètres de leur proie. Affolé, Adashek attrapa Terry et l'entraîna vers le bateau. Dupont leur lança une bouée, tandis que les deux autres hommes regagnaient le bateau.

Cent quatre-vingts mètres.

Jonas tailladait l'aorte, sans rencontrer de grande résistance. Le sang giclait abondamment, inondant sa torche et son masque. La cavité s'obscurcit et Jonas se mit à trembler. Les parois allaient l'étouffer.

Cent vingt mètres.

Terry et Adashek étaient maintenant tout près du bateau. Des marins leur tendirent la main et hissèrent Adashek sur le pont. Terry leva le bras dans l'espoir d'atteindre les sauveteurs. Elle battait des pieds pour se maintenir hors de l'eau. Elle était très faible.

Soixante mètres.

André Dupont se pencha par-dessus le bastingage et vit la lueur approcher.

– Sortez-la de l'eau, vite ! hurla-t-il.

Terry regarda en dessous et vit, elle aussi, la silhouette luminescente monter vers elle.

Dans un ultime effort, aiguillonnée par la peur, elle se hissa jusqu'à la main tendue d'un des membres de l'équipage.

Trente mètres.

La mâchoire supérieure de la femelle effleura la surface, découvrant les dents hideuses et les gencives rouge sang… Ses yeux morts étaient rentrés sous les paupières, réflexe de protection avant l'attaque. Elle était prête à avaler sa proie.

Quinze mètres.

La paume humide de Terry Tanaka glissa du bras du marin. Elle tendit l'autre main, perdit l'équilibre et retomba à l'eau.

Jonas Taylor dérapait sur ce terrain glissant. Alors qu'il se trouvait dans un repli de la cavité, il réalisa que le Megalodon devait remonter à la surface, probablement pour attaquer quelque chose ou quelqu'un. Il pensa à Terry. Sans hésiter, il enroula l'écheveau de veines autour de son bras gauche, appuya de toutes ses forces son pied contre les parois, s'arc-bouta et tira avec violence sur le muscle battant. De sa main droite, il empoigna la dent et trancha les veines, d'un seul coup...

Le Megalodon était à moins de quatre mètres de Terry. Sa gueule se figea, ses muscles se raidirent... Le monstre ralentit sa course. Son aileron caudal se contracta.

Jonas, étendu sur le dos dans l'obscurité, baignait dans une mare de sang. Sur sa poitrine reposait le cœur du Megalodon. On aurait dit une énorme bûche. Jonas tenta de retrouver son calme. Il saisit son régulateur d'oxygène et respira une grande goulée d'air, ce qui lui fit tourner la tête. Le bruit de tambour avait cessé, mais la cavité était totalement inondée par le sang. Jonas dégagea l'énorme organe sous lequel il suffoquait et se mit en quête de sa torche. Ses doigts rencontrèrent quelque chose de dur... Oui, c'était ça ! Il l'essuya et l'alluma, mais le faisceau était très faible. Alors, à quatre pattes, il avança à l'aveuglette dans les flots de sang et rampa vers l'estomac.

Terry Tanaka s'était vue mourir. Mais comme rien ne se passait, elle ouvrit les yeux et vit la gueule grande ouverte du Megalodon, juste au-dessous d'elle... Étrangement, elle paraissait descendre dans les profondeurs. Elle remarqua une mare de sang autour de ses jambes.

– Terry, attrape cette corde, lui dit DeMarco.

– Al, ne t'inquiète pas ! Tout va bien. Passe-moi un masque, vite !

Dupont saisit un tuba et un masque, et les lui lança. Terry mit la tête sous l'eau pour comprendre ce qui se passait. Elle vit alors, à travers l'eau écarlate, des flots de sang ruisseler de la bouche du Megalodon. Le requin coulait à pic, l'aileron caudal ne remuait plus.

Jonas avait retrouvé le chemin qui menait à l'estomac, mais pas l'entaille. Il eut un moment d'affolement. Il plissa les yeux, tentant de discerner quelque chose dans le faisceau faiblissant de la torche. D'un coup sec, il tapa la lampe électrique, et la lumière augmenta légèrement. Enfin, il aperçut la fente. Jonas y passa la jambe droite, avança la tête et retomba lourdement de l'autre côté, un peu désorienté. Où donc était l'*AG I* ?

Il se mit à quatre pattes. Les sucs gastriques achevèrent de lui brûler les mains et les pieds. Sa torche était maintenant hors d'usage. Il n'y avait pas trop prêté attention car il avait pensé s'éclairer grâce au projecteur du sous-marin. Mais le sous-marin s'était volatilisé ! Pourvu qu'il ne soit pas tombé dans les intestins ! La cavité stomacale était maintenant quasiment à la verticale, et ses parois si poisseuses que Jonas perdit l'équilibre. Il bascula dans une masse de déchets glaireux et informes. Sa tête heurta quelque chose de dur... C'était la queue du *Glider* ! Le nez du submersible avait glissé jusqu'à l'entrée des intestins, mais l'arrière de l'appareil, trop large, avait heureusement stoppé le mouvement.

Jonas saisit l'extrémité métallique de l'appareil qui

dépassait, se pencha du mieux qu'il put et tira. Le *Glider* vacilla. Encore un effort ! En nage, il raffermit sa prise et tira de nouveau. Il y était presque... L'avant du sous-marin se dégagea enfin de l'orifice grâce à une secousse, ultime hoquet du monstre vaincu, entraînant des centaines de litres de nourriture partiellement digérée. Le phare de l'*AG I* illumina les parois roses de l'organe digestif. La lumière était aussi bizarre qu'inquiétante. Plus rien ne bougeait. Les convulsions avaient cessé. Les déjections expulsées par les intestins s'entassaient de part et d'autre du sous-marin. Jonas leva les yeux. Il lui fallait sortir de là ! Il entrevoyait l'entrée de l'œsophage à moins de six mètres de l'endroit où il se trouvait. C'était la seule issue possible. Alors, il s'agenouilla, passa les bras autour du nez en lexan et, en se redressant, traîna l'*Abyss Glider* le long de la muqueuse.

Puis il attrapa l'arrière du submersible, pratiquement enseveli sous deux mètres de graisse de baleine et de rebuts. Il fallait d'abord le libérer. Sans hésiter, il plongea les bras dans les déchets nauséabonds et creusa... Il finit par distinguer la trappe d'accès de la capsule. Confiant, il l'ouvrit et se faufila à l'intérieur du compartiment sec. Grâce à sa combinaison luisante de graisse, il n'eut aucun mal à rejoindre l'étroite cabine. Une fois installé devant les commandes, il braqua le projecteur sur l'entrée de l'œsophage. Le plus dur restait à faire. Il avait tout juste assez de carburant pour sortir. Il n'aurait pas droit à une seconde chance.

Jonas se pencha sur la gauche, ce qui déplaça légèrement le sous-marin. Puis il le positionna du mieux qu'il put en face de la cible. Le compte à rebours avait commencé. Il sangla son harnais, attrapa le levier, le pivota et le tira à lui. On entendit une immense explosion... Et l'*Abyss Glider* s'arracha de la cavité et longea la paroi de l'estomac, telle une fusée sur une rampe de lancement. Jonas visa soigneusement l'ouverture de l'œsophage. Gagné ! En un éclair, le nez de l'*AG I* quitta l'organe digestif et s'enfonça dans l'immense tunnel qui menait à la liberté...

VROUUUUM ! Hélas ! L'*AG I* s'immobilisa, baignant dans l'eau et le sang. Au loin, Jonas apercevait l'orifice caverneux qui menait à la gueule de la créature. Mais cela ne lui était d'aucun secours. L'*AG I* demeurait bloqué quelque part à l'entrée de l'œsophage. Sa queue, trop large pour le conduit, avait dû s'accrocher à la paroi supérieure. Jonas sentait son appareil retomber vers l'estomac... Désespéré, il poussa les gaz à fond. Peine perdue !

C'était la panne sèche !

Au bord de la panique, Jonas donna un grand coup de poing sur le tableau de bord, heurtant de la main une boîte métallique. La capsule de secours ! Comment n'y avait-il pas songé plus tôt ? Fébrilement, il déchira la trousse de protection, saisit d'un geste brusque le petit levier et l'actionna. Avec une détonation qui ébranla tout l'appareil, la capsule d'éjection se détacha de la queue. Le cylindre transparent fusa à travers la cavité inondée, grimpant de plus en plus haut vers la lumière... Le tunnel s'élargit. Le projecteur illumina au passage l'œsophage du Megalodon, des arches sombres, voûtées comme celles d'une cathédrale. Le spectacle était saisissant !

La capsule filait toujours à vive allure dans la longue cheminée ensanglantée. Jonas, tendu à l'extrême, continuait d'accélérer. Il discerna, à quelques petits mètres de lui, la gueule ouverte du requin mort. Il serra les poings. Plus qu'un obstacle à franchir pour échapper à sa prison de vingt tonnes. C'était sans doute le pire ! Les mâchoires inertes du Megalodon étaient hérissées de rangées de dents mortelles. L'obscurité était presque totale. Seuls les rais de lumière de la nacelle éclairaient les alentours. Les portes de l'enfer étaient ouvertes, certes, mais pas complètement… Parviendrait-il à passer ? Jonas n'en savait rien. Il ferma les yeux et s'arrima fermement à son harnais tandis qu'il rebondissait sur les myriades de dents ancestrales…

CRAAAC !

La nacelle de lexan s'abattit contre la dentition du monstre. Jonas grimaça. Le pire était arrivé ! Le vaisseau s'était immobilisé en travers contre les dents aiguisées, au seuil de la mâchoire à demi fermée. Aucune fuite n'était possible désormais. Impuissant, Jonas resta là, sans bouger, considérant les grilles osseuses avec désespoir. Et le Megalodon entraînait toujours son malheureux passager au plus profond des abysses…

lumière de la lucelle éclairait les alentours. Les portes de l'enfer étaient ouvertes, certes, mais pas complètement... Qu'allait-il se passer ? Jonas n'en savait rien. Il ferma les yeux et s'agrippa fermement à son harnais tandis qu'il rebondissait sur les myriades de dents ancestrales.

CRAAAC !

La lucelle de Jonas s'abattit contre la dentition du monstre. Jonas grimaça. Le pire était arrivé ! Le vaisseau s'était immobilisé en travers contre les dents aiguisées, au seuil de la mâchoire à demi fermée. Aucune fuite n'était possible désormais. Impuissant, Jonas resta là, sans bouger, considérant les grilles osseuses avec désespoir. Et le Mégalodon entraînait toujours son malheureux passager au plus profond des abysses...

DE CHARYBDE EN...

La lueur blanche irradiait les profondeurs du canyon de la baie de Monterey, tandis que le puissant requin rejoignait son tombeau sous-marin. À bord de la capsule d'éjection, Jonas voyait la lumière du jour s'évanouir peu à peu. Rien ni personne ne pouvait freiner la descente. Un bref coup d'œil sur le profondimètre lui indiqua qu'il était à trois cents mètres… Le Megalodon coulait de plus en plus vite. Il fallait réagir, vite. Sans trop y croire, Jonas se cogna contre le pare-brise de toutes ses forces, espérant imprimer un mouvement à son sous-marin. Il retomba, épuisé, contre le siège… Hourra ! La nacelle avait progressé de quinze petits centimètres à l'intérieur de la gueule. Galvanisé, Jonas recommença… Une fois, puis deux… Cela avait l'air de fonctionner ! À chaque secousse, la cabine se rapprochait de la sortie. Jonas reprit confiance. Plus que quelques pas avant la liberté.

Enfin, dans un craquement terriblement sonore, la nacelle de secours se dégagea de l'étreinte mortelle et fila vers la surface à la façon d'un ballon gonflé à l'hélium. Si tout allait bien, elle allait remonter à un rythme de dix-huit mètres par minute. Alors qu'il commençait à se détendre, Jonas remarqua des fissures sur les parois du cockpit. Un mince filet d'eau filtrait de la coque endommagée…

Mac n'arrivait plus à nager, le souffle court, les jambes engourdies. Alerté par un courant suspect, il tourna la tête, sentant la présence de la créature… Il ne s'était pas trompé. À quelques encablures, il aperçut l'aileron dorsal triangulaire.

– Fous le camp d'ici, espèce de nabot ! hurla-t-il au requin de quatre mètres.

Au moment où la nageoire caudale s'approchait dangereusement, un harnais dégringola devant lui.

Mac, surpris, regarda en l'air. Un hélicoptère de la Navy arrivait pour le sauver. Sans même réfléchir, il glissa un bras dans la sangle et fit signe frénétiquement à l'équipage de l'hélitreuiller. La tête conique du requin émergea… Trop tard ! Mac était déjà haut ! Souriant à travers ses larmes, il contempla ses sauveteurs avec une reconnaissance illimitée.

– Cette bonne vieille Navy, je n'arrive pas à le croire ! Vous avez sauvé ma carcasse après toutes ces années !

Il secoua la tête, hilare et ému tout à la fois.

– Ma foi, vous avez vraiment le sens de l'humour finalement !

La capsule en lexan continuait son ascension, mais les parois de la nacelle étaient sur le point de se fendre. À cent soixante-dix mètres, ce qui n'était au départ qu'une minuscule fêlure s'agrandit soudain dangereusement…

Jonas, épuisé tant physiquement que mentalement, surveillait la fente, qui mesurait maintenant quinze centimètres. Il ne pouvait absolument rien faire. Elle courait tout le long du cylindre. Le visage satanique du Megalodon n'était plus qu'un lointain souvenir. Il avait échappé deux fois à une mort atroce. Mais cette fois-ci, pour survivre, il ne pouvait compter que sur un miracle.

Pression. Oxygène. Pression et oxygène. Cette formule, véritable mantra des plongeurs, lui revint brutalement à l'esprit. Pour une raison inconnue, la nacelle remontait trop vite. Jonas s'affola… Il savait que des bulles d'azote se formaient dans son sang.

Cent vingt mètres.

Rien ne pouvait arrêter le tube de lexan. Il filait à la surface comme un missile de verre. Le plastique s'était fendillé à plusieurs endroits. Un léger filet d'eau transpirait dans la cabine. En voyant la fissure gagner du terrain, Jonas comprit que la nacelle n'en avait plus pour longtemps. Quoi qu'il tente, elle ne résisterait pas à la pression…

CRAAAC ! Il jeta un coup d'œil inquiet sur la paroi. Elle se craquelait toujours… Plus que quatre-vingt-dix mètres… Jonas lutta pour conserver son sang-froid. Les questions se bousculaient dans sa tête. Quelle profondeur maximale ai-je déjà atteint ? Jusqu'à combien de mètres puis-je tenir le coup ? Trente-six ? Trente-neuf ? Il vérifia que sa bonbonne d'oxygène était toujours attachée à sa poitrine. Là aussi, les choses avaient empiré : ses réserves d'air ne dureraient que trois minutes.

À quatre-vingt-dix mètres, la capsule vibra.

– Terry, sors de là, bon sang ! Tout de suite ! cria DeMarco.

Terry ne répondit pas. Elle gardait la tête sous l'eau, respirant à l'aide du tuba. Le Megalodon était mort, cela elle le savait. Mais son cœur lui disait que Jonas était toujours en vie. Elle vit la lueur blanche disparaître.

Pendant que Léon Barre et le capitaine du chalutier démontaient un des moteurs, André Dupont s'assit sur la traverse. Il était hagard et plutôt déprimé. Tous ses efforts pour sauver la créature étaient réduits à néant... Les pressions, les dépenses... Tout cela n'avait servi à rien. Le plus grand prédateur de tous les temps... Perdu. Tout simplement !

– J'aurais pu mourir aujourd'hui, murmura-t-il. Pour quoi ? Pour sauver mon assassin ? Qu'aurait dit la Fondation à ma femme et à mes enfants ? « Ah ! Marie, vous avez toutes les raisons d'être fière de votre époux ? André est mort de la plus noble des façons, donnant sa vie pour sauver une espèce en voie de disparition. »

Dupont se leva, étira son dos douloureux, réchauffa un instant ses membres endoloris au soleil. Il contempla l'astre brillant dont les rayons éclairaient encore le pont du bateau de pêche. Puis il remarqua l'aileron au milieu de l'océan.

– Hé ! Hé... Un requin ! Un requin !

L'eau glacée du Pacifique remplissait maintenant la capsule d'éjection, ralentissant nettement son ascension. Jonas frissonna dans sa combinaison de plongée. Il n'osait plus esquisser le moindre geste. Le profondimètre indiquait soixante mètres. La fissure courait tout autour du vaisseau et les vibrations résonnaient dans le cockpit. Comme si cela n'était pas assez, la pression extérieure agrandissait la brèche encore un peu plus…

Il espérait apercevoir la lumière du jour. Toujours rien ! Si la nacelle de secours craquait à cette profondeur, il ne survivrait pas. Cela ne faisait aucun doute. Il n'allait pas attendre la mort sans rien tenter. Il devait essayer une dernière chose… Alors, avec précaution, il mit son masque et prépara son régulateur. Il vérifia que la bonbonne d'oxygène était solidement attachée sur sa poitrine.

– N'oublie pas, se dit-il, accomplis des mouvements lents. Ne panique pas. Essaie de te détendre par tous les moyens. Si tu bats des pieds lentement, la bonbonne vide te remorquera naturellement vers le haut. Utilise le moins d'énergie possible. Ne ferme pas les yeux. Ne t'endors pas ou tu ne te réveilleras plus jamais.

CRAAAAAC !

Je suis encore trop bas…

L'aileron tournoyait autour du bateau de pêche. Les onze marins hurlèrent en même temps pour en avertir Terry. Elle devait sortir de l'eau…

– C'est sûrement un Grand blanc, dit Steve Tabor. On dirait une femelle… Elle doit bien mesurer dans les quatre mètres. À mon avis, elle a été attirée par le sang. Il faut absolument que l'on remonte Terry à bord. Tout de suite !

Le capitaine du chalutier descendit en toute hâte dans

sa cabine et revint armé d'un fusil. L'aileron dorsal se dirigeait maintenant vers la jeune femme. Le capitaine visa. Trop tard ! Terry était sous les vagues.

À quarante-trois mètres, la nacelle de secours craqua et s'ouvrit en deux, ce qui libéra des torrents d'eau sur Jonas, littéralement écrasé par la pression de plus de quatre atmosphères. Il saignait du nez et avait mal partout. Il tenta péniblement de sortir par la trappe de la capsule. Son masque se fissura… Il n'y avait pas de temps à perdre ! Il battit des pieds tandis que la bonbonne d'air l'entraînait vers le haut à toute allure… Trop vite ! Il allait trop vite ! Il ne décompressait pas correctement. Il essaya de freiner l'ascension.

Vingt-quatre mètres. Son corps était maintenant en plomb et il n'arrivait plus à contrôler ses mouvements. La bonbonne d'oxygène était presque vide. Les bandes velcro se détachaient. Jonas, le regard vitreux, rassembla ce qui lui restait d'énergie pour les rattacher. Ses bras ne répondaient plus…

À dix-sept mètres, Jonas manqua d'air. Les deux extrémités de velcro se déchirèrent. La bonbonne vide, libérée, fila comme une fusée. Jonas ferma les yeux et mordit avec violence dans le régulateur. Il avait besoin d'un objet flottant pour le remonter ! Alors, ne pouvant récupérer la bonbonne, il serra les dents sur son embout. Il était presque soûl.

À dix mètres, il perdit connaissance. Le régulateur glissa de sa bouche ; la bonbonne remontait toujours vers la surface. Jonas, lui, ne sentait plus rien, ni douleur ni peur.

– Je suis en train de rêver, se dit-il dans son état comateux.

Il regarda vers le ciel, fut ébloui. Il volait, avançait vers un rayon magique, détaché de son corps, libéré de toute souffrance et de toute angoisse...

– Je suis au paradis.

Terry Tanaka l'attrapa par le poignet au moment où il allait couler de nouveau dans les abysses. Elle battit énergiquement des pieds, chassant l'eau de sa main gauche. Le requin glissait paresseusement à quelques mètres d'elle. Elle nagea avec encore plus d'énergie.

À la surface, Terry s'efforça de maintenir la tête de Jonas hors de l'eau. Il était bleu et ne respirait plus. Elle vit l'aileron dorsal, à deux mètres cinquante, qui se jetait sur eux... Vite ! Quand le museau triangulaire surgit des flots, un filet de pêche s'abattit brutalement sur son propriétaire. Enragée, la créature fit une embardée, se tortilla dans tous les sens, mais ne put s'échapper. La nasse n'offrait aucune issue... Le requin était bel et bien capturé.

Terry ramena Jonas au bateau. Penché par-dessus le bastingage, l'équipage, qui avait suivi toute la scène, les attendait et se dépêcha de les repêcher. Puis chacun s'activa autour de Jonas. Tandis que David Adashek tentait de le réanimer, DeMarco l'enveloppait dans une couverture et prenait son pouls. Il battait encore, mais si faiblement...

Puis Jonas commença à recracher l'eau de mer qu'il avait avalée. Adashek le retourna pour l'aider à se vider les poumons et à vomir. Terry se pencha sur lui et lui massa la nuque. Épuisé, Jonas la regarda, plissant les yeux sous les rayons dorés du soleil.

– Essaie de ne pas bouger, lui dit-elle en lui caressant les cheveux. Le garde-côte est en route, il va nous remorquer dans le lagon. Un caisson de décompression t'attend à l'Institut.

Des larmes de bonheur envahirent ses grands yeux en amande. Jonas contempla son beau visage. Il lui offrit un faible sourire, malgré la douleur.

– Je suis au paradis, pensa-t-il.

Le requin se débattait comme un fou dans le filet de pêche. André Dupont poursuivait le capitaine sur les coursives du bateau dans le but de le raisonner.

– Capitaine, vous ne pouvez pas le tuer, hurla-t-il. Vous n'en avez pas le droit. C'est une espèce protégée !

– Regardez ce qu'il a fait de mon chalutier, répondit l'autre hors de lui. Il l'a complètement saccagé ! Je vais tuer ce foutu poisson, l'empailler, et je le vendrai à un touriste new-yorkais pour vingt mille dollars. Vous pouvez m'en donner autant, peut-être ?

Dupont lui lança un regard noir.

– Faites du mal à ce poisson et vous irez en prison ! Je vous aurai prévenu ! menaça-t-il.

Le capitaine était sur le point de lui répondre vertement lorsque le garde-côte arriva sur les lieux...

Le patrouilleur *Manitou* s'arrima au flanc du navire endommagé et lui lança un câble de remorquage. Léon Barre se chargea de l'accrocher à la proue. Quelques secondes plus tard, le filin tractait le chalutier vers le lagon Tanaka. Dans son sillage, le prédateur d'une tonne se débattait toujours comme un forcené, les ailerons entortillés dans les mailles du filet. Les immenses portes qui séparaient le parc national de la baie de Monterey du lagon artificiel étaient restées ouvertes pour le *Kiku*. Majestueusement, le *Manitou* pénétra dans le canal d'accès.

Jonas était appuyé contre la traverse quand il ressentit une vive douleur au coude. On aurait dit un coup de poignard. Il avait la sensation que ses articulations étaient en feu... La souffrance ravageait son corps, épuisé par des heures et des heures de lutte contre la mort.

Terry l'agrippa par la manche :

– Jonas, qu'est-ce qu'il y a ?

– C'est le mal des profondeurs. On est encore loin ?

Ils venaient d'entrer dans le lagon. Le *Manitou* les amenait vers les docks au nord du lac artificiel.

– On y sera dans quelques minutes. Appuie-toi sur la traverse. Je vais m'assurer qu'une ambulance nous attend au port.

Jonas acquiesça. La douleur était de plus en plus aiguë. Il avait le vertige et une forte envie de vomir. Il avait l'impression que les crocs du Megalodon traversaient ses chairs. Il ouvrit les yeux et remarqua le Grand Requin blanc dans le filet qu'on avait arrimé le long du flanc gauche du navire... En silence, il le contempla...

Masao Tanaka les attendait sur le dock, installé dans une chaise roulante, une infirmière à ses côtés. Sa tête était bandée. Mac était là aussi, ainsi qu'une équipe d'auxiliaires médicaux chargés d'emmener Jonas le plus vite possible dans le caisson de décompression. Terry aperçut son père et courut à la proue du bateau. Elle lui fit signe avec la main. Des larmes de joie coulèrent le long des joues de Masao.

La douleur de Jonas atteignait les limites de ce qu'il pouvait endurer. Il était sur le point de perdre conscience. Pour la dernière fois, il lutta. Il fixa son regard sur la mer où se débattait le prédateur. Ce dernier n'avait visiblement pas renoncé à s'extraire du piège. Il se tordait de rage. Sa peau blanche fluorescente dégageait une douce lueur.

L'homme et la bête se regardèrent un long moment. Les yeux de la créature étaient gris bleu. Jonas considéra avec incrédulité le bébé Megalodon. Puis il ferma les yeux et sourit. Une nouvelle vague de douleur lui fit perdre connaissance, tandis que deux médecins l'installaient dans l'ambulance.

FIN

Achevé d'imprimer en avril 1998
sur les presses de l'Imprimerie Bussière
à Saint-Amand (Cher)

POCKET - 12, avenue d'Italie - 75627 Paris Cedex 13
Tél. : 01-44-16-05-00

— N° d'imp. 1004. —
Dépôt légal : mai 1998.

Imprimé en France

Achevé d'imprimer en avril 1998
sur les presses de l'Imprimerie Bussière
à Saint-Amand (Cher)

POCKET – 12, avenue d'Italie - 75627 Paris Cedex 13
Tél. : 01-44-16-05-00

— N° d'imp. 1004. —
Dépôt légal : mai 1998

Imprimé en France